古代都城のかたち

舘野和己 編

同成社 古代史選書 3

序

世界最高水準の研究教育拠点作りをめざして文部科学省が実施した21世紀ＣＯＥプログラム事業（革新的学術分野）に、奈良女子大学の「古代日本形成の特質解明の研究教育拠点」（拠点リーダー　舘野和己）が採択されたのは、二〇〇四年度であった。以来、古代都市・都城をキーワードに二〇〇八年度までの五年間、活発に研究を続けてきた。具体的には都城制の実態と特質、古代日本語の形成と表記の特質、奈良盆地の開発過程、古代史像の再検討、古代服飾の復元など、取り上げたテーマは広範囲にわたり、多角的に、国際的視野をもちつつ、古代日本に迫ってきた。また、ＧＩＳ（地理情報システム）を用いた奈良盆地歴史地理データベースの作成にも取り組んだ。

本書はそのうち、古代都城制に関わる研究成果を集めたものである。日本古代のミヤコは、当初天皇（大王）の居所である宮とその周辺に展開する関連施設や有力氏族の宅・家などから構成されており、天皇一代ごとにその場を変える、いわゆる歴代遷宮という慣行があった。しかし七世紀になると、宮は飛鳥の中の同じ場所で名称を変えながら造営を繰り返すようになり、藤原京以後は、宮は内裏・大極殿・朝堂院・各官司を含み込んで大規模なものとなり、その周辺に都市空間である京域を有するものとなった。そして次のミヤコである平城京が七代七四年にわたって続き、平安京が千年のミヤコと言われたように、歴代遷宮は終わりを告げ、永続的な都城が営まれるようになったのである。

こうした変化の背景には、中国における政治体制や都城の影響があった。それは唐・長安城と平城京以後の日本都城との類似性によく現れている。中国の影響は、朝鮮半島やベトナムなどの周辺諸国にも及んだ。本拠点では中国・

韓国・ベトナムの研究者とも現地調査や国際シンポジウムなどを通じて研究交流を持ち、議論してきた。しかし、中国の影響を言うだけではもちろん不十分であり、それぞれの国の歴史的条件に従って、固有の特徴を持つ都城が営まれたのである。したがって、中国都城そのものの歴史とともに、それが及ぼした影響は何か、どこが固有の特徴なのか、またそれはいかなる歴史的条件によって生じたのか、などの問題を解くことが求められることになる。

本書はこうした視点の下で積み重ねられてきた研究の成果である。ここでは都城の特質を、その「かたち」にこだわって探ろうとした。日本では藤原京以後の都城は、中国都城の影響の下、明確な京域（理念的には正方形や長方形）を有し、内部には条坊制に基づく都市計画を施工するという「かたち」をもち、（左右）京職によって統治される特殊な領域としてできあがった。そしてまた君主のいる政治的中心でもあるため、特有の理念や機能をもつ場となったのである。本書は日本と中国の都城について、その形態や機能、空間構造、統治制度、理念、都城観、仏教との関わり、地方都市への影響などの問題を通して、都城の特質に迫ろうとした論文を集成した。

執筆陣は奈良女子大学のＣＯＥ関係者のみならず、シンポジウムなどを通じてその研究活動に参加していただいた国内外の研究者も含まれる。本書が古代都城研究を一歩進めるものになれば幸いである。

最後に、五年間にわたる本拠点の活動をさまざまな形でご支援いただいた、実に多くの国内外の研究機関・研究者の方々、それに奈良女子大学当局に篤くお礼申し上げます。今後、これまでの研究活動は、奈良女子大学古代学学術研究センターが引き継ぐことになります。ＣＯＥの活動を通じて培われてきた研究連携が、国内・国外を問わず、今後も引き続き発展するよう祈念するところです。

二〇〇九年五月

舘野　和己

目　次

古代都城のかたち

古代都城の成立過程

――京の国からの分立――

舘野和己

日本古代においては藤原京以降、条坊制地割を施工した都城が成立した。そしてまたそこは（左・右）京職という行政機構が統治を管轄した。京は国とは領域的に区別された別の行政組織であった。そこに日本の都城の中国とは異なる大きな特質がある。そうした都城の成立過程を探ることは、日本古代都城制の研究にとって重要な課題である。本稿はそうした都城の性格を念頭に、国とは異なる行政組織である京の成立の問題を、文献史料によって分析しようとするものである。

一　京域の規定性

律令制下では全国を示すのに、「京畿内及七道諸国」（『続日本紀』天平八年（七三五）七月辛卯条など）と言ったように、平城京などの都城は、国とは別の行政組織であった。すなわち唐の長安城は朱雀門街を境に、東は万年県、西は長安県に分かれるが、ともに開元元年（七一三）設置の京兆府に属する。しかし京兆府の管轄は万年・長安県だけでなく、二〇県に及ぶ（『新唐書』巻三七地理志）。両県もまた、単に長安城内を管轄するだけでなく、その統治は城外近傍の村邑にまで及ぶ。このように長安城ではその内外を問わず州（府）―県―郷―里の行政組織が貫徹していて、それとは別の付属の行政単位として、城内を限って坊が置かれ坊正が任じられていた。それに対し日本の場合は、「京」と「国」の統治組織は別立てになっていた。すなわち京内には京―条―坊の行政単位が存在するのに対して、京外は国―郡―里という別の行政組織によって統治されていたのである。(1)

したがって、領域的に京は周囲の国から区別されたものとなる。まずはそのことを確認しておこう。京域を象徴するものは羅城である。しかし中国の都城は四周を羅城で囲まれていたが、日本の都城はそうはなっていなかった。そもそも羅城門、すなわち羅城に開く門という、本来は普通名詞でしかない名称が特定の門を示す固有名詞になっていること自体、羅城が京全体に巡っていないことを示している。『延喜式』左右京職の京程条によれば、羅城は京南辺の九条大路の南にしか築かれていなかったのである。そうした羅城の限定性は他の都城でも同様であったとみられる。その中で平城京では左京九条一坊・二坊の南に位置する大和郡山市下三橋遺跡で、二条の掘立柱列の羅城遺構が検出されたが、それは東一坊大路以西にはあるが、東へは続かなかった。(2)また藤原京では地勢的に京南辺は丘陵部にかかり、羅城門・羅城は存在しなかった。(3)

このように日本の都城は羅城で囲まれていなかったので、それで京域を示すことはできなかった。確かに京極大路は造られ、外部の農村と内部の条坊制地割の広がる京域とは景観的に異なるから、自ずから京の範囲は明らかであったろうが、中国とは比較にならない。しかし京と国との間には行政組織の違いがあるから、当然ながらそれに基づく両者の隔絶性が発生する。京の内外、両者の境界が強く意識された例をあげてみよう。

外国使節が来日し入京することになると、それを迎えるための使者は羅城門まで出かけた。そのことを示す例が、『続日本紀』宝亀十年（七七九）四月庚子（三〇）条「唐客入京。将軍等率騎兵二百・蝦夷廿人、迎接於京城門外三橋」である。この京城門は平城京の羅城門である（『令義解』宮衛令開閉門条）。「三橋」は先の下三橋遺跡という地名にも関わるが、羅城門外にある溝に三つ並んで架けられた橋のことという[4]。また和銅七年（七一四）十二月に新羅使が入京した時の迎接場所「三椅」も同所である（『続日本紀』同月己卯条[5]）。これらにより羅城門が京の内外を限る象徴的な場所であることは明らかである。

天平勝宝六年（七五四）二月に唐僧鑑真が来朝した時も、羅城門外で迎えている（『唐大和上東征伝』）。逆に宝亀八年（七七七）四月に遣唐大使に任じられた佐伯今毛人が、出発後病気と称して留まったのも羅城門においてであった（『続日本紀』同月戊戌条）。

また『延喜式』神祇五（斎宮）河頭祓条によれば、斎王が初斎院に入るために賀茂川の河頭での祓を行いに出かける時には、京内では左・右京職の官人が迎候し、山城国司は郡司を率い京極路に候した。これは東京極大路であろう。賀茂の斎王が初斎院に入る前に川頭に臨んで祓を行う時も、全く同じである（神祇六（斎院司）祓物条）。山城国司が供奉するのは、斎王が京極路を越えて平安京から山城国に入ってからであったし、賀茂祭においても、山城国司は京外路において使者を前駆け祗承した（内蔵寮賀茂祭条）。

祭祀にも京域の境界を意識したものがあった。毎年六月と十二月の晦日に行われた道饗祭は、卜部らが京城四隅の道上で祭り（『令義解』神祇令季夏条[6]）、鬼魅が外部から京師に入るのを防ぐものであった。外国使節が入京する際に行われた障神祭も、「京城の四隅に障神の祭を為」すものであった（『延喜式』神祇三（臨時祭）障神祭条）。これらの祭祀においては京内外の境界の京内側で行われ、京の清浄を保とうとしたのである。

令条にも、職員令玄蕃寮条、僧尼令自還俗条・非寺院条、営繕令在京営造条等をはじめ、京内のみを対象とするものや、京内外で異なる手続きなどを規定する条文が多数ある。特に喪葬令皇都条「凡皇都及道路側近、並不得葬埋」によれば、京内での埋葬は禁じられており、実際に平城京内では当時の墓跡は見つかっていない[7]。

こうした京の内外を区別する事例の存在は、京が明確な領域を持ち、またそこを管轄する京職が国司とは別に存在する以上、当然のことである。むしろ私が注目したいのは、次のような事例である。

先に述べたように、日本の都城では羅城ではなく京極大路が京の内外を画する道路であった。宝亀十一年（七八〇）「西大寺資財流記帳」には、「居地参拾壱町、在右京一条三・四坊。東限佐貴寺（割注略）、南限一条南路、西限京極路（割注略）、北限京極路」と、同寺の伽藍面積と四至記載が見える。ここには西と北の境界に二つの京極路が現れる。しかるに都城の条坊道路は、必ずしも京域全体に施工されていたとは限らない。先に藤原京では地勢上、羅城門や羅城が造られなかったと述べたが、丘陵や山にかかるような場所では条坊道路は造られなかった。長方形ないし正方形を呈する京内に、縦横に大路・小路が走るという都城の形は、プランに過ぎなかったのである。平城京では右京西辺は丘陵部にかかり、やはり西四坊大路などは造られなかったとみられている。ところが「資財帳」には「西限京極路」と書かれているのである。この京極路は西四坊大路のことである。同大路は実際には施工されなかったが、京域の西を限る道路として意識されていたのである。現実には存在しない道路が境界線として公的な「資財帳」に記載されるという点に、京極大路が京を画するという意識の強いことが見て取れる。プランとしての京域が生きていることを示している事例として、注目すべき史料である。

そうした状況は平安京でも知られる。太治五年（一一三〇）に待賢門院璋子が建立した法金剛院は、右京二条の西京極大路の西に接して造られた。ところが西京極大路はそれ以前には造られていなかった。法金剛院造営時になって初めて施工されたのである。これは京内には寺院を造営することを許さないという原則が生きていたため、京域を明確にするための措置であったとみられているところである。(8) ここでも京の内外は、強く意識されていたのである。(9)

二　大津宮・近江京の性格

それでは「国」とは異なる行政組織としての「京」はいつ成立したのであろうか。これについて岸俊男氏は次のように述べる[(10)]。大宝令・養老令のみならず、浄御原令、それが存在するとすれば近江令も、唐・高宗の永徽二年（六五一）完成の永徽律令をもとにするのであるから、もし永徽律令に「京」の用字を含む条文があれば、日本の「京」の成立も、浄御原令・近江令の完成・施行時にまで遡って考えることが可能である。国―評―里制の成立は天智朝初期ごろと一応推定されるので、「国」に対する「京」の成立もその時点まで遡る可能性がある。そして『日本書紀』を見ると、浄御原令以前にも「京」が見える。すなわち天武元年（六七二）年五月是月条中の近江京と倭京である。しかしこれらの史料から行政単位としての「京」の存在を明確に指摘することは困難であるし、発掘調査の結果からしても「近江京」の実在には否定的である。しかし倭京については万葉歌や発掘調査の成果からして、条坊制が施工されていた可能性があり、天武朝における「倭京」の存在が想定される。このことは、「国」の設置が天武朝あるいはそれ以前に想定されることと符合するものである、と。

岸氏も言うように、京内の（左・右）京―条―坊と京外における国―郡―里とは対応する。したがって、（左・右）京職―坊令―坊長と国司―郡司―里長とが対応する。そのことは職員令で規定される左京職と摂津職・大国の職掌に一致点が多いこと、戸令取坊令条で、「里長・坊長」を一括して扱っていること、同条に見える「凡坊令、取正八位以下、明廉強直、堪時務者充」と選叙令郡司条の「凡郡司、取性識清廉、堪時務者、為大領・少領」との共通性などからも窺える。ただし、坊令を郡司ではなく里長に対応させる例もある。すなわち養老六年（七二二）七月十日太政官奏（『類聚三代格』）では、僧尼の不法行為を取り締まるための処罰規定で「主人・隣保及坊令・里長並決杖六十」

と坊令と里長を並べている。しかしこれは例外的なもので、先の対応関係は動かないと考える。

ところで右の岸説は、現時点では再考すべき点があると考える。まず「国」という行政組織の成立時期について、岸氏は木簡という同時代史料を使って考察している。そして国―評―里制の施行を示す確実な史料は、藤原宮跡から出土した木簡により、辛卯年すなわち持統五年（六九一）の「尾治国知多評入家里」[11]が最も早いとしている。しかし氏が論文を執筆してから既に二六年が経ち、その間に出土した木簡により我々は新たな知見を得ることができている。すなわち国―評―五十戸（「里」の前身）という記載は辛卯年を大きく遡り、乙卯年の「三野国ム下評大山五十戸」（奈文研『飛鳥・藤原宮発掘調査出土木簡概報』一七）、丁丑年の「三野国加尓評久々利五十戸」や「三野国刀支評恵奈五十戸」（同『飛鳥藤原京木簡二』一九三号・七二一号木簡）が見つかっている。

先の辛卯年木簡には「尾治国」というように「国」表記があるが、岸氏も指摘するように、癸未年（天武十二年（六八三））の「三野大野評阿漏里」（奈文研『藤原宮木簡二』五四四号木簡）など、「国」が書かれていない木簡もある。これについて岸氏は、国の制度実施からあまり年月が経過していず定着していなかったからではないかと考えられたが、乙卯年は天智四年（六六五）、丁丑年は天武六年（六七七）というように、はるか前に既に国―評制が施行されていたことが明らかになっているのである。これらがいずれも三野（美濃）国のものであるため、同国では特殊に先行して国制が施行されたとの見方もあるが[12]、国制全体の成立過程を考えれば、そのような状況も理由も考えがたいから、天智朝には国―評制が広く施行されていたとすべきであろう[13]。

そうであるなら岸氏に従えば、天智朝に「京」が成立していた、すなわち大津宮を中心とする「近江京」が実在した可能性は強まることになろう。そこでそのことを改めて検証することにするが、「近江京」の名称は前述のように天武紀元年五月是月条にしか出てこないので、大津宮の呼称に関する主な史料を集める。まずは『日本書紀』である。

①天智六年（六六七）三月己卯条「遷都于近江（後略）」

②天智十年（六七一）十二月乙丑条「天皇崩于近江宮」
③天武元年（六七二）六月壬午条「詔村国連男依・和珥部臣君手・身毛君広曰、今聞、近江朝庭之臣等、為朕謀害（後略）」
④天武六年（六七七）六月是月条「詔東漢直等曰、汝等党族之、自本犯七不可也。是以、従小墾田御世、至于近江朝、常以謀汝等為事。（後略）」
⑤持統六年（六九二）閏五月己酉条「詔筑紫大宰率河内王等曰、（中略）復上送大唐大使郭務悰、為御近江大津宮天皇所造阿弥陀像」

①②により天智天皇の置いた都は近江にあり、それは「近江宮」と呼ばれたことがわかる（天智十年十一月丁巳条等にも見える）。また③では「近江朝庭」とされ、④では推古天皇時代の小墾田御世に対し、天智天皇の時代は「近江朝」と表現されている（天武元年六月丙戌・丁亥条にもある）。さらに⑤では天智天皇を「御近江大津宮天皇」とする。すなわち天智の宮は「近江宮」とも「近江大津宮」とも表現されるが、いずれにせよそれが近江国にあったことが明記されていることになる。

次に『続日本紀』に見える関係記事をあげよう。紙数の関係で史料自体の引用は避ける。

⑥慶雲四年（七〇七）七月壬子条の元明天皇の即位の宣命では、持統天皇（藤原宮御宇倭根子天皇）が丁酉年（六九七）に文武天皇に皇位を譲り、二人協力して統治を行ったが、それは天智天皇（近江大津宮御宇大倭根子天皇）が定めたいわゆる不改常典に従ったことだと述べている。ここでは藤原宮には国名を冠していないが、大津宮はやはり「近江大津宮」となっている。

⑦和銅二年（七〇九）二月戊子条で、筑紫観世音寺は「淡海大津宮御宇天皇」が「後岡本宮御宇天皇」のために誓願して創建したものとする。前者は天智天皇、後者はその母の斉明天皇である。ここでも大津宮の名称は「淡

海」（＝近江）を冠している。

不改常典は⑥が初見であり、次は神亀元年（七二四）二月甲午条の聖武天皇即位の宣命に現れる。そこで引用された、元正が聖武に語った詔は次のような内容である。この皇位は「藤原宮〈尓〉天下所知美麻斯〈乃〉父〈止〉坐天皇」（文武）が汝に賜ったものであるが、まだ幼かったので祖母である元明に授けた。そこで「平城大宮」で統治した後、霊亀元年（七一五）に私（元正）に皇位を譲った。その際に元明は、「淡海大津宮御宇倭根子天皇」が不改常典として立てた法に従って、後には確かに聖武に伝えるようにと私に命じられたので、今汝（聖武）に皇位を授け譲るというものである。ここでも「藤原宮」「平城大宮」と「淡海大津宮」の名称の違いは明確である。

不改常典はその後、天平勝宝元年（七四九）七月甲午条の孝謙天皇即位時の聖武天皇譲位宣命に出てくる。そこでは元正を「平城〈乃〉宮〈尓〉御宇〈之〉天皇」、天智を「近江大津〈乃〉宮〈尓〉御宇〈之〉天皇」と表記する。そして天応元年（七八一）年四月癸卯条の桓武即位宣命には、少し変化した形で出てくる。すなわち「掛畏近江大津〈乃〉宮〈尓〉御宇〈之〉天皇〈乃〉初賜〈比〉定賜〈部流〉法随〈尓〉」というように、不改常典という表現はなくなり、これがそれ以後の即位宣命の常套句になる。しかし「近江大津〈乃〉宮」という表記は変わらない。

この他にも『続日本紀』には大津宮の名称は出てくるが、同じことなのでもうこれ以上の引用は避ける。(14) これまで見た史料からは、天智天皇の「大津宮」（「大津乃宮」）という宮号には、必ず頭に国名の「近江」（「淡海」）が付いていることがわかる。あるいは「近江宮」「近江朝庭」とすることもある。それに対して後岡本宮や藤原宮・平城宮が「大倭」を冠することは決してないのである。(15)

これは何故なのであろうか。『日本書紀』や『続日本紀』の扱う時代は主に倭（大倭・大和）国に都が置かれていたから、藤原宮や平城宮などはわざわざ言うまでもなく、それとは異なる大津宮については、その位置を明示する必要があったためであるとも考えられそうである。しかし『日本三代実録』元慶八年（八八四）十二月二十日丙午条

「定毎年献荷前幣十陵五墓。近江宮御宇天皇山階山陵在山城国宇治郡。平城宮御宇天皇後田原山陵在大和国添上郡（後略）」のように、平安時代の史料においても平城宮は国名を冠しない一方、大津宮は近江宮と書かれたり、先にも触れたように歴代天皇の即位宣命ではやはり「近江大津〈乃〉宮」と出てくる。[16] 旧平城京は大和国にあったのだから、山背国に都が遷ってからは「大和国平城京」のように表現してもよさそうである。そして実際次のような例もある。

⑧『日本三代実録』貞観二年（八六〇）十月十五日辛卯条「（前略）大和国平城京中水田五十五町四段二百八十八歩施捨不退・超昇両寺（後略）」

⑨『同』貞観八年（八六六）三月二十八日甲辰条「（前略）大和国平城京内田地十六町三段百廿歩、賜従四位下行山城権守在原朝臣善淵（後略）」

しかしこれらはいずれもかつての平城京域内に含まれる水田の処置を巡るものであり、既に行政的には京職ではなく、大和国が掌握するようになっている旧京域内の水田を対象にしたことから取られた表現である。それは次の例からも明らかである

⑩『同』貞観六年（八六四）十一月七日庚寅条「（前略）先是、大和国言、平城旧京、其東添上郡、西添下郡。和銅三年遷自古京、都於平城。於是、両郡自為都邑。延暦七年遷都長岡。其後七十七年、都城道路、変為田畝。内藏寮田百六十町、其外私竊墾開、往々有数。望請収公、令輸其租。許之」

既に京職の管轄下にはなかったから、旧平城京域内の墾開田に対する処置を政府に申請したのは大和国司だったのである。したがってこれらをもって、一般的に平城京は国名を冠して呼ばれたと言うことはできない。そのことはこれらと同時期の記事に単に「平城旧京」（『同』貞観四年六月十四日辛亥条）や「平城卌箇寺」（同十年十二月五日甲子条）などのように、大和国を冠しない平城京の表現があることからもわかる。

長々と史料を引きすぎた感があるが、要は藤原宮や平城宮・京を表す場合は大倭（大和）国をその前に付けること

はないのに対し、天智天皇の都は必ず近江宮・近江（淡海）大津宮などというように国名を冠して呼ばれていたのである。[17] この違いは大きい。もちろんそれは大津宮が伝統的な倭国から離れたことによるところが大きいが、しかしそれにとどまらず、大津宮が近江国の中に含まれるものであったことを示すものであろう。平城京は左・右京職の管轄する特別区域であり、大倭国とは関係ないものとなっていた。したがって同国の地を割き取って造られた都城ではあるが、「大倭（大和）国平城京（平城宮）」とは決して言われなかった。それに対して大津宮はその名称からすれば、いまだ近江国に包摂されるものであり、同国から独立した存在にはなっていなかったのである。

ところでこれまで見てきたのは、専ら大津宮であった。しかるに「近江京」も先述のように、『日本書紀』には一カ所だが出てくる。単に「京」と見えることもある（天武元年六月丙戌条）。岸氏は近江京については、行政単位としての「京」の存在を否定的にみていたが、これについても言及する必要があろう。そもそも「近江京」という京名は「倭京」との対応で一カ所に見えるだけだから、それが行政的に成立していたかどうかきわめて疑わしい。単に近江にある都、大津宮を中心とした地域という意味で用いられているにすぎない可能性もあるからである。むしろその可能性が大きいと考えるが、[18] 仮に「近江京」があったとしても、先の検討からすれば大津宮はあくまで近江国に包摂されるものであるから、「近江京」も近江国の一部であり、それから独立した存在であったとは考えがたい。

しかるにここで検討すべき史料がある。それは天智九年（六七〇）に作成された庚午年籍に関わるものである。『続日本後紀』には「令左右京職并五畿内七道諸国、写進庚午年籍、以収之中務省庫」（承和六年（八三九）七月壬辰条）、「中務省言、案令条、京職畿内七道諸国、庚午年籍、応在省中。而不載年終帳、遠遷代前司等、无心言上、久致遺漏。若不申顕、恐有後責者。令左右京職五畿内七道諸国写進焉」（承和十年（八四三）正月甲辰条）という二つの記事がある。両者の趣旨は同じであるから、前者の命令が十分に実施されなかったので、改めて後者の指示を出したものであろう。戸籍は三通作成され、うち一通は国に留められ、二通は太政官に申送され（戸令造戸籍条）、中務省と民部省に納められた（職員令中務省条・民部省条）。これらはそのうち中務省に関わる。諸国のみならず左・右京職にも庚午年籍を書写して進上させることを命じていることから、平安京の両京職に庚午年籍があったことがわかる。これらの史料から井上光貞氏は年籍は全国一般に造られ、氏姓の根本台帳としての役割を果たしたとされた[19]。また市川理恵氏は、庚午年籍は本貫を定めるという役割もあり、人民は京や国に貫附されることになったが、そこで京戸となったのは当時の支配者層、のちの官人層をはじめ王権に密着した人々であったと述べられた[20]。これに従えば既に近江国とは異なる特別行政区域としての「近江京」が存在し、そこに貫附された京戸がいたことになる。

そこでこの「近江京」の庚午年籍について考えなければならない。論点は二つある。一つはそもそも左・右京職にあった庚午年籍は、それが「近江京」のものであるなら、その後それは藤原京・平城京・長岡京・平安京の京職へと引き継がれ、承和年間には平安京の京職が書写して進上したことになるが、かつての「近江京」の庚午年籍がそれとは別の場所に営まれた京へと引き継がれたことには、どのような意味があるのであろうか、という問題である。これについては、後代に庚午年籍が果たした役割が重要になる。すなわちそれは井上光貞氏の言われるように、氏姓の根本台帳であった。実際に庚午年籍の記載に従って氏姓や身分を正した例は多く知られる[21]。そして市川氏の言われるように、「近江京」の京戸には官人層が多くいたから、都がそこから遷って以後も、朝廷に仕え続けた彼らの子孫たちの氏姓などについて、庚午年籍の根本台帳としての役割がなくなることはなかったということは十分に考えられる。

庚午年籍をめぐる論点のもう一つは、先に考察したように「近江京」の存在は疑わしいし、仮に成立していたとしても近江国から独立していたとは考えがたいという中で、「京」の庚午年籍をどう考えるかということである。右に後代の京職が「近江京」の庚午年籍を保管している可能性を指摘したが、そもそも近江国から独立した「近江京」というものがなかった場合、その庚午年籍はどういうものであったのかということが問題になる。あるいはまた「近江京」では、京職が成立していたのだろうか。この問題は倭京とも関わってくるので、章を改めて考えたい。

三　倭京から藤原京へ

京職の初見は『日本書紀』天武天皇十四年（六八五）三月辛酉条「京職大夫直大参巨勢朝臣辛檀努卒」である。これが単なる潤色でないことは、『続日本紀』養老元年（七一七）正月己未条に「中納言従三位巨勢朝臣麻呂薨。小治田朝小徳大海之孫、飛鳥朝京職直大参志丹之子也」というように、前者の京職大夫巨勢朝臣辛檀努を「飛鳥朝京職直大参志丹」としていることから明らかである。(22) しかしそれは天武朝であり、「近江京」において既に京職が成立していたとにわかに言うことはできないし、ましてや庚午年籍の写進にあたったような左・右京職が成立していたとはとうてい考えがたい。

それに倭京では大倭国から独立した京が成立していたのであろうか。そこで倭京に関する史料を『日本書紀』に見ると、白雉四年（六五三）是歳条・天智六年（六六七）八月条・天武元年（六七二）五月是月条・同年六月丙戌条・同年七月戊戌条・同年九月庚子条にその名が登場し、また倭都が白雉五年正月戊申朔条・同年十二月己酉条に現れる。これらはいずれも基本的に倭国に都がない時に使われた、大津宮以前の都が置かれた飛鳥地域の呼称である。ただし天武元年九月庚子条「詣于倭京、而御嶋宮」によれば嶋も入っているから、その範囲は狭義の飛鳥よりは広くその周辺も含むのであろう。(23)

しかし倭京はあくまで倭国にあった都という意味であるから、百歩譲って仮に京が成立していたとしても、倭国から独立した京の存在を認めることはできない。その点は先に見た近江京や近江宮・近江大津宮と同じである。

それでは京職大夫の成立をどう考えるかであるが、それには天武朝のその後の京をめぐる動向に注目したい。岸俊男氏も天武朝における京の存在に注目し、それをも「倭京」と呼んだ。そこで『日本書紀』から当該時期の京関係史料を抜き出すと、次のようになる。

①天武二年八月戊申条「喚賀騰極使金承元等、中客以上廿七人於京（後略）」
②天武五年九月乙亥条「王卿遣京及畿内、校人別兵」
③同年十一月癸未条「詔近京諸国而放生」
④同六年三月辛巳条「召新羅使人清平及以下客十三人於京」
⑤同年五月是月条「旱之。於京及畿内雩之」
⑥同七年正月己卯条「耽羅人向京」
⑦同八年正月丙戌条「新羅送使加良井山・金紅世等向京」
⑧同九年五月乙亥朔条「勅、絁・綿・糸・布、以施于京内廿四寺。各有差（後略）」
⑨同年十月乙巳条「恤京内諸寺貧乏僧尼及百姓、而賑給之。一毎僧尼、各絁四匹・綿四屯・布六端、沙弥及白衣、各絁二匹・綿二屯・布四端」
⑩同十年閏七月壬子条「皇后誓願之大斎、以説経於京内諸寺」
⑪同年八月丙戌条「遣多禰嶋使人等、貢多禰国図。其国去京五千余里、居筑紫南海中（後略）」
⑫同十二年七月癸卯条「天皇巡行京師」
⑬同十三年三月辛卯条「天皇巡行於京師、而定宮室之地」

これに続くのが、先に見た天武十四年三月の京職大夫巨勢朝臣辛檀努の死去の記事である。これらを見ていくと「向京」（⑥⑦）とか「喚（召）…於京」（①④）「去京」（⑪）というような表現が多いが、これらの京は単に都、すなわち飛鳥浄御原宮のある地という意味であり、特別行政組織としての京がなくても書ける文言である。それらを除くと注目すべきは、「京及畿内」（②⑤）とか「京内廿四寺」（⑧）「京内諸寺」（⑨⑩）あるいは「巡行於京師、而定宮室之地」（⑬）などである。これらによれば、京は特定の範囲を占めるものであり、また畿内と併存するものと判断できる。

そこで先の倭京とは性格を異にし、天武朝のいずれかの時点で、京に変化があったとみられるわけであるが、そのことに関しては藤原京（正式には新益京）の計画・施工が天武朝末年になされたという岸俊男氏の見解を見る必要がある。氏によれば、新京造営計画は天武五年から始まった。すなわち『日本書紀』同年是年条「将都新城。而限内田薗者、不問公私、皆不耕悉荒。然遂不都矣」の「新城」は、新しい都という意味であり、ここに京の建設が企図された。そこでは京域をもった行政区画としての「京」の存在が推知される。その後十一年三月には、「命小紫三野王、及宮内官大夫等、遣于新城、令見其地形。仍将都矣」（同月甲午朔条）という措置が取られ、ついで同月中に天武は新城に行幸し（同月己酉条）、さらに翌年七月にも京師に行幸（⑫十二年七月癸卯条）、十三年三月には京師を巡行して宮室の地を定めている（⑬同月辛卯条）。京内における藤原宮の地も定まったわけであり、これを以て藤原京の造営計画が決定した、ということになる。この間十二年十二月には、いわゆる複都の詔を出し（同月庚午条）、都城制の整備に乗り出していった。岸氏は天武五年の新城と十一年のそれとの関係については明確に述べていないが、前者が直ちに藤原京に繋がるものとは考えられていないようである。

このように岸氏は藤原京は天武末年に造営が開始されたとしたが、それは藤原宮跡内で宮に先行する条坊道路や大溝が検出され、大溝内からは天武十一年から十三年にあたる干支による年紀を有する木簡が出土したことによって確認された[24]。実際には藤原京の造営は、朱鳥元年（六八六）九月に天武が亡くなったため一旦頓挫し、その造営が再開されるのは持統四年（六九〇）十月の高市皇子による藤原宮地の視察を待たなければならないが（同月壬申条）、この天武朝における新城、藤原京造営計画を念頭に置けば、先に挙げた天武紀の「京」記事は整合的に理解できよう。すなわち天武五年に始まった新城＝新京計画においては、造営自体は頓挫したが京域は設定された[25]。そこでどれ程条坊道路が施工されたか、あるいはそこでの行政的な措置がどこまで進んでいたかは問題が残るが[26]、少なくとも「田薗」が京の「限内」か否かは明らかになった、すなわち京の範囲は明確に設定されたのである。そのため「京内廿四寺」とか「京内諸寺」という表現が可能になった。そして十一年になって、新城造営計画が再び動き出し、「巡行（於）京師」の範囲も自ずから明らかであった。さらには京自体は未完成ながら、京域内の行政を担当する「京職（大夫）」も任じられたと言うことができよう。京域が明確になって初めて、その設置も可能になった。岸氏は二つの新城造営計画を異なるものと理解されているようだが、そう考える必要はないのではないか。後者は前者を基本的に引き継いだものであろう[27]。

ただ京内に二四寺もあることからすると、藤原京を上回る京域が必要であり、当時の京は飛鳥地域をも含んでいたとの説もある[28]。確かにかなり広い範囲が必要であるし、現実に宮がある飛鳥が京からはずれていたということは想定しがたいであろう。しかしそれは新京造営過程における過渡的段階の中で理解すべきであろう。あくまで天武五年に計画された新京は、飛鳥とは別のものとすべきであり、それが未完成の段階では、旧来の飛鳥地域も京としての扱いが継続されるのは当然のことである。ここでは政策の志向するところを重視したい。

ただし「京職（大夫）」は、天武十四年に死去しているから、それが十一年以前に遡るか、それ以後に任じられたものかは微妙である。しかし職という官司・官職名は、大膳職・内膳司の前身である膳職（『日本書紀』朱鳥元年九月甲子条）[29]、後には左右兵庫・内兵庫になる兵庫職（『同』朱鳥元年正月乙卯条）、園池司の前身たる薗職（奈文研『藤原宮木簡一』一号木簡）や塞職（『同』一二号木簡）などと同じく、飛鳥浄御原令制下のものである可能性が高かろう。同令は天武十年二月にその編纂が始まり（『日本書紀』同月甲子条）、できあがったのは持統三年（六八九）六月である（『同』同月庚戌条）。そして評の下の里制は、天武十年から十二年までの間に浄御原令の部分的先行施行として始まったとみられることを参考にすれば[30]、「京職」も同様の例と考えられよう。そうであるなら、それは十一年以後の造営計画に伴って置かれたものではなかろうか。なお京域の明確化は、天武十二年から十四年にかけて実施された国境の確定作業（『同』天武十二年十二月丙寅条・同十三年十月辛巳条・同十四年十月己丑条）とも関係するものである。

こうして明確な京域を持った京の計画は天武五年以後、そこを管轄する京職が成立したのは、天武十一年の藤原京造営計画以後であり、国境もほぼ同時期に画定された。ここに京と国との関係は、領域的にも職掌的にも明確になったと言うことができよう。これ以前の京は、宮を中心とした地域を漠然と指すものであった。したがってそれは行政組織としての国から独立したものではなかった。先に問題とした「近江京」における庚午年籍は、領域としての京の内部に居住していた全ての人を登録したようなものではなく、その実態は市川理恵氏の言われるように[31]、朝廷に仕える官人を対象としたものであったろう。ただし氏が京戸としての官人を想定されたのは、これまで述べてきたことから明らかなように、誤りであろう。彼らの戸籍というものは、京域も京職も未成立の段階に、国司・評司によって宮のあった近江国滋賀評で作成された戸籍の中から、官人の分を抜き出したものか、あるいは中央官司によって官人を対象に作成されたものであろう。そしてそれが中央官司で保管され、その後の京職に引き継がれたと考えられよう。

四　元明太上天皇墓碑と恭仁宮の検討

京域を伴い国とは別の行政組織である京は、天武朝の新京造営計画によって始まり、持統朝の藤原京（新益京）として成立した。しかしそれ以後にも、それとは抵触するような事例が見られる。そこで最後にそれを検討する。

養老五年（七二一）十月十三日、六一歳の元明太上天皇は右大臣長屋王と参議藤原朝臣房前を召し入れて、自身の死後の措置に関わる詔を下した。すなわち大和国添上郡蔵宝山雍良岑に竈を造り火葬し、他処に改葬しないこと、諡号は「其国其郡朝庭馭宇天皇」と称して後世に流伝すること、そして天皇は平日と同じように政治を行うことなどを指示したのである（『続日本紀』同月丁亥条）。十六日にも再び、轜車・霊駕の具を華美にしないこと、陵は山に竈を作り、棘を切り開き、そこを喪処とすること、その地には常葉の樹を植え、字を刻んだ碑を立てることを指示した（同月庚寅条）。いずれも薄葬を趣旨とする。

二カ月後、十二月七日に元明は平城宮の中安殿で崩御。その日三関を固守し、十三日には遺詔に従い喪儀を行わず、大倭国添上郡の椎山陵に埋葬した（同月己卯・乙酉条）。この元明天皇陵は『延喜式』諸陵寮に「奈保山東陵」とある。椎山陵の「椎」は『新撰字鏡』巻七に「奈良乃木也」とあるので、椎山陵は奈良山陵である。奈良市奈良阪町に治定されている

ところで同陵には遺詔に従って碑が立てられた。その碑は江戸時代に出土し、「大倭国添上郡平城／之宮馭宇八洲／太上天皇之陵是其／所也／養老五年歳次辛酉／冬十二月癸酉朔十／三日乙酉葬」という碑文が刻まれていた(32)。まさに先の遺詔の内容に合致する。

さてここで注目したいのは、遺詔中の「其国其郡朝庭馭宇天皇」という諡号である。碑文には「大倭国添上郡平城之宮馭宇八洲太上天皇」と見える。これは第二章で見た「近江大津宮」と共通する表現である。元明は言うまでもなく藤原京から平城京に都を遷した天皇であった。そして平城京は大倭国内に置かれたが、それとは別の行政組織となり、左・右京職によって統治された。それなのに何故彼女は平城宮を表すのに、「其国其郡朝庭」という言い方をし、陵碑に「大倭国添上郡平城之宮」と刻まれたのであろうか。

もちろん平城京ができる前は、そこは大倭国の地であった。『日本三代実録』貞観六年（八六四）十一月七日庚寅条に、「（前略）大和国言、平城旧京、其東添上郡、西添下郡（後略）」と見えるように、拡幅されて平城京の朱雀大路になった下ツ道を挟んで、東が添上郡、西が添下郡であった。したがって平城京はもちろん平城宮も、かつての添

上・添下両郡にわたるので、碑文のように添上郡というだけではやや正確さに欠ける。それに大倭国添上郡に都を造った天皇というならまだしも、「大倭国添上郡平城之宮」で「駁宇八洲」すなわち統治したというのは、都城の位置づけからすればおかしいことである。(33) たとえば持統太上天皇は「藤原宮御宇倭根子天皇」(『続日本紀』慶雲四年七月壬子条)、聖武太上天皇は「平城宮御宇後太上天皇」(『同』天平宝字四年七月庚戌条)などと、単に「〇〇宮御宇(太上)天皇」と呼ばれているところである。

『扶桑略記』元正天皇和銅八(七一五)年九月二日庚辰条には「生年卅五即位。都大和国添上郡平城宮」と、宮の所在地を国郡によって表現しており、元明陵碑と共通しているとも言える。しかし『扶桑略記』は、各宮が置かれた時代から遠く隔たった院政期に成立した史書であり、『続日本紀』と同列に論じることはできない。過去の旧宮・京の所在を、現在の国郡によって示したにすぎないのであり、京の位置づけ云々から採られた表記ではない。

しかしおそらく元明にとっては、伝統的な奈良盆地南部の地を離れ、盆地北端に平城宮を新たに置いたということが自己を示す最重要な事績であり、そのためにどこに平城宮を造ったかを記す必要があった。それには「大倭国添上郡平城之宮」と表現するしかなかったのであろう。したがってこれを以て、京と国の関係を論じることはできない。

同じような例がもう一つある。天平十二年(七四〇)十二月に恭仁宮に入った聖武天皇は、翌年十一月に同宮の名称を決めるよう求める右大臣橘諸兄の奏に答えて、「大養徳恭仁大宮」と名づけた(『続日本紀』同年十一月戊辰条)。「大養徳」は国名としての大倭を改変した表記である(『同』天平九年十二月丙寅条)。しかしそこは山背国相楽郡恭仁郷の地である(『同』天平十二年十二月戊午条)。したがって恭仁宮に冠する「大養徳」については、大倭国のことと捉え、それは大倭国外であるにもかかわらず国内のこととみなしたとする説と、日本のことであると考える説に分かれているところである。(34)

いずれを適切と考えるか難しいが、次のような万葉歌は注目される。一つは「(天平)十六年甲申春二月、安積皇子蘘之時、内舎人大伴宿祢家持作歌六首」のうちの長歌「かけまくも　あやに恐し　言はまくも　ゆゆしきかも　我が大君　皇子の尊　万代に　食したまはまし　大日本　久邇の都は　うちなびく　春さりぬれば　山辺には　花咲きをを り　川瀬には鮎子さ走り　いや日異に　栄ゆる時に（後略）」（巻三—四七五）である。ここに「大日本久邇の都」とある。原文でも「大日本久迩乃京」と「大日本」と表記している。単純に考えれば、これを以て先の「大養徳」は日本のことだと断じられそうである(35)。

しかし『万葉集』には「大日本」はこの一例しかないが、「日本」は多用されている。そしてそれらを見れば、持統天皇六年の伊勢行幸に従駕した石上大臣（麻呂）の「我妹子を　いざみの山を　高みかも　大和（原文は「日本」）の見えぬ　国遠みかも」（巻一—四四）のように、むしろ大倭国の意味で使われていることが多い。こうした傾向からすれば、「大養徳」は大倭国とみることもできる。

もう一つは「山背の　久邇の都は　春されば　花咲きををり」で始まる「讃三香原新都歌一首」（巻一七—三九〇七）である。これは左注によれば「右（天平）十三年二月、右馬頭境部宿祢老麻呂作也」というものであり、既に「大養徳恭仁大宮」という宮号が定まって以後に作られた歌である。それにもかかわらず右馬頭の地位にある人が「山背の久邇の都」（原文は「山背乃久迩能美夜古」）と言っているのは、あくまで恭仁京が山背国にあると意識されていることを物語る。

後者から判断すれば、前者の「大日本久迩乃京」の「大日本」は日本のことであり、宮号の「大養徳」も同様に考えるべきであろう。したがってその宮号を以て恭仁宮が、大養徳（大倭）国に含まれるものとすることはできない。しかし『万葉集』で「日本」が両方の意味で用いられ、いずれもヤマトと読まれていたことからすれば(36)、聖武天皇の意図は、人々が「大養徳」を大倭と理解することをも期待していたのではなかろうか。それによって大倭から山背への遷都に対する抵抗感を小さくしようとしたのであろう。

ところで先の万葉歌に窺えるように、恭仁京が山背国に含まれると意識されていたこと、一方為政者はそれが大倭国に含まれると理解されることまで意図していたという考察結果からすると、恭仁京の性格を再考する必要が出てくる。恭仁京はあくまで平城京に替わる「京都」（『続日本紀』天平十二年十二月丁卯条など）「新京」（同十三年正月癸巳条）として「遷都」（同年九月辛亥条）され、左・右京が設定され（同年九月己未条）、平城京の東西市も遷された（同年八月丙午条）。しかしながら山背国の中に包摂されるような位置づけでもあった。複都制の中における恭仁京の位置づけに再考の必要があろう。今これに答える用意はできていないが、恭仁京の不充分性を窺わせるものである。

おわりに

以上、天武朝の新京造営計画を、日本古代の都城制成立過程の中で高く評価してきた。そこでは京域が定まり、京は単に官人の集合体としてではなく、農民層などを含む一つの行政組織体として確立したわけである。ここに京は国と並立した存在になったと言えよう。しかし大宝令以後の藤原京、及びそれ以降の都城との間にまだ大きな溝のあることは明らかである。京が左・右京に分割し、それに伴い京職が左右に分かれ、東・西市が設けられたのは大宝令によってである[37]。さらに京職の下に坊令—坊長が置かれたのが確認できるのも、大宝令からである。こうした不十分性を持ちながらも、国とは異なる京が成立したという意味で、天武朝の京を高く評価したい。私は天武が飛鳥浄御原宮を宮としたのは、歴代遷宮にピリオドを打つことをもめざしたものであったとの見通しを持っているが、新京造営計画はそれと関わるものである。この点は別稿に譲りたい。

なお前期難波宮に伴う京の存否についても議論があるが、近江京の評価からすれば、少なくとも天智朝以前においては否定的にならざるをえない。また奈良時代の難波京も摂津職による統治が行われており、それは国から独立した京ではなかった。さらには神護景雲三年（七六九）十月に由義宮を西京とし、それに伴い河内国を河内職にしたが（『続日本紀』同月甲子条）、これも由義京が河内国の中に包摂され、それに管轄されていることを示すものである。これらは複都制下におけるいわゆる副都の位置づけを示すものであり、主都との差は明確である。

また本稿では外形的な意味での京の成立を問題にしてきた。京は国と共通する面も多かったが、それとは異なる性格を有していた。たとえば逃亡した京戸の除帳や、京戸の出した調の扱いなどで、一般の国とは異なる扱いがされたことが指摘されている[38]。したがって、次にはそうした京の内実を具体的に検討することが求められるが、ひとまず擱筆する。

註

（1）岸俊男「日本における「京」の成立」（『東アジア世界における日本古代史講座　六』学生社、一九八二年。同『日本古代宮都の研究』岩波書店、一九八八年に再録）。
（2）山川均・佐藤亜聖「平城京・下三橋遺跡の調査成果とその意義」（『日本考古学』第二五号、二〇〇八年）。
（3）林部均「藤原京の『朱雀大路』と京域」（『条里制・古代都市研究』第二〇号、二〇〇四年）。
（4）瀧川政次郎「羅城・羅城門を中心とした我が国都城制の研究」（同『法制史論叢第二冊　京制並に都城制の研究』角川書店、一九六七年。名著普及会から一九八六年復刻）。
（5）新訂増補国史大系『続日本紀』は「三崎」とするが、底本の谷森健男旧蔵本に従い「三椅」とすべきである。そうであるなら瀧川政次郎註（4）前掲論文が指摘するように、「三橋」と同じである。
（6）『令集解』神祇令季夏条所引の釈説は「京四方大路最極」とし、『延喜式』神祇一（四時祭上）道饗条では「於京城四隅祭」とする。和田萃「夕占と道饗祭」（『日本学』第六号、一九八五年。同『日本古代の儀礼と祭祀・信仰　下』塙書房、一九九五年に再録）、宍戸香美「鎮火祭・道饗祭にみる都城の境界」（『寧楽史苑』第五二号、二〇〇七年）参照。

(7) 称徳天皇陵は西大寺境内内から京外にわたって造られたが、それが大和国添下郡佐貴郷にあったとされたのは(『続日本紀』宝亀元年八月丙午条)、この規定によるとみられる。舘野和己「西大寺・西隆寺の造営をめぐって」(佐藤信編『西大寺古絵図の世界』東京大学出版会、二〇〇五年)。

(8) 山田邦和「平安京の条坊制」(奈良女子大学21世紀COEプログラム編『都城制研究(1)』同COEプログラム報告集16、二〇〇七年)。

(9) 一方では次のような例もある。長岡京内では東の桂川と西の小泉川が京内に入り込むようにY字型に流れ、全域には条坊道路が引かれていないが、条坊制の施工されている最外縁部で祭祀が行われた痕跡が見つかっている。この場合は実質的な都城のはてで祭祀が行われていることになる。上村和直「長岡京における祭祀」(『堅田直先生古希記念論文集』真陽社、一九九七年)、同「長岡京と都城の『まつり』」(第四五回木津町ふれあい文化講座資料、二〇〇七年一月二七日)参照。

(10) 岸俊男註(1)前掲論文。

(11) 奈良国立文化財研究所『藤原宮木簡一』一六六号木簡(なお同研究所は、現在では独立行政法人の奈良文化財研究所になっているので、以後は両者を含めて奈文研と略記する)。その後奈文研『評制下荷札木簡集成』(二〇〇六年)では、里名は「入見里」と訂正されている。

(12) 森公章「国宰、国司制の成立をめぐる問題」(『歴史評論』六四三号、二〇〇三年)。

(13) 奈文研註(11)前掲『評制下荷札木簡集成』総説。

(14) 天平宝字元年閏八月壬戌条に「淡海大津宮」、天平宝字二年八月甲子条・同八年七月丁未条・光仁天皇即位前紀・宝亀二年二月己酉条に「近江大津宮」、天平神護二年正月甲子条に「近淡海〈乃〉大津宮」が見える。なお天平宝字元年閏八月壬戌条では「淡海大津宮」とともに「藤原朝廷」(文武天皇)が、宝亀二年二月己酉条では「近江大津宮」とともに「藤原宮」が出てくる。また養老四年八月癸未条では天智朝を「近江朝」と表現する。

(15) 国名としてのヤマトの表記には変遷があり、ほぼ七世紀には倭国、八世紀前半は大倭国であったが、天平宝字年間以後は大和国となる。本文では基本的にこれにしたがって表記する。

(16) 国名を冠しない平城（旧）宮の例は、『日本後紀』大同四年四月戊寅条、『日本紀略』延暦十一年二月癸丑条・大同四年十一月甲寅条・同年十二月辛卯条など多数ある。

(17) 戸令戸籍条には「近江大津宮庚午年籍」が見える。『令集解』所引古記説によれば大宝令では「水海大津宮庚午年籍」であり、やはり大津宮は国名を冠して呼ばれている。『万葉集』巻一に見える雄略・舒明・皇極・斉明・天智・天武・持統の各天皇の表記でも、天智のみは「近江大津宮御宇天皇」と国名を冠する。このように近江以外の宮は国名を付けないが、その中で「粟原寺鑪盤銘」にのみ「大倭国浄美原宮」と、飛鳥浄御原宮に大倭国内という国名を冠した例外的表記が見える。

(18) 行政単位とは別の問題だが、林博通氏は「大津京」は方形ないし長方形に区画された京域を想定することは困難で、その一部には方格地割が設定されたとする（林博通『大津京跡の研究』思文閣出版、二〇〇一年）。小笠原好彦氏も大津宮の周辺に方格地割の存在を見るが、それは居住空間の設定に関わるものであり、条坊制とは異なるものと評価している（同「大津宮と大津京・紫香楽宮」（吉村武彦・山路直充編『都城　古代日本のシンボリズム』青木書店、二〇〇七年））。

(19) 井上光貞「庚午年籍と対氏族策」（『史学雑誌』第五六編第三号、一九四五年。同『井上光貞著作集　四　日本古代史の諸問題』吉川弘文館、一九八五年に再録）。

(20) 市川理恵「京戸に関する一試論」（笹山晴生編『日本律令制の構造』吉川弘文館、二〇〇三年）。

(21) 『続日本紀』和銅六年五月甲戌条、宝亀十年六月辛亥条・延暦元年十二月庚戌条、『続日本後紀』承和十年十二月戊午条など。

(22) 岸俊男註（1）前掲論文。以下断らない限り、本章における岸説はこれによる。なお「京職」は官司名がそのまま官職名になっているが、それは小野朝臣毛人の墓誌に、彼が天武朝に「太政官兼刑部大卿」に任じられたと見えるように、官司名と官職名がいまだ明確に分離していない段階の表記としてふさわしい。

(23) 岸俊男「飛鳥と方格地割」（『史林』第五三巻第四号、一九七〇年。同註（1）前掲書に再録）。氏は方格地割の存在を倭京と結びつけて考えているが、飛鳥周辺の方格地割の存否については、否定的な見解が強い。井上和人「飛鳥京域論の検証」（『考古学雑誌』第七一巻第二号、一九八六年。同『古代都城制条里制の実証的研究』学生社、二〇〇四年に再録）など。

(24) 奈文研『藤原宮木簡二（解説）』（一九八一年）総説。

(25) 寺崎保広『藤原京の形成』（山川出版社、二〇〇二年）、小澤毅「古代都市」（『列島の古代史 三 社会集団と政治組織』岩波書店、二〇〇五年）。

(26) 藤原宮跡内で検出された二時期にわたる先行条坊遺構を、天武五年と同十一年の造営に対応して理解する見解が出されているが（『奈良国立文化財研究所年報二〇〇〇—Ⅱ』二〇〇〇年、小澤毅「藤原京の造営と京域をめぐる諸問題」（同『日本古代宮都構造の研究』青木書店、二〇〇三年）、寺崎保広註（25）前掲書）、それらは京全体に施工されていたものではない。その実態解明は今後の課題である。

(27) 小澤毅「古代都市『藤原京』の成立」（『考古学研究』第四四巻第三号、一九九七年。同註（26）前掲書に再録）、林部均「飛鳥の諸京と藤原京」（吉村武彦・山路直充編『都城　古代日本のシンボリズム』青木書店、二〇〇七年）、同『飛鳥の宮と藤原京』（吉川弘文館、二〇〇八年）、橿原考古学研究所編『飛鳥京跡Ⅲ』「第5章考察　3飛鳥宮と「飛鳥京」の形成」（林部氏執筆、二〇〇八年）などは、天武五年と十一年の新城造営事業を一連のものと理解している。一方西本昌弘氏は『日本書紀』写本の検討から、天武五年の記事は元々十一年のものが誤って五年にかけられたとされた（同「天武紀の新城と藤原京」（『信濃』四二巻四号、一九九〇年。同『日本古代の王宮と儀礼』塙書房、二〇〇八年に再録）及び「天武十一年新城設定説再論」（『同前書』））。たいへん注目すべき見解だが、天武九年の「京内廿四寺」などからは、京域の明確な京の存在が窺えるので、十一年以前の京の重要性は否定しがたいところである。

(28) 仁藤敦史「倭京から藤原京へ」（『国立歴史民俗博物館研究報告』第四五集、一九九二年。同『古代王権と都城』吉川弘文館、一九九八年に再録）、小澤毅註（27）前掲論文、林部均註（27）前掲論文・著書。

(29) 東野治之「志摩国の御調と調制の成立」（『日本史研究』第一九二号、一九七八年。同『日本古代木簡の研究』塙書房、一九八三年に再録）。

(30) 鬼頭清明『律令国家と農民』（塙書房、一九七九年）、舘野和己「律令制の成立と木簡」（『木簡研究』第二〇号、一九九八年）、奈文研註（11）前掲『評制下荷札木簡集成』総説。

（31）　市川理恵註（20）前掲論文。
（32）　「元明天皇陵碑」は山田孝雄・香取秀真編『續古京遺文』（狩谷棭斎著、山田孝雄・香取秀真増補『古京遺文』一九一二年。勉誠社から一九六八年復刻）に収録され、上代文献を読む会編『古京遺文注釈』（桜楓社、一九八九年）で三間重敏氏が注釈を加える。ただしそこでも指摘されているように、拓本図版では「其」は見えない。ない方が自然である。またこの碑については福山敏男「元明天皇陵碑」（『史迹と美術』第四一七号、一九七一年。同『福山敏男著作集　六　中国建築と金石文の研究』中央公論美術出版、一九八三年に再録）参照。
（33）　「馭宇」は「御宇」と同じ意味である。「八洲」は公式令詔書式条にある「明神御大八洲天皇」によろうが、そこでは「御」の対象は「八洲」であるから、当然「宇」字はない。遺詔では「馭宇天皇」なので問題はないが、碑文では「馭宇八洲太上天皇」とあるように、「馭」の対象が「宇」と「八洲」と重複している。太上天皇陵碑でありながら、なぜ公式令にも合わないような用語になったのであろうか、問題が残る。
（34）　新日本古典文学大系本『続日本紀二』（岩波書店、一九九〇年）四〇〇頁脚注。近年では、たとえば大倭国説は瀧浪貞子『帝王聖武』（講談社、二〇〇〇年）や中島正「恭仁宮と京の実態」（吉村武彦・山路直充編註（27）前掲書）、日本説は信楽町『天平の都　紫香楽宮』第一章六（栄原永遠男氏執筆）（一九九七年）などがある。
（35）　澤瀉久孝『萬葉集注釋　巻第三』（中央公論社、一九五八年）。
（36）　遣唐使山上憶良の歌「いざ子ども　早く日本へ　大伴の　三津の浜松　待ち恋ひぬらむ」（巻一―六三）の「日本」は通常「ヤマト」と読まれるが、吉田孝氏は「ニッポン」の可能性を指摘している（吉田孝『日本の誕生』岩波書店、一九九七年）。
（37）　岸俊男「緊急調査と藤原京の復原」（奈良県教委『藤原宮』一九六九年。同註（1）前掲書に再録）。
（38）　市川理恵註（20）前掲論文、同「八世紀における京職の財政とその機能」（『延喜式研究』第一五号、一九九八年）。

京の成立過程と条坊制

吉野秋二

はじめに

日本の律令国家は、国―郡（評）―里（五十戸）からなる地方行政機構とは別に、王宮周辺に京を設定し、京職により統治した。日本の京では、羅城は限定的だったが、京職の統治領域＝京域には、中国都城と同様、条坊が施工され、京域と外域は区分された。

しかし、以上は一般原則であり、特に律令制成立期には、原則からの逸脱も確認できる。本稿では、如上の認識に基づき、近年の考古学分野の成果にも留意しつつ、文献史学の立場から、日本における京の成立過程と条坊制との関係を評価してみたい。

なお六国史については、出典の明示を省略する場合がある。予め了解されたい。

一　京の成立時期

1　大化改新詔第二詔

律令地方行政機構の成立を考察する際、まず取りあげられるのは、『日本書紀』大化二年（六四六）正月朔条の大化改新詔第二詔「初修京師、置畿内・国司・郡司・関塞・斥候・防人・駅馬・伝馬、（下略）」、および詔文に付属する五箇条の副文（補助規定）である。ただし、改新詔は問題の多い史料であり、特に副文に関しては、真憑性を精査する必要がある。

ただし、第二詔副文には、大化の法制と認めてよいものもある。例えば、第二条規定の畿内の範囲は、奈良時代以後のそれと異なる。また、第三条規定の「郡」のランク分けも、戸令定郡条の規定と異なる。「郡」という表記は、本来「評」だったと考えられるが、畿内制・評制の成立は大化年間の史実と認定してよい。

しかし、副文第一条の「京」に関する規定には問題がある。

A改新詔第二詔副文第一条

凡京毎坊置長一人。四坊置令一人。掌、按検戸口、督察奸非。其坊令、取坊内明廉強直堪時務者充。里坊長、並取里坊百姓清正強幹者充。若当里坊無人、聴於比里坊簡用。

B①養老令戸令置坊長条

凡京、毎坊置長一人。四坊置令一人。掌、検校戸口、督察奸非、催駆賦徭。

B②養老令戸令取坊令条

凡坊令、取正八位以下、明廉強直、堪時務者充。里長坊長、並取白丁清正強幹者充。若当里当坊無人、聴於比里比坊簡用。若八位以下情願者聴。

右は、A改新詔第二詔副文第一条とB①養老令戸令置坊長条・B②戸令取坊令条とを対照したものである。対応規定がある場合、傍線を付した。B①②の傍点は、集解古記などから想定復原できる字句である（B①の「検校」は大宝令文では「按検」だったらしい）。これらを対照すると、副文第一条の規定内容が、養老令の二条文にほぼ完全に包摂されることが分かる。したがって、仮に副文第一条を大化の史実と認めた場合、大化に制定された京制が養老令制まで変更されず維持されたことになる。

しかし、副文第一条の規定「凡京、毎坊置長一人、四坊置令一人。」は、統一的基準で設計された坊の存在を前提とする。また、四坊毎に坊令を設置する制は、日本独自のものであり、唐制を引き写してできるような観念的な法文ではない。したがって、条坊が施工された京が実在、または具体的に企画されない段階では、かかる法制の存在は考え難い。

しかし、現状では、前期難波宮周辺域において、孝徳期の条坊施工は想定し難い(1)。この点は、地勢的制約の大きい飛鳥後岡本宮（飛鳥浄御原宮）・近江大津宮周辺でも同様である。条坊制都城の成立は、藤原京に求めるのが穏当である。したがって、副文第一条は、『日本書紀』編纂時の現行法たる大宝令による潤色と見るべきだろう(2)。逆にいえば、副文第一条は、大宝令の取意文として活用すべき史料といえる。

もっとも、主文の「初修京師」に限定すれば、中国礼制において畿内制と京制が一体的関係にあった点も考慮すると(3)、大化の法制である可能性は皆無ではない。しかし、現状では傍証はなく、なお慎重な検討が必要である。

2　庚午年籍

では、京の成立時期を考察する際、起点とすべき史料はなにか。私は、庚午年籍に関する『続日本後紀』承和六年

（八三九）七月壬辰条「令左右京職并五畿内七道諸国、写進庚午年籍、以収之中務省庫。」を重視する立場をとる。[4]
天智九年（六七〇）造籍の庚午年籍は、戸令戸籍条の規定により、五比（三十年）で廃棄される一般の戸籍と異なり永世保存された。記事は、左右京職・諸国が承和六年までこの原則を守り庚午年籍を保管していたことを示す。京職が左右に分かれるのは大宝令以後なので、[5]保管の分担法については検討の余地が残るが、庚午年籍に京職戸籍が存したことまで疑う必要はない。[6]したがって、遅くとも天智九年の時点で、当時の王宮＝近江大津宮周辺に京域が設定され、京職が京戸を統治していたことは確実である。

庚午年籍の形式に関しては、「近江令」の存否ともあいまって論争がある。私は「近江令」存在説の方が蓋然性が高いと思うが、仮に「近江令」がなかったとしても、京職に関して、職員令左京識条や、前掲戸令取坊長条・取坊令条に相当する単行法令が存した可能性は否定できない。もっとも、前述のようにこの時期に条坊制を前提とする京制は想定し難い。天智九年時点の京の統治機構は、大宝令の坊令―坊長とは異なった構成をとったと思われる。

『日本書紀』天武六年（六七七）十月癸卯条には「内大錦下丹比公麻呂為摂津職大夫。」とあり、「摂津職」も史料に現れる。養老令職員令摂津職条によれば、摂津職は「津国」を管掌する。また、摂津職には、京職の「坊令」・「坊長」に対応する役職はなく、長官（大夫）が津国守を兼務し、管内は国郡制により統治される。[7]「摂津職」は、名称の通り、外交・交易拠点たる「津」の管掌を第一義的職務としたと考えられる。「津国」が「摂津国」と改称されるのは、国名表記が二字に統一される大宝四年（七〇四）四月以後だろう。[8]

したがって、大宝令職員令摂津職条は養老令文と同内容、と推測できるが、それ以前の摂津職と津国の関係、斉明期以後の難波宮の管理主体等については、検討の余地が残る。しかし、遅くとも天武六年には、京職・摂津職が並存していたことは確実である。

天智期の為政者は、推古期以来の隋・唐との国交を通じ、羅城・条坊を擁する中国都城の形態を知識としては受容していた可能性が高い。将来の導入を構想していた可能性はある。しかし、行政機構による統治領域の設定は、必ずしも、羅城・条坊といった可視的境界を必要としない。現実に、日本において、京が条坊制を具備しない形で成立したことは認めるべきである。次章では、この点も含め、天武期以後の動向を考察してみたい。

二　藤原遷都と条坊制

1　飛鳥京の範囲

天武二年（六七三）二月、天武は、「飛鳥浄御原宮」に即位する。以後、持統八年（六九四）十二月の藤原遷都までの二十一年余、王宮は周辺整備を重ねながら維持された。「飛鳥浄御原宮」周辺地域も、近江大津宮周辺と同様、条坊施工は想定できないが、この地域が二十一年間、京の中心領域であったことは間違いない。以上を踏まえ、本稿では、天武即位から藤原遷都までの京を飛鳥京と呼ぶことにする(9)。

しかし、藤原遷都への動きは、天武五年には、「新城」造営計画として確認される。事業は一旦中止されるが、天武十一年に再開され、天武十三年三月には「宮室」＝宮域が決定される（『日本書紀』天武十三年三月辛卯条「天皇巡行於京師、而定宮室之地。」）。その後、「新城」造営は天武死去により再度中断するが、持統四年正月の持統即位後に「新益京」造営として再開され、持統八年十二月遷都が実現する。以上が『日本書紀』が語る藤原遷都までの過程である。

これは、考古学的にも裏付けられる。藤原京跡の条坊遺構は、図1のように、条坊復元案に諸説があることから、①宮内先行条坊（宮造営に先行して造営された宮内条坊）、②京内先行条坊（①同様、開削後に埋め立てられた条坊）、③岸説藤原京条坊、④大藤原京条坊に分類される。しかし、これらは、近年では、基本的に同時期に施工されたこと

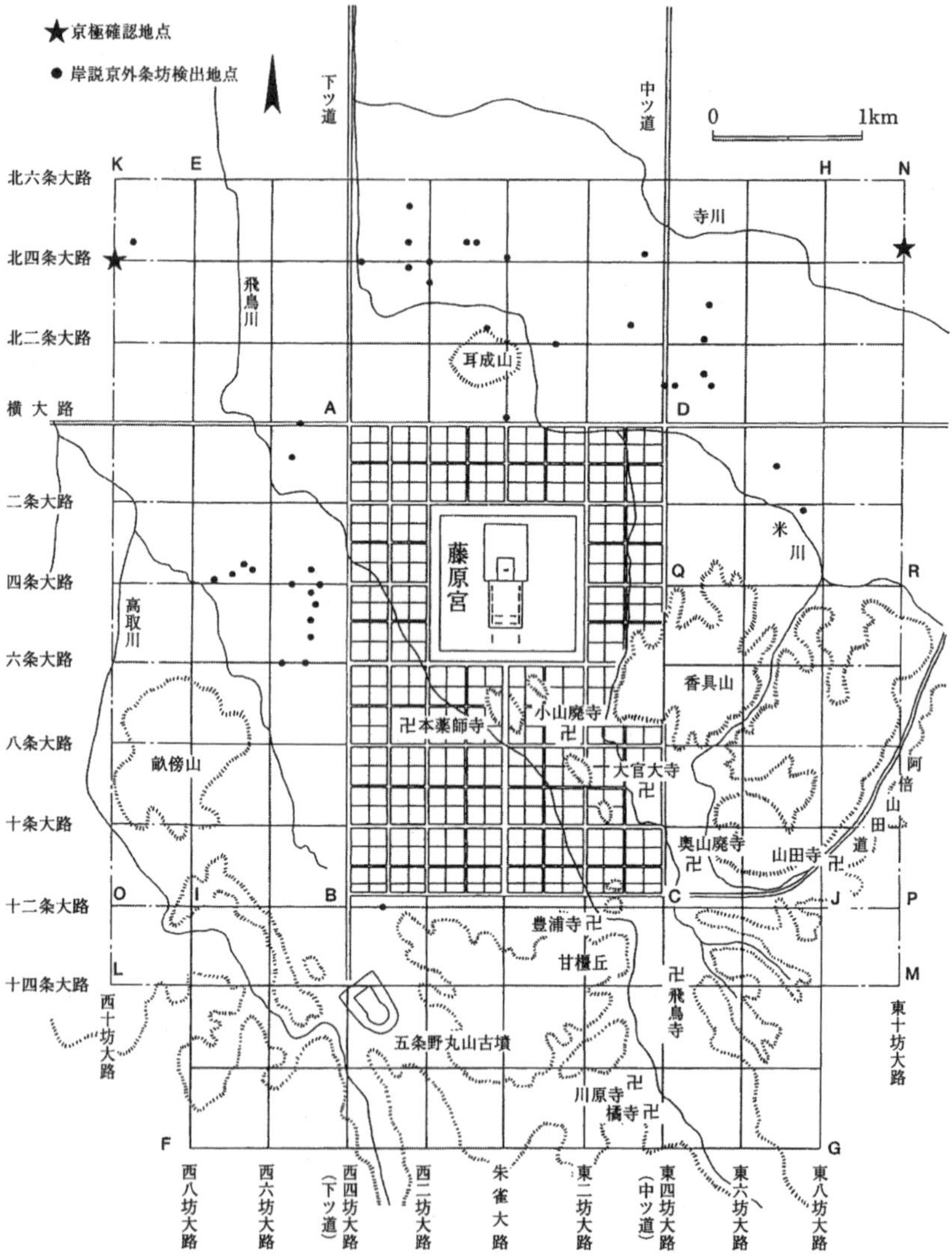

図１　藤原京域の復元諸説（条坊呼称は岸説およびその延長呼称による）
ABCD＝岸俊男説、EFGH＝阿部義平・押部佳周説、EIJH＝秋山日出雄説、KOPN または KOCQRN＝竹田政敬説、KLMN＝小澤毅・中村太一説

が判明している。[10]また、天武五年以後の第一次新城造営による条坊施工の進捗度は高く、[11]宮域が決まった天武十三年には大藤原京域の相当範囲に条坊が敷設されていたらしい。

問題は、京域と条坊施工領域（範囲）との関係である。かって岸俊男氏は、天武五年以後、特に天武末期に「京」・「京師」の用例が増加する点に着目し「新城」がその実体にあたる可能性を指摘した。[12]近年では、前述の発掘調査結果を踏まえ、天武末期の京域を、飛鳥を中心とする古い京とその北西に広がる「新城」をあわせた領域と見る説が一般化しつつある。[13]

確かに、前掲『日本書紀』天武十三年三月辛卯条は、一見、既存の「京師」（京域）に行幸した際、その内部に宮域を設定したように読める。また、藤原遷都は、隣接地への遷都という点で、以後の遷都と同一視できない面がある。天武十一年の第二次新城造営以後、飛鳥京が北方に一定度拡大した可能性は否定できない。天武十二～十四年には全国規模で国境確定事業が実施されているので、その際に、飛鳥京と倭国との境界を再設定することは、あり得ることである。

しかし、王宮の移動以前に、新京を包摂する形で京域を設定するという発想には、簡単には従えない。京職は日常的一般行政を担う官司であり、その統治領域が京域である。遷都に伴う造営事業を担うのは、造宮司・造京司といった臨時の専当官司で、京職ではない。当然、条坊施工は遷都に先行するが、施工領域を京職が統治するのは遷都時点からというのが通例である。

宮域決定後の『日本書紀』記事には、持統四年十二月辛酉条「天皇幸藤原、観宮地。」のように、遷都予定地を「藤原」と地名で記す事例もある。したがって、前掲天武十三年三月辛卯条の「京師」は、如上の学説の絶対的根拠とはいえず、『日本書紀』編纂時に遷都予定地を指して「京師」と呼んだ可能性が残る。

むしろ、私は、この問題に関して、『日本書紀』持統五年十月甲子（二十七日）条「遣使者、鎮祭新益京。」の地鎮記事に「新益京《しんやくきょう》（あらましのみやこ）」という語が初めて使われることを尊重したい。持統五年十月の地鎮の対象（範囲）は、遷都予定の京、藤原京（その京域）である。この局面で「新益京」なる表現を使用する際、使用者が念頭に置き対比している「旧」京は、持統五年十月時点の現行の京、飛鳥京以外にあり得ない。この時点で、既に飛鳥京が新京を包摂し拡張している（「益している」）のでは、語の成り立ちが理解できない。

したがって、私は、「新城」造営以来の条坊施工領域が京域となるのは、藤原遷都時点と考える。節を改め、自説を別角度から補強してみたい。

2　庚寅年籍と宅地班給

持統五年十月二十七日の「新益京」地鎮は、藤原遷都を公的に予告するデモンストレーションであった。『日本書紀』持統五年十二月乙巳（八日）条には、「詔曰、賜右大臣宅地四町。直廣貳以上二町、大参以下一町、勤以下至無位、隨其戸口。其上戸一町、中戸半町、下戸四分之一。王等亦准此。」とある。地鎮された「新益京」の領域は、一ヶ月半後、王族・貴族・官人に分与されたのである。

日本古代都城の条坊には、一般に中国都城の条坊のような坊墻・坊門はなく、軍事・治安維持といった機能は希薄であった。日本の条坊制の最重要機能は、宅地班給に求めるべきだろう。京制と条坊制との関係を考える上でも、この点が最も重要である。

もっとも、王族・貴族・官人などの京への集住は、律令官僚制の進展と共に、持統五年以前から一定度進行していたと思われる。天武十二年十二月には、難波を複都の一とする旨の詔が発令され、「百寮者」に対し、難波に行き「家地」を請求せよとの命が下されている。したがって、史料には見えないが、飛鳥京でも、天武期から、部分的に宅地班給が実施されていた可能性がある。ただし、飛鳥は伝統的な宮室の地だから、対象者は限定的だろう。

したがって、持統五年十二月の宅地班給は、①官人以上のほぼ全階層を対象とする点、②官職・位階・戸口数という客観的基準で町単位に班給額を設定している点、以上二点においてやはり画期的である。特に、勤（令制六位相当）以下無位という下級官人に対する支給基準が戸口数に拠る点が重要である。[14]従来注意されてないが、この施策が、前年持統四年（庚寅年）、庚午年籍以来二十年ぶりに造籍された戸籍、庚寅年籍によることは明らかである。

庚寅年籍は、持統三年に諸司に頒布された浄御原令戸令に基づいて作成された。下級官人の本貫地は、王族・貴族・上級官人以上に分散的だったはずである。中央政府は、京・畿内近国の庚寅年籍により、官人の戸の状況を正確に把握し、「新益京」条坊施工域の規模・利用状況を勘案して、班給基準を決定したのだろう。

なお、持統五年十二月制の班給対象は官人のみであり、一般京戸に対する宅地班給史料はない。しかし、戸口数を基準とする下級官人への班給方式は、班給額を全般的に減額すれば、一般京戸に対しても適用可能である。[15]『続日本紀』慶雲元年（七〇四）十一月壬寅条には「始定藤原宮地。宅入宮中百姓一千五百五烟、賜布有差。」という記事がある。「宮」は「京」の誤りで、「百姓」の多くは一般京戸だろう。一般京戸に対する宅地班給も、持統五年十二月以後、遷都後も含め段階的に行われた可能性が高いと思う。

まず、遷都前に、①条坊を施工し宅地を造成し、②官人以上階層から順に宅地を班給し、住宅を建設させ、遷都後に、③班給地に本貫地を移貫させ京職により統治する、以上のような手順が想定できる。そして、このような手順は、以後の遷都でも、踏襲されたと見てよいだろう。

庚寅年籍は、以後の定期的造籍の端緒となった。計帳制も、遅くとも大宝令制では確立する。特に住民構成が複雑で、流動性が高い京の統治にとって、籍帳制成立のもつ意義は大きい。条坊制都城の成立によって歴代遷宮原則は放棄されたが、八世紀の天皇は、断続的に遷都や副都造営を繰り返した。この現象は、些か逆説的な言い方をすれば、住民の移動（流動性）を正確に掌握し得るシステムが機能した結果ともいえる。

近年の研究、特に考古学分野の研究は、天武期の造営事業、特に条坊施工の進捗度の高さから、藤原遷都に至るプロセスにおいて天武期の達成を高く評価する傾向が強い。しかし、条坊制都城には、条坊というハードと共に、住民統治のソフト（システム）が必要だった。新城造営開始から藤原遷都（宮）までの道のりは、予定調和的なものではなく、現実に即応してハード・ソフト両面の整備を進めた過程として捉えるべきだろう。

三　大宝令の坊令

本章では、前章までの検討を踏まえ、藤原京の復元プランについて考察する。

平城京・藤原京の条坊復元の基本は、前掲養老令戸令置坊長条の「毎坊置長一人。四坊置令一人。」という規定、養老令職員令左京職条の「坊令十二人」という規定である。

前述したように、戸令置坊長条の規定は、改新詔第二詔副文第一条から養老令・大宝令同内容、と推測できる。一方、職員令左京職条は、養老令・大宝令文の異同を直接確認することはできない。以上を踏まえ関係史料を遡源的に検討しよう。

まず、『類聚三代格』巻五所収延暦十七年（七九八）四月五日太政官謹奏の冒頭には、「右謹案令条、左右京職、毎条置坊令一人。」と見える。つまり、太政官は、「四坊置令一人」という置坊長条の規定を、条毎に坊令一人を置く、と理解している。延暦十七年時点の京、平安京は南北九条・東西八坊で、宮域が含まれる一・二条は左右京各三坊、三条～九条は左右京各四坊である。つまり、「四坊に令一人」という規定は三条～九条の一般的な条を念頭に置いたもの、というのが太政官の法解釈ということになる。なお、『令集解』職員令左京職条朱説にも、かかる公的法解釈に合致する注解がある。

平安期以後、「坊令」と同義語として「条令」なる用語が一般化するのは、この解釈通り法が運用されたことを物語る。ただし、「条令」は、長岡京期・平城京後期の史料にも見える[16]。また、天平期の二条大路木簡には、条単位で物品を貢進したものが数点あり、坊令が署するものが含まれる[17]。したがって、坊令を条毎に配置する原則は、確実に天平期、恐らく平城遷都時点まで遡源する。

そこで問題になるのが、養老令職員令左京職条の「坊令十二人」という規定である。養老令制定・施行時点の京は平城京だから、素直に受け取れば、平城京は南北十二条、となる。しかし、平城京は図2のように南北九条と見るのが通説である。そこで、「坊令十二人」は、藤原京期に制定・施行された

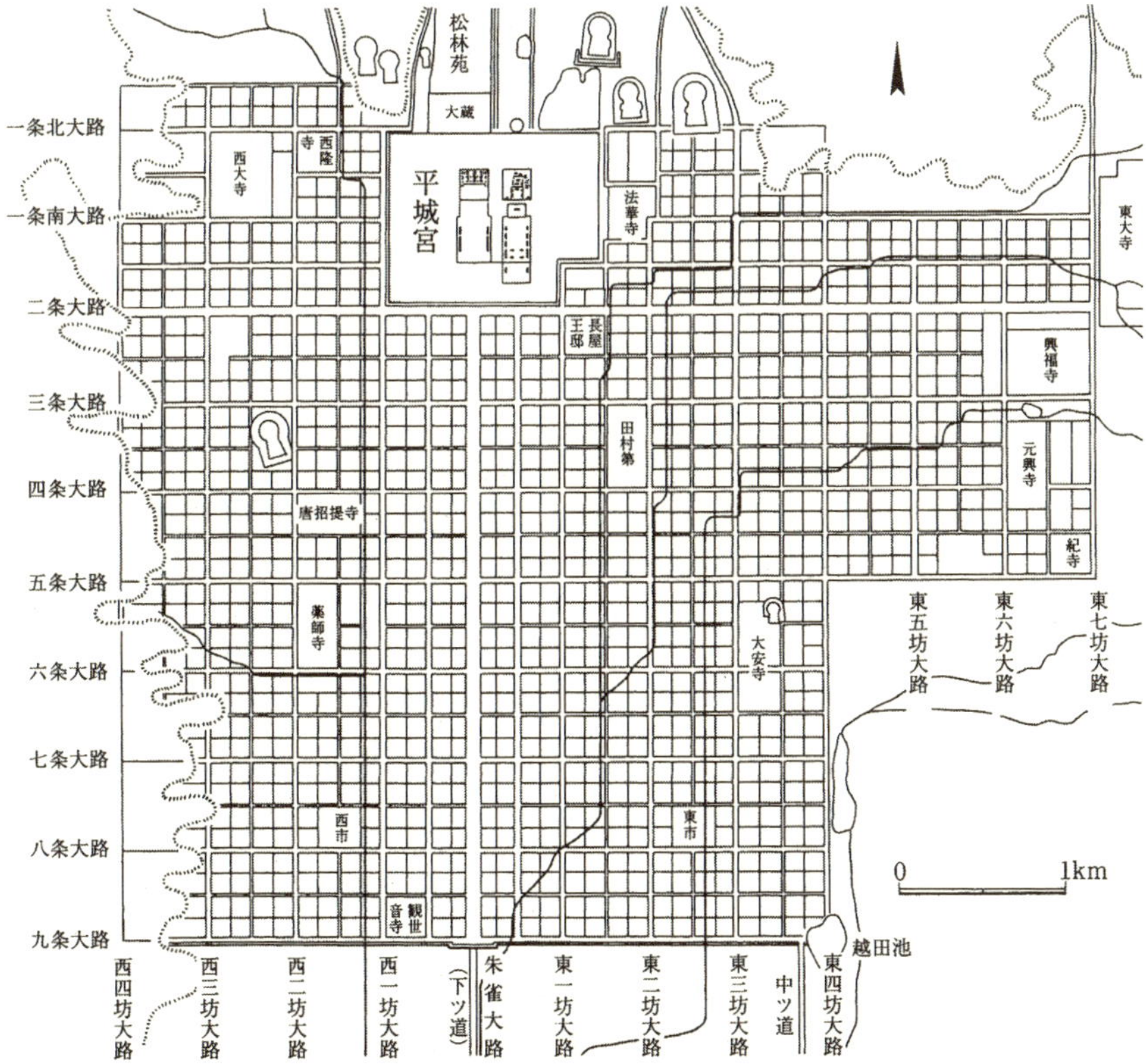

図2　平城京復元図

大宝令同条の規定が、養老令で改定されずに残存した、と理解されてきた。大宝令施行以後の改定が養老令文に反映されないケースは少なくない。岸俊男氏は、かかる認識のもと、「坊令十二人」を藤原京期の京制と理解し、一坊を半里四方四町とした上で、南北十二条・東西八条に藤原京を復元したのである(18)。

後述するように　近年、大和郡山市下三橋遺跡の調査により、平城京「左京十条」条坊遺構が発掘され、従来の通説は再検討を迫られている(19)。しかし、十条大路以南、十二条まで条坊遺構が広がる可能性は小さいようである。したがって、「坊令十二人」は、やはり平城京期の京制とは考えがたい。従来通り、藤原京のそれと見るのが穏当だろう。

しかし、前に述べたように、岸説藤原京は、今日の条坊遺構の検出状況に鑑みると考古学的には成立困難である。また、『令集解』職員令諸陵司条古記引用の大宝令官員令別記の「京二十五戸」が、岸説では京外となる畝傍山周辺五陵の借陵守と推測されること、など、文献上の疑問も指摘されている(20)。実は坊令定員に関しても、岸説に従うと、平城遷都後に京域が三倍以上になるのに、二十四人（左右京各十二人）から十八人（同各九人）に人数が減るという難点がある。したがって、岸説は、それを部分的に認める説（京域縮小説・拡張説）も含め成立し難い。

残るのは、大藤原京説の見地から、「坊令十二人」を合理的に説明し得る学説である。一つは坊令条毎設置の原則を遡源させる阿部義平・押部佳周説(21)、もう一つは前掲戸令置坊長条「四坊置令一人。」は、本来、京域全域に四坊に一人、坊令を配置する規定だったと見て、宮域四坊＋京内坊九十六坊（四坊×十二×二）＝百坊として、十条・十坊の京域を想定する小澤毅・中村太一説である(22)。現在有力なのは後者である。

確かに、阿部・押部説は、①推定京域外の東・西で京外の条坊遺構が存する、②逆に京域の南部に条坊施工の困難な丘陵地を広く含む、③先述の借陵守「京廿五戸」が管理する畝傍山周辺五陵の一部が京域から外れ、逆に見瀬（五条野）丸山古墳などが京域に入る、といった難点がある。①は下三橋遺跡の評価如何で相対化される可能性があるものの、特に考古学的には、小澤・中村説の方が合理的だろう。

ただし、坊令の理解については、やはりなお疑問がないわけではない。

小澤・中村説によれば、大宝令策定時点では、坊令を四坊毎に完全に均等に置くことを意図していた置坊長条の規定は、平城遷都後、条毎に置く規定に読みかえられ、養老令以後も通用したことになる。確かに平城京は左京・右京各四坊が基本だが、外京があるので、条毎配置＝四坊毎配置となる範囲は、左京六条以南・右京三条以南にとどまる。このような場合、単行法令（格）により令制を改定する方が一般的だと思う。藤原京における坊令の管轄範囲振り分けに関する理解も、不明瞭な印象は拭えない(23)。

したがって、藤原京の京域に関しては、北限・南限の確定といった点も含め、検討の余地を残しておくべきだろう。

四　平城遷都の特質

1　平城遷都の過程

和銅元年（七〇八）二月、前年七月に即位した元明天皇は平城遷都詔を発し、約二年後の和銅三年三月、藤原京から平城京への遷都が実現する。ただし、遷都自体は、文武期に構想されたものである。

慶雲三年（七〇六）二月制定の百姓身役制は、平城遷都に備え、大宝歳役制を改定し、畿外諸国を対象とする役民動員体制を整備したものである(24)。半年後、実際に百姓身役は徴発されている（『続日本紀』慶雲三年九月丙辰条）。しかし、この年疫病が流行し、文武自身も不予となる。これを受け、翌年二月、文武は王臣に合議をはかり平城京造営を中止したのである（『続日本紀』慶雲四年二月戊子条「詔諸王臣五位已上、議遷都事也。」）

このように平城遷都は、一旦中止され次代の天皇により実現されるという、藤原遷都と似た紆余曲折を経たわけである。しかし、両者には、異質な点も多い。条坊制に連関する事項についてまとめてみよう。

第一は、条坊施工以前の開発の状況である。藤原京域は、飛鳥京に隣接し、阿倍山田道・横大路など主要幹線道路周辺域を中心として、条坊施工以前に、天皇家・王臣家の膝下所領として一定の都市的開発が行われていた。逆に、藤原京の設計は、それに規制された可能性もある。これに対し、平城京域の都市開発は、遷都決定→条坊施工に起点がある。

第二は、宅地班給の様相である。先に述べたように、持統五年（六九一）の藤原遷都に伴う宅地班給の方式は、平城遷都に継承されたと推測される。しかし、林部均が指摘するように、飛鳥浄御原宮周辺の大規模宅地の多くは平城遷都まで残存し、王族・貴族が必ずしも京内に移住しなかった状況が窺える。[25]伝統的宮室の地、飛鳥から離れることに対する抵抗は根強かった。結果的に、飛鳥に近接していたがゆえに、藤原京段階では京内集住は徹底しなかった可能性が高い。

前述したように、藤原京の宅地班給は持統五年十二月まで行われなかったが、天武九年（六八〇）十一月以後「新城」内で始まった薬師寺造営は、持統二年正月にはほぼ完成していた。薬師寺をはじめ、大官大寺・小山廃寺など「新城」以後の造営寺院の占地は、条坊との整合性が意識されている。[26]官大寺の造営は、王族・貴族に対し、「新城」内への集住を促すデモンストレーションの意味も認められる。

しかし、「新城」造営以前から存在した寺院の占地は、必ずしも条坊施工による影響を受けず、和田廃寺のように朱雀大路を寺地が横断するようなケースさえ放置された。[27]宅地班給も、こうした寺院の占地に一定度規制されたと思われる。

平城遷都の目的の一つは、藤原京のこのような限界を克服する点にあった。王族・貴族・官人の集住、住み分けは徹底したと思われる。氏寺等の建造領域として外京が設定されたことも、土地利用の計画性の高さを物語る。[28]

第三は、遷都立案から実行までの期間である。前述したように、藤原京の場合、天武五年の新城造営開始から持統八年の遷都まで、中断期間を除いても、かなり時間がかかっている。これに対し、平城京造営は、慶雲三年の事業の比重は限定的であり、和銅元年三月・九月の造宮司・造京司設置によりスタートしたと見てよい。つまり、実質的造営開始から二年後には遷都が実現したわけである。

もちろん、遷都をもって造営事業が終了するわけではない。実際、『続日本紀』和銅四年九月丙子条には、「今宮垣未成、防守不備。」とあり、遷都後一年半たっても、宮城大垣さえ未完成の状態であった。しかし、比重の如何を別にすれば、遷都後も造営事業が継続するのは藤原遷都も同様である。平城遷都が、藤原遷都と比較して、相対的に高い計画性のもとスムーズに進行したことは間違いない。

2 平城京条坊復元研究の史料

条坊復元の主要資料は、条坊の遺存地割・遺存地名・文献史料・発掘調査の遺構データである。平城京の場合、『延喜式』左右京職式京程条のような全体像を示す史料がなく、良好に残存する遺存地割を主要材料とし、それを他の史資料で補う形で進められてきた。そこで、最近私は、このような研究状況の改善を意図し、平安初期の刑書『律書残篇』に見える地方行政機構に関する記述に着目した。(29)

日本国六十七　郡五百五十五　郷四千十二

里万二千卅六左京条九防卅六 右京条九防卅三　七道河東十六州

大倭国　郡十四　郷百六　里二百七十六　守介掾大目少目四位以上六位也

（以下略）

この部分の年代は、養老五年（七二一）四月～天平九年（七三七）十二月のある時点とされている。(30)したがって、条坊に関する記載「左京条九防卅六」「右京条九防卅三」は当該期の平城京のそれと考えられる。しかし、左京の坊数

「卅六」は平城京左京の坊数と合わない（前掲図2）。したがって、私は「卅」を誤記と判断し、実際には左京九条・四十六坊、右京九条・三十三坊と見る。

つまり、養老五年四月〜天平九年十二月のある時点における平城京は、大概、従来の復元プランで想定される形態をとっていた、ただし右京に北辺坊はなくさらに一坊分欠坊があった、というのが拙稿の判断である。したがって、遅くとも、天平九年十二月には平城京は南北九条になっていたと考えられる。

しかし、前述したように、近年、下三橋遺跡の発掘調査によって、十条大路を含む「左京十条条坊」遺構が発掘された。調査結果によれば、「左京十条条坊」は、平城遷都時に九条以北の条坊と一体的に施工されたが、遅くとも天平二年には廃絶したらしい。また、「右京十条条坊」の廃絶後、九条大路南（東一坊大路交差点）付近に羅城が築造されたことも解明されている。調査担当者の山川均・佐藤亜聖は、この事実から、初期平城京十条説を提起している。

前述したように『律書残篇』の条坊記載の年代は、養老五年四月〜天平九年十二月だから、それ以前に、平城京が南北十条であった可能性は残る。しかし、平城京の場合、天平期以後は二条大路木簡・天平五年右京計帳など個別の条坊記載（〇条〇坊）を有す一次史料がかなりあるが、現状ではそれ以前の史料は少ない。したがって、初期平城京十条説については、「京域を大きく変更するような施策がとられたのならば、『続日本紀』に記事が残るのではないか。」という単純な疑問は残るものの、現状では是非を判断しかねる。いずれにせよ下三橋遺跡の発掘調査は、平城遷都後に、京域・周辺域で大きなプラン変更が存したことを示す。調査の進展を慎重に見守りたいと思う。

おわりに

以上、七世紀後期〜八世紀前期を対象として京と条坊制との関係を検討した。

従来の研究では、京制と条坊制の成立を、無前提に一体的なものとして論じる傾向が強かった。本稿では、両者を峻別して考察し、条坊制都城成立の意義を論じた。最後に一言付言し、結びとする。

日本の都城制研究では、条坊の有無が、京域と外域を区分する指標として重視されてきた。しかし、中国都城では、京の内外を区分する装置は羅城であり、条坊の主たる機能は、羅城の内部を区画することにある。日本の都城において、条坊が京域を示す唯一の可視的表象となるのは、羅城の限定性という消極的要因によるもので、条坊自体にハードとして独自の境界機能が付与された形跡はない。むしろ、中国と比較して独自性が認められるのは、境界祭祀などソフトの面である。

矢守一彦によれば、グリッド・プラン（方格状の町割）による都市プランの特徴の一つは、基本的パターンを変更せずに、市街を逐次外方に拡大できることにある[31]。前述したように、左京外京は氏寺の建造領域として平城遷都時に、右京北辺坊は西大寺・西隆寺造営にともなって奈良時代後期に設定された。平城遷都後まもなく廃絶する「左京十条条坊」も、逆ベクトルではあるが、グリッド・プランの柔軟性を示す類例として評価できる。都城のプランニングには、藤原京で想定されている『周礼』の影響のようなイデオロギーも作用するから単純ではないが、少し柔軟に考えた方がよいかもしれない。

憶測にとどまった点が多く、考古学・歴史地理学の素養に乏しいため初歩的誤りも多いと思う。ご批正を賜れれば幸いである。

註

（1）この点に関しては、井上和人『古代都城制条里制の実証的研究』（学生社、二〇〇四年）、林部均『飛鳥の宮と藤原京』（吉川弘文館、二〇〇八年）など参照。

(2) 岸俊男「造籍と大化改新詔」(同『日本古代籍帳の研究』塙書房、一九七三年、初出一九六四年)。
(3) 西本昌弘「畿内制の基礎的考察」(同『日本古代儀礼成立史の研究』塙書房、一九九七年、初出一九八四年)。
(4) 吉川真司「律令体制の形成」(歴史学研究会・日本史研究会編『日本史講座 第1巻』東京大学出版会、二〇〇四年)など。なお『続日本後紀』承和十年正月甲辰条にも関連記事がある。
(5) 日本令制独自の制度である。なお、「唐風化」が進行した藤原仲麻呂政権下、天平宝字五年二月左右京尹が置かれ従三位相当官とされた。唐京兆府の「尹一人、従三品」(『大唐六典』)を模倣したものだが、仲麻呂の乱後、廃止されている。
(6) 井上光貞「庚午年籍と対氏政策」(『井上光貞著作集 第四巻 大化前代の国家と社会』岩波書店、一九八五年、初出一九四五年)。
(7) 唐制では、京兆府(開元元年以前は雍州)は、官制上、河南府・太原府と横並びで、京内は、京外を統治領域に含む二県(長安県、万年県)により管轄され、坊とは別に里が設定された。摂津職の官制は、京職と比較して、相対的に唐制に近い。なお、日本古代史で、首都・副都の如何といった問題を議論する場合、まず、このような京職と摂津職の官制の相違を尊重する必要がある。長岡京を副都とする議論は、文献史学・考古学双方で根強く残存するが、この基礎的事実が考慮されておらず、成立しない。
(8) 坂元義種「摂津職について」(『待兼山論叢』第二号、一九六八年)は、『日本書紀』天武四年二月癸未条などから天武朝に「津国」は「摂津国」と称されていたと推測するが、従えない。前掲『令集解』諸陵司条古記所引官員令別記に「津国」とあることから見て、浄御原令制下の国名は「津国」で、それが大宝令文に継承されたと見るべきである。養老令文の「津国」は、大宝令制以後の国名改定が反映されず、大宝令文が引き写された結果である。なお、大宝四年四月の諸国印鋳造を契機に、漢字二字の国名が成立する点については、鎌田元一「律令制国名表記の成立」(同『律令公民制の研究』塙書房、二〇〇一年、初出一九九五年)参照。
(9) 壬申紀には、「近江京」(五月是月条)との対比表現と思われる「倭京」(五月是月条、六月丙戌条、七月戊戌条)、「古京」(七月壬辰条)なる語が見える。仮に斉明期に京が存在したとすると、天武即位時点の京の領域は斉明期のそれを継承したと思われる。

なお、林部註（1）前掲著書は、飛鳥では飛鳥宮Ⅱ期遺構（飛鳥板蓋宮）から、周辺の飛鳥藤原地域では天武期から建物の造営方位が正方位となる点に着目し、斉明期に京の成立が遡及する可能性に言及する。厳密な意味での京域と正方位の建物群の広がりとの対応関係については、個々の事例に即した慎重な検討が必要である。しかし、条坊施工以前の京域を推測する一つの仮説としては興味深い。

（10）川越俊一「藤原京条坊年代考」（奈良国立文化財研究所学報第六〇冊『研究論集Ⅺ』二〇〇〇年）。

（11）林部均「藤原京の「朱雀大路」と京域」（『条里制・古代都市研究』第二〇号、二〇〇四年）。

（12）岸俊男「日本における「京」の成立」（同『日本古代宮都の研究』岩波書店、一九八八年、初出一九八二年）。

（13）橋本義則「「藤原京」造営試考」」（註（10）前掲『研究論集Ⅺ』二〇〇〇年）、小澤毅「古代都市「藤原京」の成立」（同『日本古代宮都構造の研究』青木書店、二〇〇三年、初出一九九七年）、林部註（11）前掲論文。なお花谷浩「京内廿四寺について」（註（10）前掲『研究論集Ⅺ』二〇〇〇年）は、『日本書紀』天武九年五月朔条の「京内廿四寺」に着目し、「廿四寺」を具体的に比定した上で、同様の見解をとる。しかし、橋本も指摘するように、「新城」造営再開以前の記事を根拠にかかる推測を行うのは無理がある。「京内」は信憑性に乏しく、「廿四寺」には京周辺寺院も含まれる可能性が高い。

（14）仁藤敦史「倭京から藤原京へ」（同『古代王権と都城』吉川弘文館、一九九八年、初出一九九二年）は、官職・位階的秩序の不徹底という観点から、平城遷都以後との相違面を指摘している。そのような一面は否定できないが、私は、本文で述べた観点から、連続的側面を見出したい。

（15）一般京戸に対する宅地班給に関しては、特に藤原京段階では、否定または限定的に捉える論者が多い。確かに、関連史料は、『続日本紀』天平十三年九月己未条の恭仁京遷都に関する記事に「班給京都百姓宅地。」とあるぐらいである。しかし、天平期の「右京計帳」に見える京戸の多くは非官人戸で、しかも戸主の氏姓が異なっている（中村順昭「平城京の京戸について」、同『律令官人制と地域社会』吉川弘文館、二〇〇八年、初出一九九五年）。律令官司・官人家・寺院には巨大な労働需要があり、少なからぬ部分は一般京戸によって満たされた。段階差は考慮すべきだが私は、藤原京においても、一定度の一般京戸の集住を想定してよいと思う。

岸俊男『古代宮都の探求』（塙書房、一九八四年）は、『続日本紀』慶雲元年十一月壬寅条の「宮中」を京内、「百姓一千五百五烟」を藤原京の官人戸・一般京戸の総数と見て、藤原京の人口を試算した。しかし、官人戸が含まれず、一般京戸のみである可能性も十分にある。仮に「烟」＝「戸」とすると、一千五百五戸は約三十里分、「右京計帳」の平均戸口数一六・四人をかけると約二万五千人になる。

なお、都城の宅地班給は、律令制的な礼的秩序の体現でもあるが、この点は、山田勝芳『中国のユートピアと「均の理念」』（汲古書院、二〇〇一年）が示唆的である。

(16) 市川理恵「日本古代における「都市民」の成立」（『ヒストリア』第一八三号、二〇〇三年）。
(17) 渡辺晃宏「奈良・平城京跡」（『木簡研究』第一二号、一九九〇年）一〇頁。
(18) 岸俊男「緊急調査と藤原京の復原」（岸註（12）前掲著書、初出一九六九年）。
(19) 山川均・佐藤亜聖「平城京・下三橋遺跡の調査成果とその意義」（『日本考古学』第二五号、二〇〇八年）。本稿の下三橋遺跡の発掘調査に関する言及はこれによる。
(20) 今尾文昭「律令期陵墓の実像」（同『律令期陵墓の成立と都城』青木書店、二〇〇八年、初出二〇〇六年）。この他、寺崎保広『藤原京の形成』（山川出版社、二〇〇二年）は、『日本書紀』持統五年十二月乙巳条の宅地班給記事と『続日本紀』慶雲元年十一月壬寅条を比較し、仮に約一千五百戸すべてを下戸としても三百七十五町必要と試算、岸説藤原京では収まらないと主張する。岸批判の方向性は妥当だが、持統五年十二月制の下級官人への班給基準を、庶民（非官人＝一般京戸）にそのままあてはめて試算するのは適当ではない。
(21) 阿部義平「新益京について」（『千葉史学』第九号、一九八六年）、押部佳周「飛鳥京・新益京」（『古代史論集』上、塙書房、一九八八年）。
(22) 小澤註（13）前掲論文、中村太一「藤原京の「条坊制」」（『日本歴史』第六一二号、一九九九年）。
(23) この点では、仁藤敦史「「藤原京」の京域と条坊」（『日本歴史』第六一九号、一九九九年）の小澤批判は有効である。ただし、小澤毅「藤原京の造営と京域をめぐる諸問題」（小澤註（13）前掲著書、二〇〇三年）が反論するように、仁藤説には誤りも多く、全体としては従えない。

(24)　鎌田元一「平城遷都と慶雲三年格」（鎌田註（8）前掲著書、初出一九八九年）。吉野秋二「大宝令歳役・雇役制試論」（『日本史研究』第四三二号、一九九八年）。なお、舘野和己『古代都市平城京の世界』（山川出版社、二〇〇一年）は、さらに平城遷都詔の記述などに着目し、平城遷都の一因を歴代遷宮原則の残存に求める。しかし、文武即位から平城遷都企画までタイムラグがあり、文武即位後、大宝令施行を契機に藤原宮が改造されている点を考慮すると、この推論は成立し難い。

(25)　林部註（1）前掲著書。

(26)　小澤毅「藤原京の条坊と寺院占地」（前掲小澤註（13）著書、初出二〇〇一年）。

(27)　林部註（11）前掲論文。

(28)　この点は、平城京からの氏寺移転を認めなかった長岡京・平安京に外京にあたる区画がないことと対応する。

(29)　吉野秋二「『律書残篇』の条坊記載」（奈良女子大学21世紀COEプログラム編『古代都市とその形制』同COEプログラム報告書14、二〇〇七年）。なお、拙稿執筆後、『参天台五臺山記』熙寧五年（一〇七二）十月十五日条に、宋皇帝から「京内里数多少」を尋問された記者成尋が「九条三十八里也。以四里為一条三十六里、一条北辺二里。」と回答した記述があることに気づいた。同条の他の記述も考慮すると、「京内」は平安京左京内のことで、「三十八里」は宮内を含んだ坊数と考えられる（四坊×九＋左京北辺坊＋左京宮内一条以北）。

(30)　坂本太郎「律書残篇の一考察」（『坂本太郎著作集　第七巻　律令制度』一九八九年、吉川弘文館、初出一九三四年）。

(31)　矢守一彦『都市プランの研究』（大明堂、一九七〇年）。矢守は他に①初歩的測量技術でレイアウト出来ること。②土地の配分・所有、租税賦課に便利であること、③軍事的・政治的支配、管理が容易であること、④方形の建築物を最もコンパクトに収容し得ること、⑤限定された高密度の都市空間の中に住民のすみ分けを効率的に実施できること、を指摘する。

（挿図出典）図1、図2ともに小澤註（13）前掲著書。

（付記）本稿は、二〇〇七年十二月十五日、奈良女子大学21世紀ＣＯＥプログラム「古代日本形成の特質解明の研究教育拠点」が、科学研究費補助金基盤研究（Ｂ）「東アジアにおける難波宮と古代難波の国際的性格に関する総合研究」（研究代表者積山洋）、科学研究費補助金基盤研究（Ｂ）「地理情報システムを用いた古代宮都の環境復元と環境史の研究」（研究代表者林部均）と共催した「都城制研究集会 第二回 古代都城と条坊制―下三橋遺跡をめぐって―」における著者の報告「京の成立と条坊制」をもとにしている。ただし、本稿では、報告内容の内、下三橋遺跡関連史料に関する分析は割愛した。研究集会の内容については、著者の報告も含め、奈良女子大学21世紀ＣＯＥプログラム編『都城制研究（３）』同ＣＯＥプログラム報告集27、二〇〇九年に掲載されている。

平安京の空間構造

山田邦和

はじめに

日本古代の都城は、中国のそれに倣ったきわめて整然とした都市計画によって建設されていた。平安京の都市計画のプランは、東西一五〇〇丈（約四四七七m）、南北一七五一丈（五二二六m）の縦長の長方形で、その中央北端に大内裏（平安宮）が置かれていた。京を構成する単位は「町《ちょう》」と呼ばれる四〇丈（約一二〇m）の正方形の区画であり、平安京はこの「町」が一一三六個集合（大内裏を除く）することによって構成されていた。平安京は、南北のメイン・ストリートである朱雀大路を境にして東の左京と西の右京とに分けられていた。平安京研究の基本史料のひとつである『拾芥抄』の左右京図に挙げられた施設の配置を見ると、平安京の設計は左右対称の原則をできるだけ貫徹しようとする思想のもとにあったことが明らかである。朱雀大路を中心軸として、東寺と西寺、東鴻臚館と西鴻臚館、東市と西市のように、主要な施設が左右京のそれぞれに対称的に配置されていたのである。鴻臚館は外国使を迎えるための施設であるが、平安時代前期においては外国使というのは事実上は渤海だけに限られており、同時に複数の外国使が来日するということはまず考えがたい。したがって鴻臚館を東西二ヶ所に常置するというのは明らかに不必要だと言わざるを得ないのであるが、そうした実際上の要求よりも都市設計における左右対称の理念の貫徹が優先されたわけである。

しかし一方では、このような都市計画はあくまで理念の上だけのものであった。実際の平安京は必ずしもこのようなプランニング通りに施工されたわけでなかったし、都市が成熟するとともに当初の設計とは離れていく部分も顕著になっていった。また、本来の京域の内部が耕作地に変ずるところもあったし、逆に京の外側が都市化する場合もあった。平安時代を通じて、平安京の都市理念と現実とは、実に複雑な相互依存関係を造り上げていたと言わねばならない。本稿では、平安京の理念と現実の検討を通じて、日本古代における「京」の空間構造という問題に迫ってみたいと思う。

一　平安京の計画と実状

1　平安宮における設計変更

延暦一三年（七九四）に平安京への遷都が宣言されたといっても、その時に都のすべてが完成していたわけではない。[1] その段階においては、天皇の住居である内裏の整備が終わり、都の中心施設である朝堂院がほぼ完成に近づいていたものの、豊楽院は延暦一八年（七九九）にいたってもまだ竣工をみておらず、それが偉容を現すのは延暦二四年（八〇五）頃に降った。大内裏（平安宮）を構成する多数の官衙の建設も急ピッチで進められていたであろうが、それらの完成にも若干の時間の経過を要したであろう。桓武天皇の崩御直前の延暦二四年（八〇五）、天皇は藤原緒嗣と菅野真道に命じて有名な「徳政相論」をおこなわせた。ここで緒嗣が、昨今の政治の煩いとして造都（平安京造営工事）と征夷（対蝦夷戦争）のふたつを挙げたのに対し、真道は敢然とそれに反対して大議論となった。そして、最終的には桓武天皇自らの決断によって造都と征夷は停止されるにいたったのである。もちろん、造都の停止という政策が決定されたといっても官衙群が未完成のままに放置されてしまったわけではないから、この挿話はむしろ、延暦二四年の段階では平安宮の造営にある程度の目処がついていたことを示すものだと解することもできよう。また、その時には未だ完成にいたっていなかった官衙の場合にも、建設の速度はゆるやかになったかもしれないけれども工事自体は続行されていたとみてまちがいない。

さらに、平安宮を構成する施設がある程度完成した後にも、細部の改造は絶えずおこなわれ続けた。豊楽院においては、創建当初には正殿の豊楽殿とその北側の清暑堂との間が離れていた。しかし、八世紀中葉には豊楽殿の北面中央階段が埋められ、そこに清暑堂にいたるための軒廊が新設されていたことが発掘調査によって判明している。(2)また、現存する平安宮図の中で筆写年代が古いのは東京国立博物館蔵の「九条家本延喜式付図」と藤原氏近衛家伝来の「陽明文庫本宮城図」であるが、その他の平安宮図の中には、九条家本や陽明文庫とは平安宮の中の諸官衙の位置がいささか異なっているものが見受けられる。たとえば、『平安通志』に収載された「南都所伝宮城図」は一部を欠損している上に原本の所在が不明であるという欠点があるが、その内容は遷都直後にさかのぼる古態を留めており、現存最古の平安宮図と考えてよい。この図には鍛冶司、鼓吹司、主鷹司、散位寮、官奴司といった官衙が描かれているが、これらは九条家延喜式付図や陽明文庫本宮城図では別の施設になっており、この変更は大同二年（八〇七）の官司再編にともなうものであったという。(3)

2　前期平安京の実像

平安宮の造営と併行して、平安京の市街地にあたる左京と右京においても都市建設が進められていたはずである。ただ、平安宮の諸官衙や京内の公的施設がすべて政府の手によって造営されたのに対して、その他の都市部では政府の責任となる範囲は道路の敷設と居住者への宅地班給までにとどまり、実際にそこに建物を建てるのは居住者にまかせられていたはずである。すなわち、平安宮や京内の公的施設が早々に偉容を整えていったのに対して、左右両京での都市建設の速度にはかなりの差異があったとみなくてはならない。

筆者はかつて、これまでの考古学的調査や文献史料による研究成果を総合し、九世紀代の「前期平安京」の都市構造の復元を試みた(4)。詳細は旧稿に譲るけれども、そこで明確になったのは、『延喜式』左右京職が描き出しているような平安京の都市計画はあくまでその理想像であり、実際にはその全てが満たされることはなかったという事実である。たとえば、平安京左京の中でもその東北隅部や西南隅部は開発が遅れていたし、右京にいたっては西半部の大部分はほとんど手つかずに近かった。特に、右京西南隅部付近はもともと桂川の氾濫原にあたる湿地帯であり、都市開発がおよぼせるような場所ではなかったのである。平安時代中期以降の平安京では「右京の衰退」が語られるし、もちろんそれはまったくの誤りだとはいえない。しかし、その一方では右京がもともと未発達の部分を多く抱えていた地域であったことも強調しておく必要がある。

たとえば、左京西南隅に近い左京八条三坊・四坊には、九世紀代には小河川が蛇行しながら流れている部分がまだ残っていた。これらの河川跡からは大量の土馬、墨書人面土器、斎串などの祭祀遺物が出土し、ここが都市民が穢れを払うための「都市祭場」として使われていたことが推測できる。同様の都市祭場は西市の南側の右京八条二坊にも存在したことが知られている。つまり、京内の湿地帯で都市整備が不十分な部分は、こうした庶民信仰の場としても使用されていたのである。

3　道路施工の実状

『延喜式』によると、平安京を構成する道路の幅(築地想定ラインの心々間距離)は、小路は幅四丈(約一二m)、通常の大路は幅八丈（約二四m）、一条・東京極・西京極の各大路は一〇丈（約三〇m）、九条大路は一二丈（約三六m）、二条大路は一七丈（約五一m）、朱雀大路は二八丈（約八四m）と定められている。しかし、平安京の中の道路のすべてが実際にこうした設計通りに完成したわけではない。もちろん、できるだけそれに近いように造ろうという努力は為されたであろうが、自然条件などの制約によっては原則が貫徹できない場合も数多くあったのである。特に、平安時代前期・中期の平安京右京では、西限である西京極大路の大部分は敷設されていなかったと推定できる。考古学的調査によって検出される西京極大路の遺構はすべて平安時代後期に降るものばかりであり、前期・中期にさかのぼる遺構は未だ確認されていないからである。また、京の南限である九条大路も、右京ではかろうじて西寺の門前あたりまでが整備されていただけで、そこから西方には伸びていかなかったと見られる。(5)また、平安京右京八条三坊付近の考古学的調査によると、この付近は平安時代前期には湿地帯となっていたことが確認されている。平安京造営当初にはこの場所では八条大路を造ることができなかったが、平安時代中期頃にようやく道路の造営が可能となったらしい。(6)おそらくこれは、その段階になって湿地帯の排水がうまくいったのであろう。ここで注意されるのは、八条大路は設計上では幅八丈（二四m）であったにもかかわらず、実際の考古学的調査で確認された八条大路は路面幅がわずかに四mしかなかったことである。すなわち、二四m幅の土地が道路予定地に当てられていたのであるが、実際にはそこが湿地帯であったため、その中央に最低限の幅の道路を敷設するにとどまったのである。このように、都市の理念と実際に建造された現実は違う、ということを我々は認識しておかねばならないのである。

二　平安京外部への都市拡大

1　平安京東辺の開発

平安時代を通じての平安京の変容といえば、「右京の衰退、左京の隆盛」が挙げられるのが通例である。以前にも指摘したことがあるように、実際には平安時代中期の右京はまだまだ都市的活力を残していたのであるけれども、平安京の重心が次第に左京へと移動していった事実は認めなければならない。そして、発展を続ける平安京左京の市街地は、やがて京の境界線を乗り越えて北へ東へと拡大していくことになる。

その中でも、左京との同一化が顕著だったのは平安京の東辺部、つまり東京極大路と鴨川とに挟まれた区画である(7)(図1)。もっとも、四条大路末以南では鴨川の流れの方向は西に振れ、五条大路末のあたりからはほとんど平安京の東京極大路の計画ラインに重なってしまうから、実際に都市開発がおこなわれたのは一条大路末から四条大路末にかけての部分だということになる。貞観六年（八六四）の段階では、平安京左京北辺四坊七町の染殿（太政大臣藤原良房邸）の東側には水田が広がっていたという（『日本三代実録』貞観六年二月二五日条）。また、平安時代前期には、四条大路末の南、六条坊門小路末の北、東京極大路の東、鴨川の西の地区は崇親院領となっており、これもまた水田や畑に使われていたのであろう。したがって、平安時代前期の段階で平安京東辺に施設が存在したのは、左京四条四坊一四町の東側の京極寺と、同一五町の東側の東悲田院などに限られていたのであろう。

①左京北辺四坊の東側　一条大路末から土御門大路末にいたる地区である。この地の北端にあたる左京北辺四坊八町東側地点には、醍醐天皇皇子・章明親王の御所が営まれていた。この御所の跡地には、康平元年（一〇五八）の法成寺の火災の後、それまで同寺の境内に営まれていた東北院が移転してきた。左京北辺四坊七町の東側には、中納

言藤原兼輔の邸宅である堤第が存在した。彼が「堤中納言」と呼ばれたのは、その邸宅が鴨川の堤に接して存在したことによっている。この堤第は、後に越前守藤原為時の手を経てから、その娘である紫式部が伝領したと推定されている。(8)

②左京一条四坊の東側

土御門大路末から中御門大路末にいたる地区である。このあたりにはもともと、兼輔と同様の「堤中納言」という渾名を受けていた中納言藤原朝忠の邸宅（左京一条四坊一六町の東側か）、歌人として著名な伊勢の邸、琵琶の名手の参議藤原玄上の妻の邸、大僧正深覚の中河の車宿などが点在していたらしい。寛仁三年（一〇一九）までに、左京一条四坊一五・一六町の東側の土地はすべて摂政太政大臣藤原道長によって接収され、そこに壮麗な法成寺が建立された。この地が道長によって選ばれたのは、その西側の一五・一六町に彼の本邸である土御門殿が存在したからに他ならない。つまり、形式上は京内と京外とに分かれてはいたものの、道長の邸宅とその私

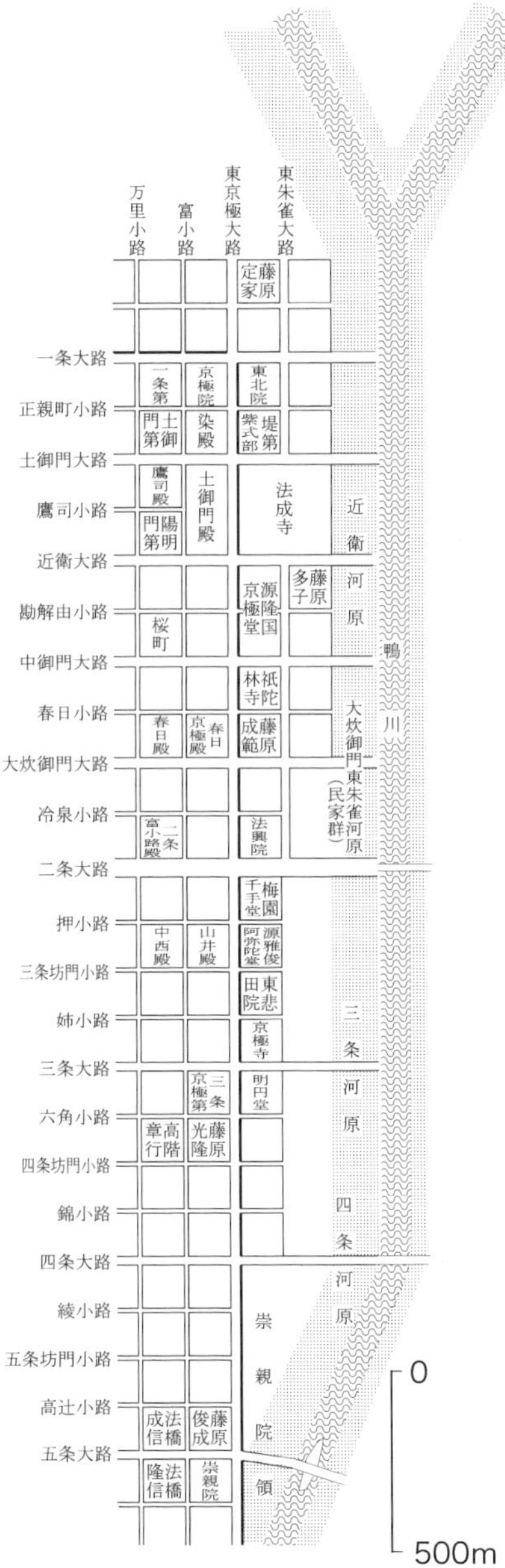

図1　平安京の東辺

寺である法成寺は東京極大路を挟んで隣接していたのである。平安貴族が本格的な寺院を建立すること自体は珍しくないけれども、それらは平安京の郊外に立地することが通例であった。自らの本邸と私寺を隣接させるというのは平安貴族の邸宅のパターンとすると異例であるといわねばならない。

左京一条四坊の東側の鴨川河原は、「近衛河原」と呼ばれていた。近衛天皇皇后となった後に二条天皇のもとに入内して「二代の后」と呼ばれた藤原多子《まさるこ》の御所は、この近衛河原にあった。角田文衞はこの御所を法成寺の東側と推定するが、その地ではあまりにも鴨川の流路と近くなりすぎるから、法成寺の南側で左京一条四坊一三・一四町の東側付近であったと考えたい。また、宇治大納言源隆国の邸と御堂は「朱雀神路（勘解由か）小路」にあったといい、この場合の朱雀とは後述する東朱雀大路を指すと見られるから、この邸もまた法成寺の南側付近に存在したと見られる。これは後に隆国の子の源俊明に受け継がれ、「朱雀家」「京極亭」「京極堂」と呼ばれる彼の邸と御堂となったらしい。(9)

③東朱雀大路

ここで問題になるのは、『拾芥抄』（中）に「又京極東有二朱雀一」、『中右記』（嘉保二年三月一九日条）に「暁有焼亡。東朱雀大路中御門小屋也。馳参太后御所越前守清実宅〈京極大炊御門也〉」と記されている「東朱雀大路」である。もちろんこの道路名は平安京造営当初からあったのではなく、平安京の発展にともなって新しく呼ばれるようになったものである。この東朱雀大路については、ふたつの理解がある。鈴木進一は『拾芥抄』の記事を信頼する立場から、江戸時代の森幸安の『中昔京師地図』の推定を採用し、東朱雀大路は東京極大路と鴨川との間に新設された南北道路であったとしている。(10) しかし、これに異を唱えた瀧浪貞子は東朱雀大路についての史料を比較検討し、同大路は東京極大路の二条以北の部分に与えられた異名であったと結論づけているのである。(11)

東朱雀大路についての史料はきわめて限定されているため、同大路の実態はいまひとつ判然としない恨みがある。ただ、これが東京極大路の別名だったとすると、『中右記』の記主である右大臣藤原宗忠が同じ日の記事の中で両者を書き分けている点が気にかかる。また、瀧浪説では『拾芥抄』がいう「(京極大路の東の)朱雀」は東朱雀大路ではなく朱雀川の異名を持つ鴨川のことであると理解されているが、文脈からするならばこの記事は平安京の道路名を列挙した中なのであり、そこにいきなり川の名が登場するというのは不自然である。瀧浪が挙げた史料も、東朱雀大路と東京極大路は近接する別の道路だった解しても問題はない(12)。したがって、ここでは東朱雀大路は東京極大路の東、鴨川との間に新設された道路であり、法成寺の南門から南行して法興院の西辺にいたる街路であったと考えておきたい。もっとも、史料には「朱雀一条」(『永昌記』嘉承元年一〇月一六日条)という地点表記も見られるから、東朱雀大路は法成寺の南側だけでなく、その北側にも延びていたということになる。

いずれにせよ、東朱雀大路という新しい道路が見られるようになったのは、平安京がその東辺に向かって次第に拡大発展を遂げていたことを示しているのである。

④左京二条四坊の東側　中御門大路末から二条大路末にいたる地区である。ここには、祇陀林寺(一六町の東側)、「桜町中納言」の別名を持っていた左兵衛督藤原成範邸(一五町の東側)、美福門院の乳母の伯耆尼公の宅(一四・一五町の東側付近)、関白太政大臣藤原兼家の二条京極第(一三町の東側)といった寺院や邸宅が知られている。後、藤原成範邸の地は後に後鳥羽上皇の京極殿となり、また兼家の二条第はその薨後に寺院に改められて法興院と呼ばれた(13)。法興院の寺域内には兼家が吉田に建立した積善寺《しゃくぜんじ》も移転してきていた。さらに、嘉承二年(一一〇七)の火災では「大炊御門東朱雀河原小屋及二条」(『中右記』同年一〇月一四日条)の数百軒の民家が焼亡したとされており、この付近では鴨川の河原にいたるまで多数の人々が居住していたことが知られる。

⑤左京三条四坊の東側　二条大路末から三条大路末にいたる地区である。この付近には、参議大江朝綱の梅園(一六町の東側)、二条京極千手堂(同)、権大納言源雅俊邸とその九体阿弥陀堂(一五町の東側)、刑部卿三位藤原範子の仏堂(同)、東悲田院(一四町の東側)、桓武天皇皇子賀陽《かや》親王建立の京極寺(一三町の東側)などが存在してい

た。

⑥左京四条四坊の東側　三条大路末から四条大路末にいたる地区である。この地の北端にあたる左京四条四坊一六町東側には、明円堂と呼ばれる仏堂が存在した。

2　平安京北郊の開発

次に、都城の北郊について見てみよう。最近の長岡京の発掘調査によると、「北苑」と仮称されている長岡京の北郊地域にも、条坊制に準じた道路遺構が敷設されているらしい(14)。長岡京で従来「北京極大路」と呼ばれてきた道路は、まさにこの京外の道路遺構にあたると見るべきだろうし、桓武天皇が平安京遷都の直前の時を過ごした長岡京東院も、もともとはこの北苑に造営された離宮だったはずである。

平安京の場合、大内裏の北側で北山の山地にまでいたる広大な土地は、天皇の禁苑としての「北野」とされていた(15)（『拾芥抄』）。弘仁五年（八一五）の太政官符では北野の地への民衆の立ち入りや牛馬の放牧が禁止されている。元慶六年（八八二）一二月二一日の勅では山城国嵯峨野をはじめとする各地の山野の利用法についての指針が打ち出され、その中では「山川之利。藪澤之生。與レ民共レ之。莫レ妨二農業一」とされたにもかかわらず、北野だけは「但至二于北野一。不レ在二此限一也」（『日本三代実録』元慶六年一二月二一日条）として規制緩和の例外とされたのである。これはやはり、天皇の座す大内裏の北側という土地柄から、北野は聖域に準ずる場所と見なされていたからであろう。そして、北野の東西の区域には、園池（朝廷直属の果樹園や蔬菜畑）とその統括官司である園池司、典薬寮の薬園といった公的な農耕地が広がっていたし、乳牛院や右近馬場といった公的施設、平安遷都以前から存在した野寺や平野社といった寺社が点在していたのである。なお、園池のひとつとして桃を栽培する「桃園」があり、これは後には北野の中の代表的な地域名に転じることになる。

一方、平安京遷都後まもなく、北野を含む京北郊に邸宅を営む貴族が現れ始めた。高橋康夫によると、その最初の者は延暦一六年（七九七）に薨じた参議左近衛大将大中臣諸魚であったという。さらに、淳和天皇は船岡山の東に離宮としての紫野院《むらさきのいん》（雲林亭《うりんてい》）を造営し、それは淳和天皇の崩御後には寺院に改められて雲林院《うりんいん》と呼ばれるようになった。京都文化博物館による発掘調査では、この紫野院の庭園とそこに営まれた宴遊用の建物の跡が検出されている。(16)さらに、高橋によると平安時代前期から中期にかけて、主として醍醐天皇を中心とする皇族と藤原師輔流の貴族の中の一五人の人物が平安京北郊の桃園の地に邸宅を持っていたことが確認され、その中には桃園右大臣と呼ばれた藤原継縄、桃園親王と呼ばれた貞純親王（清和天皇皇子）等が含まれている。これらの人物が持っていた邸宅がすべて同一ではないようであるが、その中で貞純親王、藤原伊尹、同保光、同行成の順で伝領されていった桃園殿は、長保三年（一〇〇一）に行成の手によって寺院に改められ、世尊寺と呼ばれることとなったのである。また、歴代の天皇の名代として賀茂社に奉仕する斎王の御所であった紫野斎院は、世尊寺の北側の現・櫟谷七野《いちいだになない》神社の付近にあったという。(17)

平安京北郊の開発とは、施設や建物の建設だけにとどまらない。当然のことながら、そこには京からの南北道路が延長され、さらにはそれに直交する東西道路も造られていったはずである。たとえば、現在の武者小路通や五辻通、現在の今出川通に該当する北小路などがそれにあたっている。こうした拡大がいつの段階でおこなわれたかについては確証はないけれども、北郊の開発が遷都まもなくの段階で始まっていたことを考えると、道路の敷設もそれに遅れるものではなかったはずである。

ただ、平安時代の段階では、広大な平安京北郊のすべてが都市化したわけではない。むしろ、農耕地や野原に囲まれて貴族邸宅や寺社が点在していたというのが、当時の平安京北郊の実景観だったのであろう。この地に邸宅をもっていた貴族たちにしても、この地の環境を愛して多くの時をここで過ごすということはあったにせよ、その邸宅の基本的性格はあくまで、平安京内に営まれた本邸に対する別業だったと見なくてはなるまい。

3 京内と京外の区別

平安京の場合、少なくとも理念の上では京内と京外はずっと区別されてきたし、またそこに何らかの違いを持たせようとしていた形跡も認められる。たとえば、平安京では東寺と西寺というふたつの官寺を除いて、都の中には寺院を造ってはならないという原則が貫徹されていた。六角堂（頂法寺）や因幡堂（平等寺）などは例外のように見えるが、これらはもともとは寺院というよりも町堂であったから、堂塔伽藍を備えた本来の意味での寺院は東寺と西寺以外は平安京の中には造られなかったのである。前述のように藤原道長は自らの邸宅の隣接地に法成寺を建立した。この地は実際上は平安京の一部である都市区画として扱われていたにもかかわらず、形式的にはあくまで平安京の外側であった。道長はあえて自分の寺を東京極大路の外側、すなわち理念上の都の外に建立しているのである。大治五年（一一三〇）には、鳥羽天皇中宮・待賢門院藤原璋子が自らの女院御所を兼ねる寺院として法金剛院を建立した。この寺院は平安京の西京極大路に接して、その西側に建てられていた。JR嵯峨野線花園駅整備にともなう発掘調査の成果によると、この付近における西京極大路は平安時代前・中期にはあくまで理念の上だけの存在であったのだが、法金剛院の造営に合わせて始めて敷設されたことが判明している[18]。こうしたことも、平安京の中には寺院を建立してはならないという原則が平安時代を通じて生き続けていた証拠となる。

平安京を構成する街路は、しばしば京の外側へ向けて延長されていた。これらの道路は、平安京の道路名に「末」の文字を付して、某大路末、某小路末、某末大路、某末小路、某末路などと呼ばれていた。たとえば、六勝寺を中心とした新しい街区である白河の東西主軸道路は二条大路末（二条末路）であったし、後白河法皇の院御所である法住寺殿の東西主軸道路は七条大路末（七条末路）であった。現実的には一本の道路となったものが、京内と京外でははっきりと呼び方を変えていたのである。

平安京の道路とその京外への延長道路はこのように名称だけによって区別されており、現実的には両者を視覚的に区分することはなかなか難しい。ただ、そうした区別があることを前提として実際の遺構を観察するならば、その両者にわずかな違いを見いだし、ひいては両者の区別をつけることも不可能ではないように思う。たとえば、平安京の主軸方位や造営尺と平安京外に営まれた新都市のそれを比較してみよう[19]。平安京の南北主軸は国土平面直角座標の北に対して〇度一四分二七秒だけ西に振っており、また造営尺の一尺は二九・八四六六六八cmであったと推定される。一方、白河の南北主軸は東に〇度三〇分～〇度五〇分振っているらしいし、またその造営尺も三〇・一～三〇・三cmであると推定されているのである。法住寺殿の場合も、その中心堂宇である蓮華王院本堂（三十三間堂）の主軸方位は東に一度二二分振っており、これが法住寺殿全体の主軸方位に該当すると考えうる。さらに、近年では平安京の西北に隣接する御室（仁和寺周辺）の都市的区画の復元研究が進められているけれども、そこでもやはり都市の主軸は平安京とはややずれているらしい。

こうしたずれが生じた原因を推定することはなかなか難しいし、それはおそらく地形的な条件、時期を隔てたことによる測量方法の違い、平安京外であるということから方位にも厳密性を要求されなかったというような様々な要因が複合していたのであろう。さらに、それらの要因に加えて、京内と京外では故意にずれを生じさせている可能性も考慮しておくべきであろう。現在の京都の市街地を見ても、たとえば一条通（平安京の一条大路に該当）を境にして室町通（室町小路）や新町通（町小路）は一直線にならずにクランク状に食い違っている。これは、京内の大路・小路を京外へ延ばす際に、一条大路のところでわざと段違いにずらして造っていたのではなかろうか。すなわち、道路に見られるこうした僅かな食い違いも、平安京と京外との意識の違いをあらわしているものだと考えたいのである。

三　平安京における両義性

1　平安京内の荘園

もともと律令国家は「凡京中不レ聴レ営二水田一。但大小路辺及卑湿之地。聴レ殖二水葱芹蓮之類一。不レ得二因此広レ溝迫レ路一」(『延喜式』左右京職)と規定しており、都城の内部で水田を営むことを禁止していた。ただ、道路の側や湿地においてのみ、例外的に水葱や芹・蓮を栽培することを許していたにすぎない。しかし、九世紀前半にはすでにこの禁令はゆるめられたようで、弘仁一〇年(八一九)一一月五日付『太政官符』、天長四年(八二七)九月二六日付『太政官符』(以上、『類聚三代格』巻一六所収)、貞観八年(八六六)五月二一日の勅(『日本三代実録』同日条)などによって、むしろ積極的に京内の空閑地を農地に変えていこうという方針が打ち出されたのである。ただし、耕作地化のあまりに急激な進展に脅威を覚えることになったのか、承和五年(八三八)には「如レ聞。諸家京中。好営二水田一。自今以後。一切禁断。但元来卑湿之地。聴レ殖二水葱芹蓮之類一」(『続日本後紀』承和五年七月一日条)という勅も出されたし、応徳三年(一〇八六)には右京の水田三百余町を刈り棄てさせる(『扶桑略記』応徳三年七月条、『百錬抄』同年六月二六日条)といったような政策の変更が試みられたこともあった。しかし、こうした朝廷の命令も平安京内の耕作地化を押しとどめることはとうてい不可能だったのである。ことに、もともと都市的開発の遅れていた平安京右京において耕作地化は著しかった。さらにそれらは、単なる庶民の副業といったものにとどまらず、一部の皇族や貴族によって積極的に荘園に編成されていったのである(図2)。

平安京内における最大の荘園は、摂関家領であった小泉荘であった。『拾芥抄』西京図によると、小泉荘は右京四条二坊八~十・十五・十六町、同四条三坊二~七・十・十一・十四~十六町、同四条四坊十三〜十五町、同五条一坊

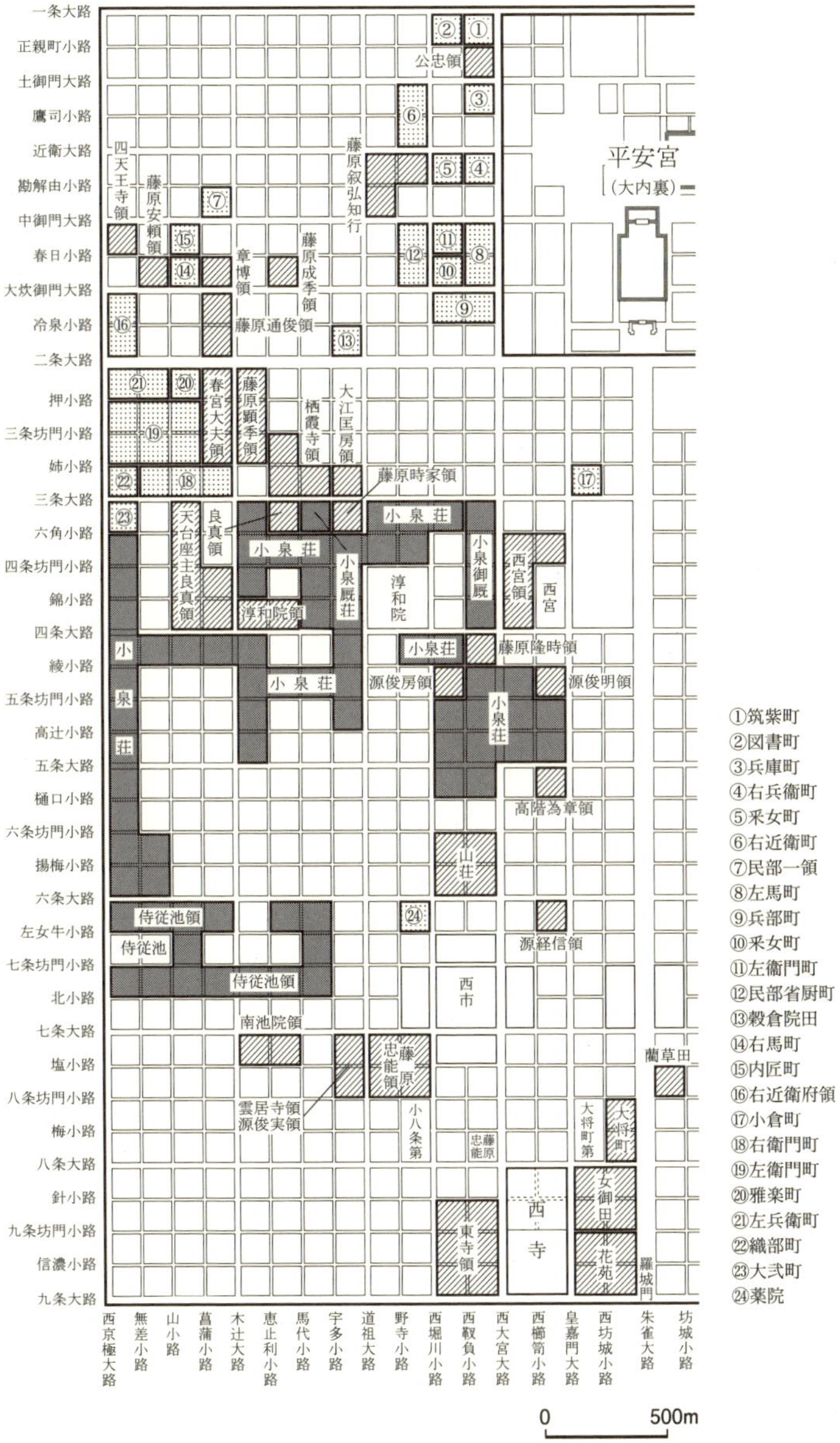

図２　平安京右京の荘園・公領

十一～十五町、同五条二坊二～六・八・九町、同五条三坊一～三・七・十・十三～十六町、同五条四坊一・八・九・十三～十六町、同六条二坊一・四町、同六条三坊十三～十六町、同六条四坊十三～十六町の五七町を占める巨大な荘園であった。また、右京四条二坊一～三町・四条三坊八町の四町は小泉御厩荘（『台記別記』永暦元年八月八日条）、すなわち小泉荘の御厩から発展した荘園であったし、それらを合わせるならば小泉荘の範囲は六三町にも及ぶことになる。この荘園の成立過程には不明のところが多いが、『大徳寺文書』に収められた永保二年（一〇八二）の「永作手田宛行状」（『平安遺文』第一一八九号）で「（右京）六条四防十一十二十三十四町之内」が「西院小泉御庄之内」であったという内容が書かれているから、一一世紀後半までにはすでに荘園として成立していたことになる。それ以降、久安三年（一一四七）の「源歓乃丸田路売券」（『同』第五〇一九号）、永暦元年（一一六〇）の「ゆきの入道下文」（『同』第五〇三六号）、応保二年（一一六二）の「僧念西田地路売券」（『同』第五〇三八号）、健保五年（一二一七）の「下野武致所領譲状」（『鎌倉遺文』第二二九三号）、寛元元年（一二四三）の「せんしやく田地譲状」（『同』第六二〇六号）、建長五（一二五三）年の「近衛家所領目録」（『同』第七六三一号）等にこの荘園の名が登場している。おそらく、白河院政期から後白河院政期にかけて摂関家による活発な所領集積がおこなわれていたのであろう。

小泉荘に次ぐ平安京内の巨大荘園は、侍従池領であった[20]。角田文衞の見解によると、これは右京八条一坊三～六町に御所（西八条院、大将町第）を持ち、「八条宮」とも呼ばれていた本康親王（仁明天皇皇子）が開発した荘園であったようである。親王の薨去後にはこの荘園は大納言右近衛大将藤原保忠に伝えられ、さらには関白太政大臣藤原頼忠→大納言藤原公任→内大臣藤原教通→権中納言藤原信家の順で相続されていったらしい。一三世紀には侍従池領の少なくとも一部は近衛家領となっており、建長五（一二五三）年一〇月二一日付「近衛家所領目録」（『鎌倉遺文』第七六三一号）にも「〈冷泉宮領内〉侍従池」「山城国侍従池〈定藤〉〈冷泉宮領〉」としてその名が含まれている。一一世紀中葉の段階では右京七条三・四坊のすべてが侍従池領に含まれていた（長久五年六月二日付『権中納言家牒』）

けれども、一二世紀初頭にはそのうちの七町分が荘園から離脱し（ただし、十・十五町は侍従池が存在したため、もともと狭義の荘園からは除外）、結局は右京七条四坊一・三・六〜九・十一・十四・十六の九町が侍従池領として残されたのであった。

『拾芥抄』西京図を見ると、小泉荘や侍従池領の他にも平安京右京には多数の荘園が散在していたことがわかる。[21]それぞれの時期が判然としないことは残念であるが、おそらくは一一世紀から一二世紀にかけて立荘されたものが多いと見て間違いないと思う。たとえば、右京四条三坊九町・四条四坊三〜八町には、天台座主・大僧正良信の荘園があったらしい。右京一条二坊一一・一三・一四町の地は『拾芥抄』西京図には「叙弘知行」とされているが、これは上杉和彦によって、鎌倉時代の初期頃までに西獄の執行を務めた藤原叙弘という官人が管掌する土地であったと推定されている。[22]右京二条四坊一六町の四天王寺（摂津国）領のように、他国の寺社が平安京内に領有する荘園もあった。

さらに、『拾芥抄』西京図には、右近衛町、右衛門町、采女町、図書町のように、朝廷の諸官衙にかかわる土地がかなり見られる。これらは平安時代前期にそれぞれの官衙の現業部門として設定された諸司厨町である。ただし、この中には、穀倉院田のように明らかに農耕地として利用されていたことがうかがえるものが含まれている。平安時代中期以降には官司請負制が発展していったし、そのもとではこれらの厨町は諸官衙が独自に運営する現業部門という性格を薄め、諸官衙を管掌する中下級貴族の家領と化していったのであろう。

2　京内における処刑

周知のように、平安時代の大部分の時期にあっては、平安京において死刑はおこなわれなかった。ところが、保元元年（一一五六）の保元の乱、平治元年（一一五九）の平治の乱という都を舞台とした戦乱が勃発したことによって、数百年ぶりの都の処刑が復活するにいたった。保元の乱では崇徳上皇側についた武士たちが斬罪に処せられ、平治の乱にいたっては武士だけにとどまらず、れっきとした公卿であった権中納言藤原信頼までもが首を刎ねられたのであった。

ここで注意したいのは、ふたつの乱における処刑の場所である。保元の乱では、平忠正（忠貞）等五名が平清盛の手によって六条河原で、源家弘等七名が源義康の手によって大江山（大枝山）で、源為義等六名が源義朝の手によって船岡山周辺で、それぞれ処刑された（『兵範記』保元元年七月二八日条）。平治の乱では、藤原信頼の最期の地となったのは六条河原であった。

これらの処刑場のうち、伝統的に異界との境界地として認識されてきた山城・丹波国境の大江山[23]や、平安京の北郊の葬送地であった船岡山周辺、さらに鴨川の東岸の六波羅は、誰の目にも都の郊外であると認識されてきた土地であった。ただ、六条河原についてはいささか事情が異なっている。六条河原とは、鴨川の河原に六条大路が行き着く場所であり、その西岸が六波羅にあたっていた。ただ、六波羅は平家の拠点として知られる土地であったから、源義康に担当させた処刑の場所としての六条河原は六波羅側の鴨川西岸ではなく東岸であったに違いない。藤原信頼の処刑場も「六波羅」ではなく「六条河原」と記録されているのは、これもまた鴨川西岸ではなく東岸であったことを意味していると考える。ただ、鴨川の流路は実際には六条大路付近では平安京の計画範囲と接しているのであり、鴨川東岸の六条河原とは実は平安京の都市計画の範囲に食い込んでいるのである。また、平安時代前期には六条大路北、万里小路西の四町に左大臣源融の河原院とその付属施設が造られており、それは規模を縮小しながら平安時代後期にいたっても寺院として存続していた。すなわち、保元・平治の乱の処刑場として選ばれた六条河原とは、寺院となって存続していた河原院の隣接地であったことは確実であるし、全盛期の河原院やその付属施設の跡地そのものであったという可能性も高いと思う。そうすると、保元・平治の乱における処刑がおこなわれた六条河原は、当時の人々も平安京の範囲内の土地であると認識していたことは充分に考えられるし、たとえそうでなかったとしても平安京に直ちに接続する場所であると意識されていたことは疑いない。

また、源為義の処刑の場について、『愚管抄』は「ヨツヅカ（四塚）」（平安京羅城門跡）、『保元物語』は「七条朱雀」であるとする異伝を載せている。彼らが斬首されたのが船岡山辺であることは『兵範記』の記事から確実なのであって、これらの異伝を採用するわけにはいかないのであるが、事件の記憶がまだ薄れきらない時期にすでにこうした認識が語られるようになっていたことを重視したいと思う。すなわち、事の真偽とは別にして、羅城門跡や七条朱雀であればこうした忌むべき出来事がおこなわれたとしても不思議ではないというのが当時の一般的な認識だったのである。

3　巷所

平安京の理念と現実の齟齬のひとつの事例として、平安時代の中頃から次第に顕在化する「巷所《こうしょ》」がある。これは、もともとは道路の敷地であったにもかかわらず、いつの間にかそれに接する土地所有者の私領として扱われるようになった土地をいう。つまり、周囲の土地所有者が道路を浸食し、自分のものにしてしまったということになる。そして、本来的には違法行為の産物であったはずの巷所は、私有地に準じて売買されるまでになってしまうのである。

その一方、平安京内の土地売券では、一括して売買される土地であったにもかかわらず、どこまでが本来の私有地であり、どこからは巷所であったということは常に明確に書き分けられている。つまり、巷所は現実的には私有地としてあつわれ、また売買もされていくのであるけれども、その一方で「ここはもともとは道路の敷地である」という理念自体は消えることなく残っていたのである。

おわりに

以上に論じたことをまとめてみよう。平安時代後期までに、平安京とその周辺は、大きく言って五つの性格を持つ地域に分かれていったといえるだろう（図３）。同様の指摘はすでに棚橋光男がおこなっている[24]けれども、棚橋が現実の空間構造に主体を置いた分類をおこなったのに対して、私案は当時の人々の都城に対する意識を加えたところに若干の違いがある。

まずあげられるのは、平安京左京である。ここは平安時代の全時期とそれ以降を通じて、常に首都の中核であることを止めなかった。これをＡ区としよう。

次に、都でありながら、都以外の要素が色濃く染み込んでいったという両義性を兼ね備えることとなった地区がある。平安京右京の大部分がこれにあたる。「右京の衰退」という言葉に象徴されるように、この地区には時期を追うごとに耕作地に変じた部分が多かったし、その中には荘園となっていった部分もあった。さらに、従来の平安京では許されるはずのなかった、謀反人の処刑がおこなわれてもおかしくない土地だ、という認識も広

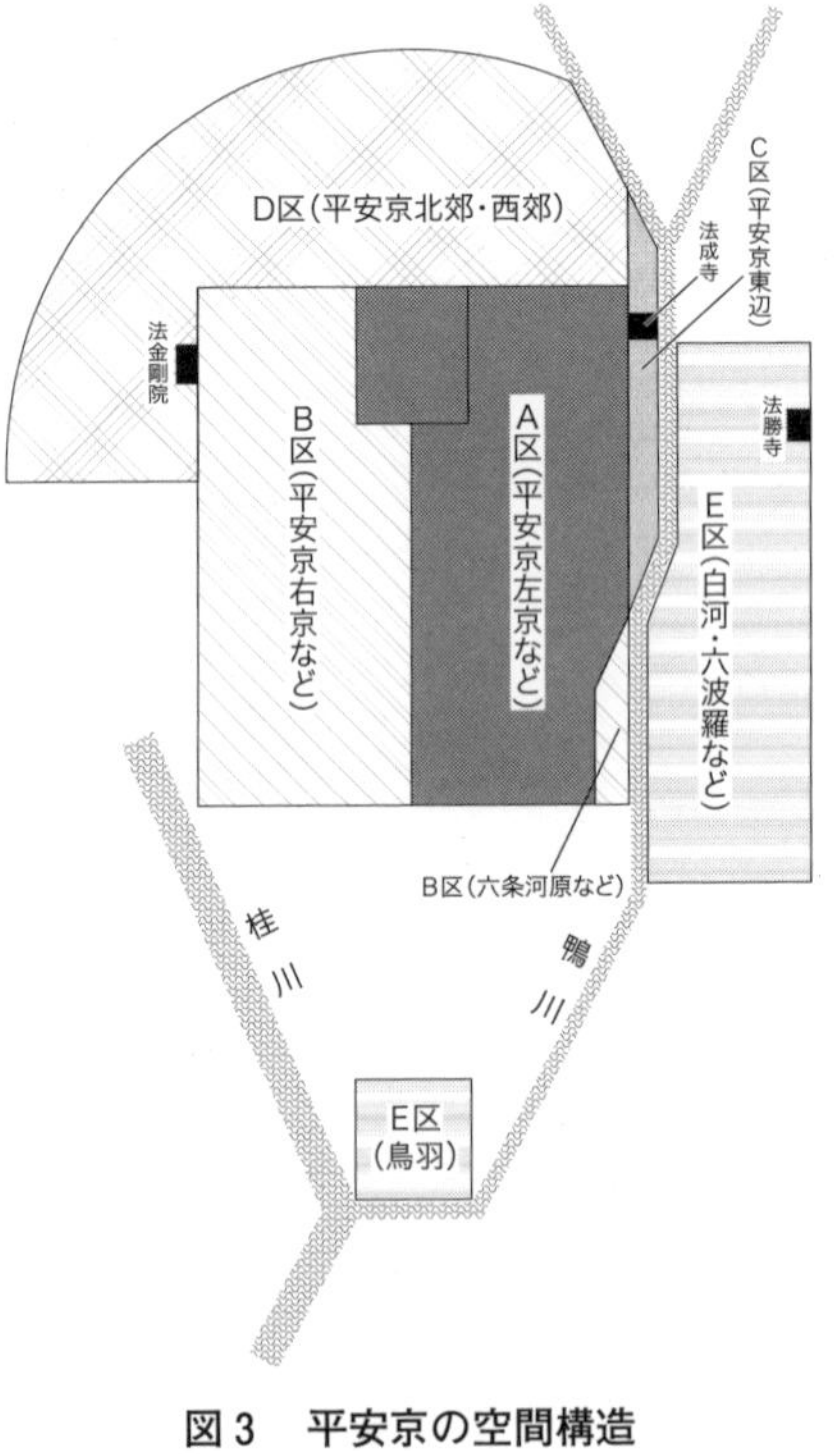

図３　平安京の空間構造

がっていった。ただ、それでも京の範囲の中だという意識が完全に失われたわけではなく、本格的な寺院の建立などはおこなわれなかった。これをB区としよう。平安京左京でも、京の南東端の六条河原などはこの地区に含まれる。

本来的には平安京の外側であったが、それと接して濃密な都市形成がおこなわれた地区もある。平安京東辺の、東京極大路と鴨川との間がそれにあたる。貴族の本邸が営まれるといったような点は、まさにこの地区が平安京に準ずる都市区画であったことを示している。一方では法成寺のような寺院の建設がおこなわれた点は、あくまで平安京の外側であるという原則が守られていたことを現している。ただ、この地区では藤原兼家邸が彼の薨後に法興院となるなど、貴族邸宅が寺院に改められるようなこともありえた。その点では、事実上は京の延長であったが、時と場合によっては京外として扱われるという、都合のよい両義性を兼ね備えた地区であったといえよう。これをC区と呼んでおこう。

また、形式的にも実質的にも京の外側として認識されていたが、京からの連続によって貴族の別業や寺院などの都市的設備が建設され、平安京を支える後背地として発展していった地区がある。桃園を中心とした平安京北郊や、法金剛院を始めとする平安京西郊がこれにあたる。D区としよう。

最後に、本稿では触れることができなかったが、白河、鳥羽、法住寺殿、六波羅など、平安京郊外に造られた「衛星都市」とでも呼べる地区がある。この中には、院政をおこなう上皇（治天）によって建設された「院政王権都市」や、貴族権門によって築かれた「権門都市」が含まれていた。これをE区と呼ぼう。

平安京はこうして、性格の異なるいくつもの地区が集合した、複合的性格の都市へと変じていったのである。

註

（1）　山中章「都城の変貌」（同『日本古代都城の研究』柏書房、一九九七年）。

（2）京都市埋蔵文化財研究所編『平安宮Ⅰ』（京都市埋蔵文化財研究所調査報告第一三冊、同研究所、一九九五年）。
（3）東野治之「南都宮城図残欠について」（『古文書研究』第二〇号、古文書学会、一九八三年）。
（4）山田邦和「『前期平安京』の復元」（仁木宏編『都市―前近代都市論の射程―』青木書店、二〇〇二年。後、同『京都都市史の研究』吉川弘文館、二〇〇九年に再録）。
（5）金田章裕「歴史地理学の方法と古代史研究」（木下正史・石上英一編『新版　古代の日本　第一〇巻　古代資料研究の方法』角川書店、一九九三年）。
（6）山田邦和「中世都市京都の成立」（古代都制研究集会第三回報告集『古代都市の構造と展開』古代都城制研究集会実行委員会、一九八八年。後、同『京都都市史の研究』吉川弘文館、二〇〇九年に再録）。
（7）以下、平安京の東辺については、朧谷寿・角田文衞「平安京―条坊および官衙・邸宅―」（『角川日本地名大辞典　二六　京都府　下巻』角川書店、一九八二年）を主とし、若干の追加情報によって補足した。
（8）角田文衞「紫式部の居宅」（同『紫式部伝』法藏館、二〇〇七年）。
（9）瀧浪貞子「東朱雀大路と朱雀河」（同『日本古代宮廷社会の研究』思文閣出版、一九九一年）。
（10）鈴木進一「東朱雀大路小考」（『史学研究集録』第六号、國學院大学大学院日本史学専攻大学院会、一九八一年）。
（11）瀧浪、註（9）前掲論文。
（12）井上満郎「書評　瀧浪貞子著『日本古代宮廷社会の研究』」（『史学雑誌』第一〇二編第三号、史学会、一九九三年）。
（13）京都市編『京都の歴史　第一巻　平安の新京』（學藝書林、一九七〇年）付図や、京都市文化市民局文化芸術都市推進室文化財保護課編『京都市遺跡地図台帳〔第八版〕』（京都市文化市民局、二〇〇七年）などは、法興院の場所を二条大路末南、東朱雀大路東に宛てている。この位置比定は江戸時代後半に描かれた森幸安の『中古京師内外地図』の記載を採用したものであろう。しかし、法興院の前身の藤原兼家の二条第は東京極大路東、二条大路末南に存在していたのであり、森幸安の推定は正しいとはいえない。
（14）山中章「宮城の改造と『北苑』の建設」（同『長岡京研究序説』塙書房、二〇〇一年）。

（15）平安京の北郊については、高橋康夫「平安京北辺の地域的発展」（同『京都中世都市史研究』思文閣出版、一九八三年）。
（16）鈴木忠司編『雲林院跡』（京都文化博物館調査研究報告第一五集、京都府京都文化博物館、二〇〇二年）。
（17）角田文衞「紫野斎院の所在地」（同『角田文衞著作集　四　王朝文化の諸相』法藏館、一九八四年）。
（18）京都市埋蔵文化財研究所編『平成八年度　京都市埋蔵文化財調査概要』（同研究所、一九八八年）。
（19）平安京・白河・法住寺殿・御室の造営尺や基準方位については、次の諸論文を参照。辻純一「条坊制とその復元」（『平安京提要』角川書店、一九九四年）。上村和直「院政と白河」（同書所収）。上村和直「法住寺殿の考古学的検討」（高橋昌明編『院政期の内裏・大内裏と院御所』平安京・京都研究叢書一、文理閣、二〇〇六年）。上村和直「御室地域の成立と展開」（『仁和寺研究』第四輯、古代学協会、二〇〇四年）。
（20）角田文衞「右京の侍従池領」（『角田文衞著作集　四　王朝文化の諸相』法藏館、一九八四年）。
（21）山田邦和「右京全町の概要」（『平安京提要』角川書店、一九九四年）。
（22）上杉和彦「獄舎と平安京」（五味文彦編『中世を考える　都市の中世』吉川弘文館、一九九三年）。
（23）大江山については、高橋昌明『酒呑童子の誕生』（中公文庫 BIBLIO、中央公論新社、二〇〇五年）参照。
（24）棚橋光男『後白河法皇』（講談社学術文庫、講談社、二〇〇六年）。

古代地方都市の〝かたち〟

前川佳代

はじめに――古代地方都市と方格地割――

本稿の課題は、都城ではない古代地方都市の構造や系譜を明らかにし、その歴史的意義を示すとともに、都城と比較して地方都市形成の特質に迫るものである。

古代において都市を、国家の首都が置かれた中央の都城に求めたとき、地方都市は、「遠の朝庭」といわれた国府と想定できる。かつて平川南氏は、都市を「農村と対比されるべき人間の居住区として、比較的大規模な人口をもち、非農業的な産業―商業と工業―とをその基礎に持つもの」と規定し、古代においてその典型は中央の都城であるとしたうえで、都市計画の根本をなす方格地割を都市の条件の第一義にあげた。(1) 平川氏が示す古代地方都市の条件は次である。①道路網と街区の設定―方格地割、②地区構成、③交通の結節点としての港湾施設（市の存在）、④都市祭祀、⑤生産。そしてこれら諸条件を満たす多賀城は古代地方都市であると結論づけた。

一方で、歴史地理学の立場から、国府の形態と構造を研究する金田章裕氏は、「一般的都市概念が、市街連続型の都市に由来しているとすれば、国府は市街不連続・機能結節型とでも表現しうる都市形態であろう」と指摘する。(2) このような立場では方格地割の有無が都市か都市でないかを決める要因とはならないことになる。

宮都研究においても、条坊の有無が古代都市の絶対条件でないという見方が出てきている。[3] 飛鳥についてその「首都性」を主張すべく精力的に研究を進める林部均氏は、条坊制都城の成立と「京」の成立は明確に分けて考えなければならないとし、天武朝に古代都市「飛鳥京」の成立を求めた。[4] さらに「条坊制都城が成立する前段階に、条坊制を持たない「京」の存在が確実にあったことを指摘したい」と明言している。[5]

林部氏と同じく藤原京前段階の「倭京」に注目したのは山路直充氏である。[6] 山路氏は武蔵国府や下総国府、秋田城の国府域から出土する「京」墨書土器の分布域から、「京」と認識すべき景観の要件を政庁、曹司、生産遺跡、市、社、寺とし、これらがある一定の空間にまとまっている「国府域」を「京」、「東国の京」ととらえた。その中で、先にあげた平川氏の古代都市の条件に寺の存在が抜けていると指摘する。さらに、京の空間を開放型と閉鎖型に分けた。「東国の京」は開放型で、飛鳥地域一帯に営まれた「倭京」も開放型であり、「倭京」から藤原京への変遷は開放型から閉鎖型の「京」を志向するできごとととらえる。さらに閉鎖型の平安京から国家の変容により開放型の京都に転じるというのである。そして東国の京の空間認識が「倭京」と似ることは、その認識が時代にとらわれないことを指摘している。中央が都城たる閉鎖型の時期であっても「東国の京」は「倭京」と同じ開放型であるがゆえにである。

林部氏が「京」を都城制の「京」の前段階とみるに対し、山路氏は氏が分類した開放型の「京」を通時的な形態とする。山路氏は二つの「京」の形態を明らかにしたわけだが、構造の上から都城に二つの形態があると指摘するのは、網伸也氏である。

網氏によると、古代都城の構造には、全体の京域条坊プランを計画的に設定し宮城もその計画線の中に収めていくタイプ（計画線閉合型）と、まず宮の造営を行い必要に応じて京域の条坊を施工していくタイプ（中軸線開放型）があるという。[7] 前者は藤原京や平城京で原理を変えて平安京にも受け継がれる。後者は宮の造営が先行し、宮の中軸線や東西計画線を基準に京域街区が形成されたといい、難波京や恭仁京などをあげる。また宮の位置を最初に決定し、条坊を割り振ったという点では長岡京も後者に入るとする。

このような近年の研究成果からは、古代都市の条件の第一義に条坊に似た方格地割をあげることはできない。しかしまた方格地割を持つ拠点があることも事実である。

時代は下るが十一世紀末には京都の周辺で方格地割を伴った開発が行われる。洛東の白河や摂関家の宇治である。またこれらに次いで、陸奥国を支配した奥州藤原氏の拠点・平泉では十二世紀半ばに方格地割が展開する。平泉は中世都市として研究成果があがっているが、京都の宇治や白河地域の系譜をひくと考えられる(8)。そのため、古代都城の流れをくんだ地方都市として平泉を取り上げ、古代都市から中世都市への連続性を考えてみたいと思う(9)。

近年、古代官衙で方格地割をもつ例が多く報告され、また方格地割がなくとも国府域としてマチの空間が復元できる例など、多様な〝かたち〟が明らかとなってきた。これら古代地方都市の〝かたち〟を明らかにすると共に、それと都城の〝かたち〟を比較し、古代都市の〝かたち〟に迫る中で冒頭の課題に答えていきたい。

山路氏が明らかにした二つの「京」、網氏が指摘する二つの「都城」があるように、古代地方都市にも二つの〝かたち〟が存在する。方格地割を持つ都市と持たない都市である。では次にこれらの事例をみていくことにする。

一　古代地方都市の事例

古代地方都市の事例（多賀城、大宰府、東山官衙遺跡群、斎宮、伊勢国府、平泉、武蔵国府、下総国府）を取り上げ、概観したい。近年、国府や官衙において方格地割を想定できる事例が増えてきている。その中には、官衙域を方格地割で囲うものと、方格地割で街区を形成するものがあり、方格地割が囲う場に違いがみられる。都市という視点からは、街区を形成するものが対象となるが、方格地割を持つのはなぜかという問題を考えるためにも、官衙域のみを囲うものも、ここで取り上げることにする。また右でみたように、方格地割の有無が都市の条件ではないことから、方格地割は持たなくとも地方都市といえる例をとりあげる。なお、ここでいう国府域とは、金田章裕氏の見解に従う(10)。ほとんどの事例は、それぞれを調査・研究されている方々の成果に寄るものであること、紙数の関係から各地の研究史を省くことをお断りしておく。

1　方格地割を持つもの

①　多賀城（宮城県多賀城市）(11)（図1）

多賀城市は、中央を流れる砂押川によって東側の丘陵地と西側の沖積地とに大きく分かれる。多賀城跡は丘陵上にあり、多賀城廃寺は政庁跡の南東方向に位置する丘陵にある。多賀城跡と多賀城廃寺、方格地割を含む範囲は、東西南北約二・二キロメートルである。

方格地割は多賀城跡の南から西側にかけて存在する。現在まで、南北道路一三条、東西道路六条が確認され、範囲は東西約一・七キロメートル、南北約〇・九キロメートルにおよぶ。これらの道路は、政庁中軸線を基準に造られた「南北大路」と外郭南辺築地に平行する「東西大路」を基準に施工されたと想定されている。南北大路は最古期で側溝心々間が一七～一八メートル、拡幅されて二三～二五メートルとなる。東西大路は側溝心々間で九～一四・五メートルあり、これの延長と考えられる東西大路が西側で検出されていて、幅一二メートルである。南北大路との交差点より東側にも東西大路は延びるが、東西大路東道路と呼称され、規模は縮小する。道路間の距離は、一〇九～一五二メートルと一定でなく、大路からの距離を道路の条数で割ると一二〇メートル前後になるという。

これら方格地割は段階的に施工されたと想定されている。Ⅰ期（八世紀後葉頃）には、内陸から多賀城へ向かう幹線道路として幅一八メートルの南北大路と幅約一二メートルの東西大路が造られる。蛇行していた河川が政庁中軸を通るよう改修される。Ⅱ期（九世紀前葉頃）には、南北大路が二三メートルに拡幅され、東西大路をはさんで南北一区画ずつの方格地割が成立する。また北2道路の北側に東西道路が一条造られている。Ⅲ期（九世紀中葉〜後葉頃）は、方格地割の完成期である。当期後半からⅣ期（九世紀後葉から十世紀前葉）にかけて、側溝や道路面に堆積土が認められ、道路の管理や維持の停滞状況が伺える。Ⅳ期（十世紀前葉以降）は、方格地割の再整備の時期で、ほぼ前代の地割を踏襲するが、廃絶する地割もみられる。最も新しい側溝からは十世紀後葉頃の土器が出土している。

　多賀城南面の方格地割は、道路設定の基準が政庁中軸線と外郭南辺築地という異なった方位によるため、平行四辺形を呈する個所がみられる。

　次に街区内の特徴をあげる。方格地割内の施設は基本的に掘立柱建物である。南北大路沿いでは公的な場が営まれ、東西大路沿いには国司クラスの館がある。そこから離れるにつれて下級役人の住まいとなるような宅地の選別が行われてい

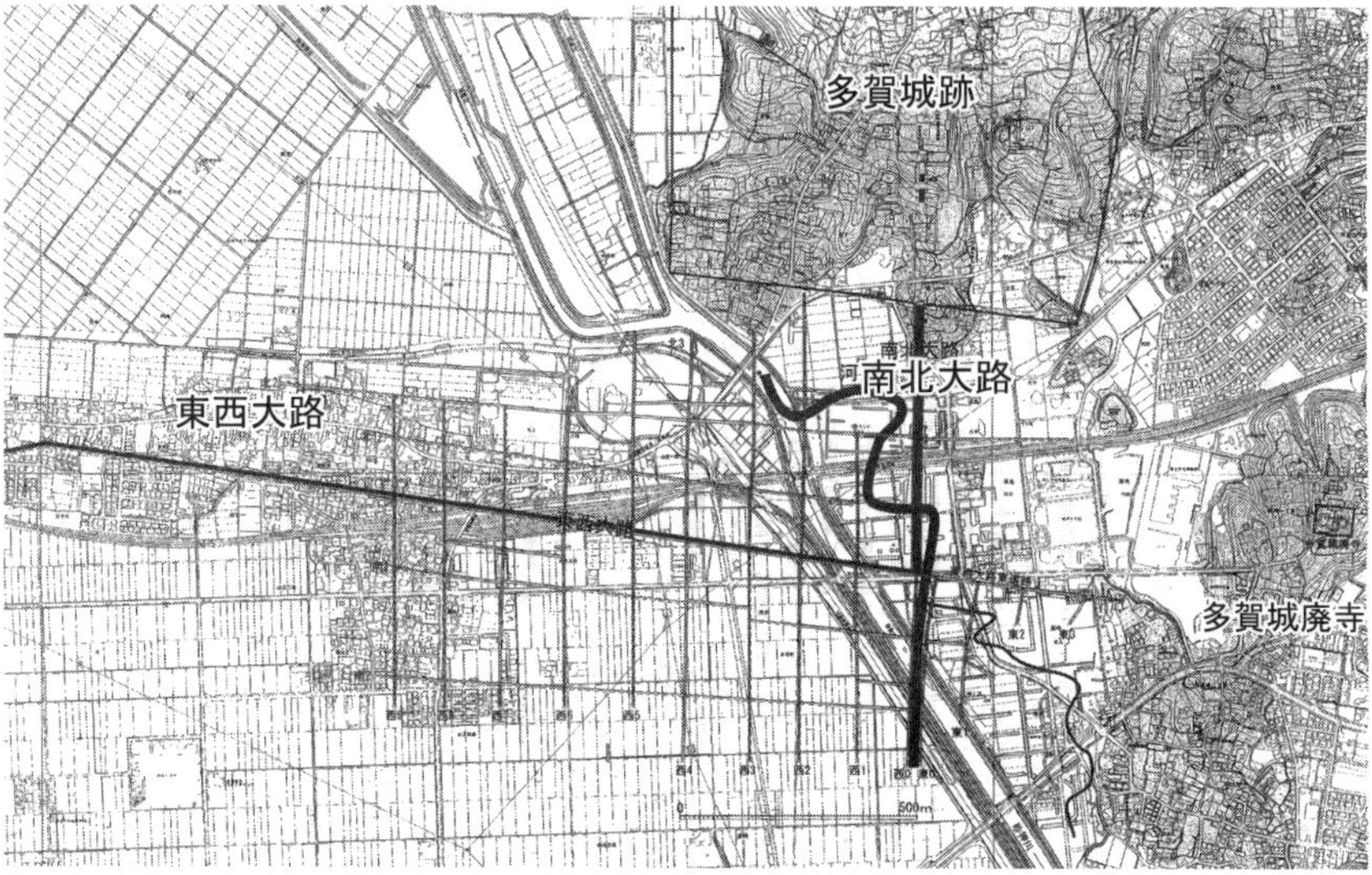

図１　多賀城と方格地割

る。

②大宰府（福岡県太宰府市）[12]（図２）

大宰府は福岡平野と筑紫平野の間に位置する。北は四王寺山、東は高尾山の低丘陵、西は牛頸丘陵、南は天拝山に囲まれ、福岡平野方面には水城が構築されている。四王寺山の南麓裾を流れる御笠川との間に政庁と観世音寺を配し、御笠川の南側に方格地割が想定される。

政庁の変遷は、Ⅰ～Ⅲ期に分けられる。Ⅰ期は掘立柱建物で七世紀後半と考えられ、Ⅱ期は礎石を用いた朝堂院形式で、八世紀初期の遺構である。Ⅲ期は十世紀代の火災後、十世紀後半に再建された政庁である。諸官衙は政庁を取り囲んで存在する。政庁の廃絶は十一世紀中頃、方格地割の終焉は十二世紀前半に想定されている。

当地周辺には、条里型地割が残り、また「左郭・右郭」という表現や『観世音寺文書』に記載される条坊呼称などから、都城と同じ条坊の存在が確実視されてきた。発掘調査の成果を最初にまとめた狭川真一氏は、政庁Ⅱ期の方格地割は南北路が九〇～一〇〇メートルの間隔で設定され、御笠川以北の官衙域を区画する三つの大溝も

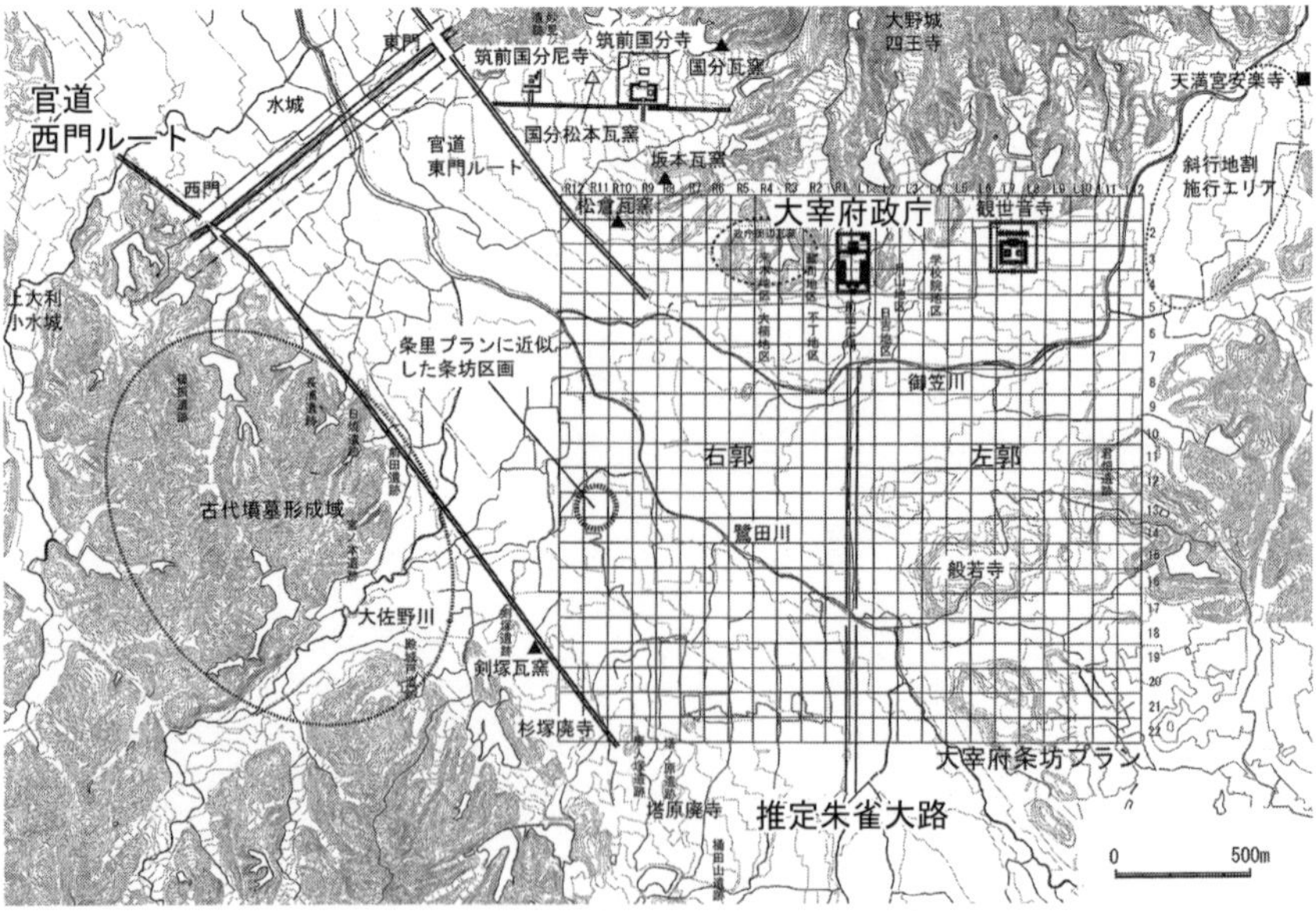

図２　大宰府とその周辺復元図

同じ幅であることから、官衙域と都市域は同じ規格で設計造営されたと推測した[13]。その後の調査の蓄積に伴い、井上信正氏は、一辺九〇メートルの方格地割が二キロメートル四方の範囲に展開したと考え、その地割は政庁Ⅱ期の南北道路（以下朱雀大路）の中軸線に合致しないことを明らかにした[14]。政庁Ⅱ期には左郭に食い込む形で朱雀大路が存在していたが、政庁Ⅲ期になって朱雀大路の幅が三六メートルから一五メートルに縮小されたことにより、左右一坊の東西幅が等しくなったとみられる。当期には各地割の面積が一律になり、面積本位の班給が行われたと推測される。

方格地割は、想定範囲に一度期に施工されたというのではなく、徐々に施工されたようであるし、部分的な造り替えで区画と区画が段違いになる個所や、平行四辺形になっている区画もみられる。また遺構や遺物が集中するのは朱雀大路付近が顕著だという。

大宰府には、筑後・肥前方面への官道など六ルートの道がアクセスしていたと考えられる。山陽道沿いにある鴻臚館からは水城西門ルートが朱雀大路に結節していたと考えられるが、八世紀末～九世紀中葉には機能を停止したらしい[15]。それにかわる道としては水城東門ルートがあり、山陽道から政庁官衙域に向かって延びる。

周囲の丘陵には平城京周辺と同じく葬送地があり、市の存在は小字名から右郭にうかがわれる。

③東山官衙遺跡群（宮城県加美郡加美町[16]）（図３）

多賀城の北西約三六キロメートルの大崎平野の西端に位置する。古代陸奥国加美郡にあたり、奥羽山脈を隔てて出羽国に隣接している。

東山官衙遺跡は、奥羽山脈から分岐して南東に延びる丘陵末端部の台地上にあり、壇の越遺跡がある南の沖積地との比高差は約二〇メートルである。台地中央に南から小さい沢が入り台地を二分している。壇の越遺跡は、東山官衙遺跡がある台地に続く丘陵の南を東に流れる鳴瀬川支流・田川左岸の河岸段丘上にあり、北東側の上位段丘と南西側の下位段丘（比高差約二メートル）に分かれる。東山官衙遺跡と壇の越遺跡、関連する早風遺跡・山の上遺跡を含めた範囲は約一・五キロメートル四方である。以下、これらの遺跡を総称するときは東山官衙遺跡群とする。

東山官衙遺跡は、東西三〇〇メートル、南北二五〇メートルを築地塀で区画され、南の谷に八脚門を設ける。その構成から古代加美郡の郡家と推定され、八世紀中葉から十世紀前葉まで存続し、いくつかの変遷案がある[17]。

壇の越遺跡の方格地割は、南北一〇条、東西六条で、南北約六四〇メートル、東西約九八〇メートルの範囲に施工されたことがほぼ確実となった[18]。東山官衙遺跡の南門から南北大路が延び、それを軸に東西に一町単位の方格地割が施工されている。南5道路が東西道路の中で最も長く、これが東西大路とされる。また南2道路の幅も他の道路より広い。これら三者が方格地割の基幹道路と考えられている。また八世紀後葉に上位段丘端部に築地塀や材木塀が構築され、方格地割はその中にと

図3　東山官衙遺跡群全体復元図

りこまれ、範囲は狭くなる。さらに平成十八年には東山遺跡真正面に南郭とみられる材木塀と大溝で区画された施設が発見され、塀と南北大路の交点には八脚門が設置されていた。また平成二十年の宮城県教育委員会の調査で、南郭大溝の東西幅は二一五メートルであることがわかった[19]。これら方格地割は、東山遺跡の成立とともに統一された均等地割として全面的に施工されたと考えられている。

方格地割の一町は約一〇九メートルで、各道路幅は側溝心々間を測ると南北大路で六～九メートル、南2道路で六・五～九メートル、南5道路は五・七～六・五メートル、他は四～五メートルと一定していない。街区内には、塀や溝によって細区画には塀が付随するところと、塀のような遮断施設が検出されない場所がある。一般住宅とは異なり、墨書土器などが出土している。

方格地割の変遷は、Ⅰ～Ⅱ期、Ⅱ期を細分してａ・ｂ期の三期と想定されている[20]。Ⅰ期は八世紀中葉から後半で、上位段創建期にあたり、地割は上位段丘から下位段丘にかけて施工された。Ⅱａ期は八世紀後葉から九世紀中頃で、上位段丘端部に設けられた築地塀や材木塀が機能していた時期とみられており、地割は塀内の上位段丘面に縮小され、東山遺跡の正面には南郭が設けられる。Ⅱｂ期は九世紀後半から十世紀前葉で、築地塀・材木塀や南郭が廃絶し、居住区画の減少が顕著となる時期とされる。

東山官衙遺跡群は、郡家と城柵が併置されたものと考えられ、天平年間の奥羽連絡道開通のため一体的に設置されたと推定されている[21]。村田晃一氏は、奥羽連絡路の駅路が東西大路であると想定し、当遺跡群が陸奥側の基点となったと推測する。東西大路の東端は、東山遺跡がのる丘陵から延びる東の尾根の端にあたり、ここに門などが想定され、外部との連絡口であったとみられる[22]。またⅡａ期の南郭の設置や材木塀や土塁と堀の外郭施設は、三十八年戦争時、陸奥側の最前線にあった当遺跡群にとっての防御施設と考えられている。

④斎宮跡（三重県多気郡明和町）（図４）

国史跡斎宮跡は、伊勢平野南部の櫛田川と宮川に挟まれた洪積台地上にあり、西は櫛田川とその支流の祓川が形成する河岸段丘によって沖積台地と画される。史跡の東部に、奈良時代末の東西七区画南北四区画が想定されている。当地割はほぼ一辺が一二〇メートルの方格地割であることから、四〇〇尺を基準とした平安京や長岡京との関連性が指摘されている。しかし道路側溝幅を含んで四五〇尺という設計場所もあり、復原プランは統一見解を得ていない。しかし、内院地区の調査成果から、方格地割の造営過程は大きく二時期あり、光仁朝の内院跡と見なせる鍛冶山西区画を土台とし、桓武朝にその周囲に一辺四〇〇尺の方形区画を増設する形で方格地割が成ったということは認められよう。以下は大川勝宏氏の最新の復原案である(23)。

大川氏は内院跡と想定されている鍛冶山西地区の遺構の変遷(24)から、柱間寸法一〇尺（三メートル）の内・外郭二重の掘立柱列ができたのが、斎宮編年のⅠ―四期（七七〇～七八五年）で光仁朝に当たると推定する。これは、『続日本紀』宝亀二年（七七一）条に気太王を斎宮造営に派遣した

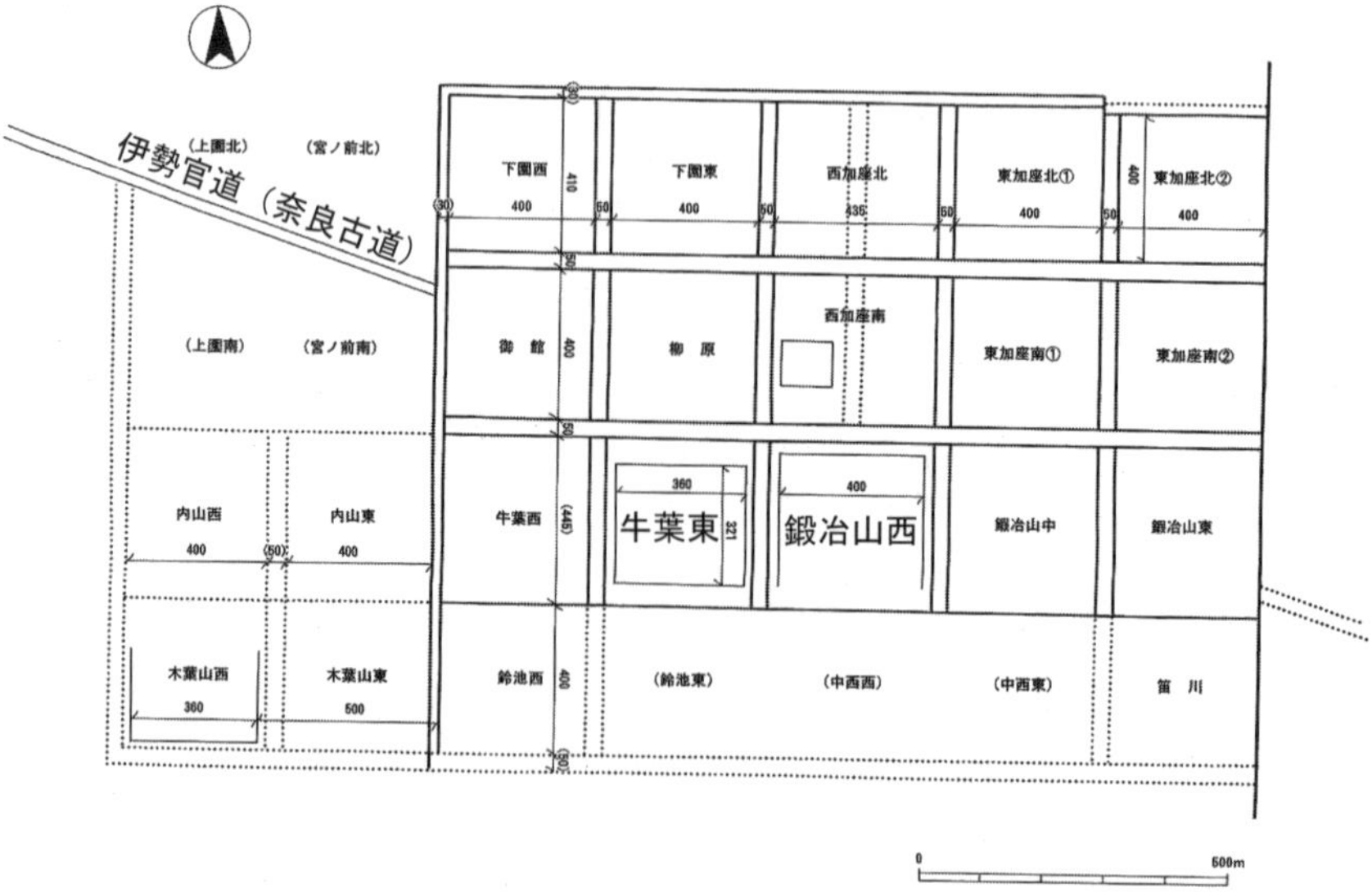

図４　斎宮方格地割復元図（図中の数字の単位は尺）

記事がみられることに対応するという。次の斎宮編年Ⅱ―一期（七八五〜八二〇）の段階には、方格地割の本格的な造営が始まる。鍛冶山西地区では二重掘立柱塀が消失し、幅四〇〇尺の塀が外郭塀のやや南に造営され、内院跡は側溝を含む四五〇尺の方格地割内に包括される。鍛冶山西地区西側の牛葉東地区にも幅三六〇メートルの塀が構築される。完成された東西五区画分の方格地割では、鍛冶山西地区を中心に東西南北の地区の区画幅が四五〇尺で、他は四〇〇尺、四一〇尺という区割りを想定する。これは桓武朝から嵯峨朝期に相当し、桓武天皇による方格地割の整備で、朝原内親王が斎王の時期にあたり、『続日本紀』延暦四年（七八五）紀作良を造斎宮長官とした記事に相応するという。ややおくれて南西四区画が増設されると推測している。

方格地割以前の斎宮は、史跡西部にあったと考えられている。通称奈良古道と呼ばれる伊勢道は、幅九メートルで一・二キロメートル直進したとされ、奈良時代の斎宮の背後を通過していたと想定されている(25)。方格地割造営後は、この伊勢道が地割に分断されてしまうのだが、平安時代前期の道路側溝が検出されており、伊勢道と方格地割は併存していたことが明らかとなった(26)。

この伊勢道と方格地割、多気郡条里型地割の関係から、伊藤裕偉氏は初期内院を中心に東西南北三ブロック程度の初期方格地割を措定している(27)。また、斎宮の方格地割は、組織としての斎宮寮を含んだものとし、「斎宮寮方格地割」と呼称する。斎宮は宮城と比較されるが、宮城を囲うような大垣の存在は現在のところ見つかっていない。

⑤伊勢国府跡（三重県鈴鹿市）（図5）

国史跡伊勢国府跡が属する長者屋敷遺跡は、安楽川と鈴鹿川の合流点の北側に位置し、扇状地の先端にあるが、川の浸食で比高差七メートルの段丘崖を持つ台地状の地形で、遺跡の範囲は、東西八〇〇メートル、南北一キロメートルである。伊勢国の国分寺・国分尼寺は、同じく鈴鹿川北岸で、国府跡から北西に直線で約七キロメートルの位置にある。当国府跡は、政庁域などの調査で、奈良時代中頃から後半期の国府と判明した(28)。

現在までの調査で、政庁とその西に接する西院と呼ぶ区画、政庁北側に瓦葺礎石建物が整然と並び、それら北方官衙を区画するとみられる方格地割が検出され、区画割は一辺一二〇メートルで、東西四区画、南北三区画が想定されている。区画の周囲には築地塀が廻らされていたことも指摘されている(29)。方格地割の道路幅は一二メートルで復元されていたが、二一次調査では、政庁から北へ直線的に延びる道路が溝の心々間で二四メートルを測ることがわかった(30)。またその溝から奈良時代後半から平安時代初頭の遺物が出土し、方格地割の年代も確定されつつある。平成十九年度の二二次調査では復元方格地割の北東隅を調査しているが、そこから地割は検出されなかった(31)。地形の高低差による削平か、もともと存在しないのかは判然としない。

　政庁南側については、米軍が撮影した昭和二十一年の航空写真に、政庁跡から南の台地先端に向かって続く道がみられ、また切り通しとみられる地形があることから、朱雀大路的な道路の存在が期待されていた。国府跡の一五・一六次調査で政庁の中軸上にトレンチをあけたが、明確な遺構はみられなかった。しかし、農道と米軍写真の道は一致し、農道が踏襲している可能性もあると、大路の存在を全否定していない(32)。

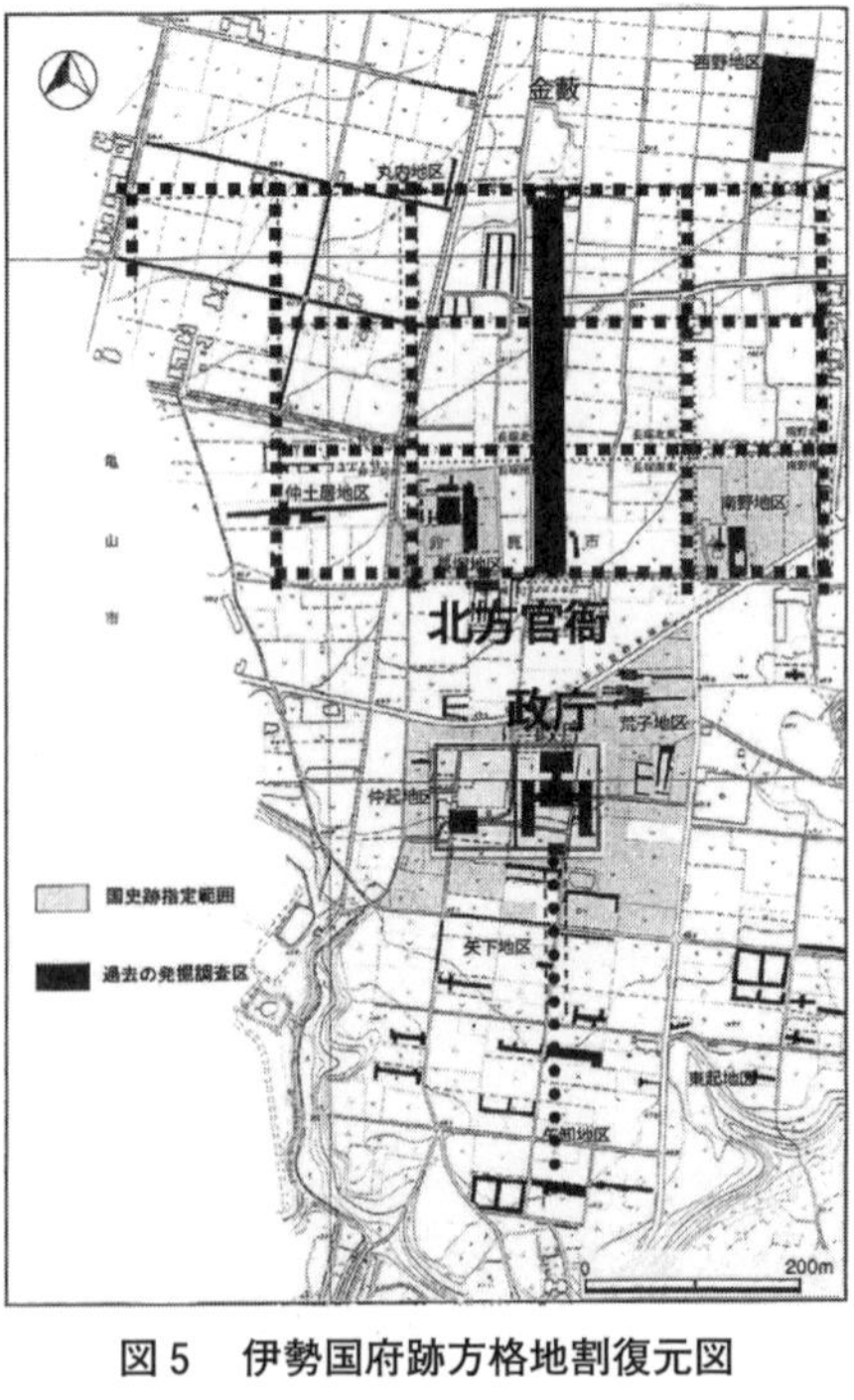

図5　伊勢国府跡方格地割復元図

⑥平泉（岩手県西磐井郡平泉町）（図6）

平泉は、奥州藤原氏が約一世紀にわたり、東北一円を支配した際の拠点である。西は奥羽山脈から連なる丘陵、東は北上山地に連なる高峰がそそりたち、中央を北上川が蛇行して流れる。その右岸段丘上に中尊寺や毛越寺、柳之御所遺跡などがある中心区が位置する。中心区は、北は衣川、南は太田川、東は北上川に画され、北西に中尊寺がある関山丘陵、西に平泉丘陵があり約二・二キロメートル四方を占める。当地には古代官道が通過していたと想定され、毛越寺西奥から中心区に入り、中尊寺境内地を通過して衣川へ抜けたと思われる。

　平泉中心区において、十二世紀半ばに方格地割が施工されたと想定されるが、いまだその実態は明らかで

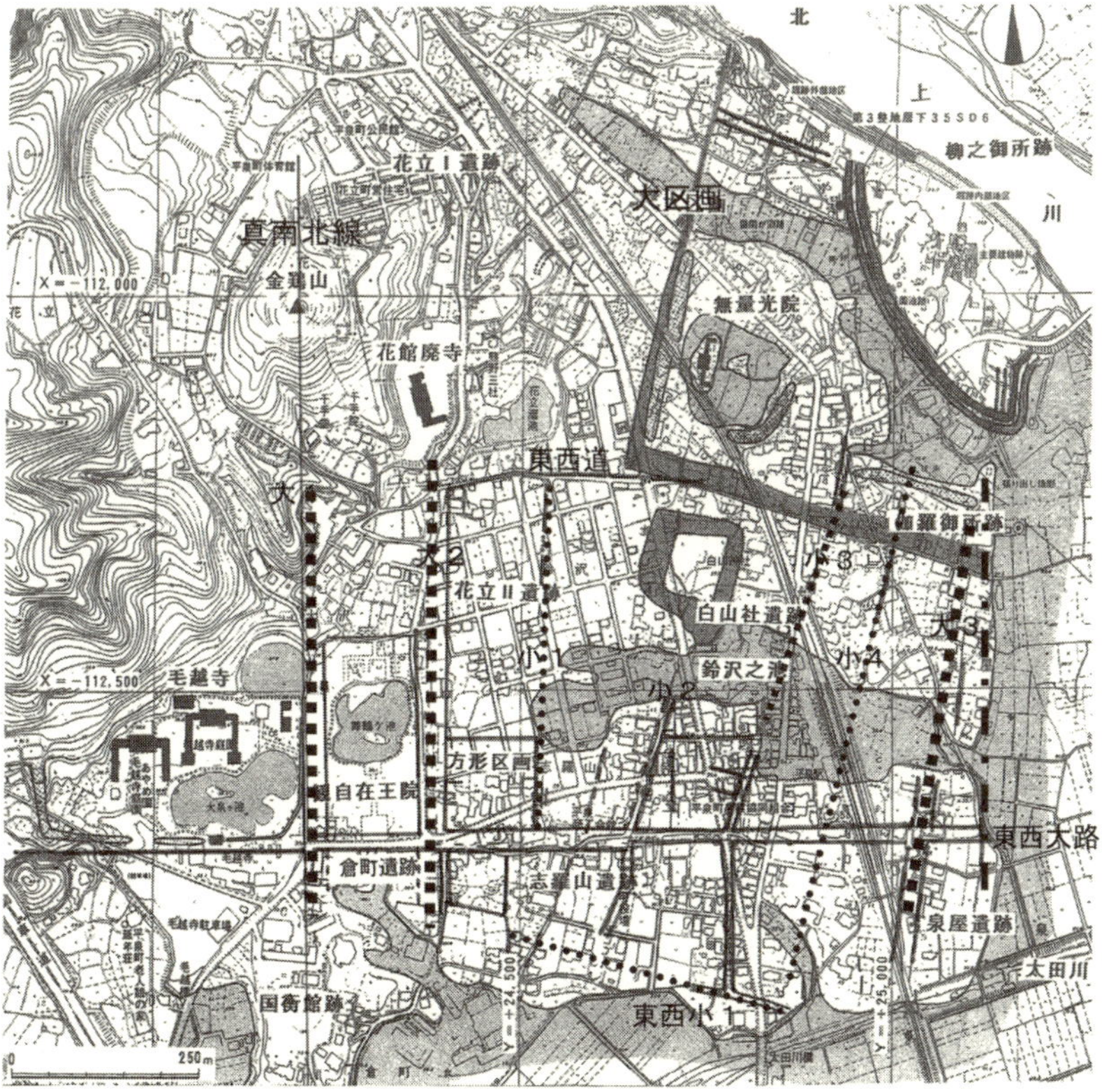

図6　平泉の地割復元案（大…大路　小…小路）

はない[33]。検出された道路幅をみると、幅八～一〇、二〇～三〇メートルという二つの規格性が伺える。これは、小路四丈と大路八丈・一〇丈の使い分けと考えられる。次に大路・小路を利用して地割を設定してみる。

金鶏山の頂点と毛越寺東土塁上に真南北線が通るので、それを設計ポイントとし、東へ向かって、幅三〇メートル（一〇丈）の南北大路1、幅一二〇メートル（四〇丈）の観自在王院、幅三〇メートル（一〇丈）の南北大路2、幅一二〇メートル（四〇丈）の方形区画、幅一五メートル（五丈）の南北小路1、幅一二〇メートル（幅一〇メートルの南北小路2含む）、幅一二〇メートル（四〇丈）、幅一〇メートルの南北小路3、幅一二〇メートル（推定幅一〇メートルの南北小路4含む）、幅一二〇メートル（四〇丈）、幅二四メートル（八丈）の南北大路3と割り付けた。

東西ラインには、幅二四メートル（八丈）から三〇メートル（一〇丈）に拡幅された（拡幅は南北小路2までと推定）東西大路と、段丘南辺に幅七メートルの東西小路1がある。北では柳之御所遺跡や無量光院跡を含む大区画の南辺を形成し、花立から段丘東辺へ向かう古道を東西道とした。大区画南辺の伽羅御所跡一六次調査で十二世紀後半の道路側溝が確認されている[34]ため、地割として有効である。大区画も当期と考える。

都市プランは、大きく三期に分けられ、方位が統一的でないA期、正方位地割が展開するB期、東振方位が主流となるC期があり、それぞれ清衡・基衡・秀衡期と考えている[35]。A期には中尊寺と柳之御所遺跡が結ばれ、西の丘陵縁辺や旧地形のままの中心部に生活の痕跡が見受けられる。B期には中心区の西奥から整地を始め、毛越寺や観自在王院前身施設を造営し、東に向かって東西大路を直線的に延ばす。また段丘東端には、柳之御所遺跡に向かう道も想定される。次の段階に、方格地割が設定されるが、街区の中央に大きな鈴沢池を造り出すため部分的な地割の施工である。C期には柳之御所遺跡・無量光院跡・伽羅御所跡一帯を囲う大区画が東振方位で造営され、それに伴い、南側も東振方位に地割が改変される。右の復元はこのC期に相当する。

街区内には屋敷地や、手工業者の存在を示す遺物、瓦窯などが見つかっている[36]。また平成十九・二十年には花立丘陵から陶器窯も発見された[37]。葬地は、中尊寺北西斜面に積み石塚が存在しており、位置的に藤原氏近親者の墓域とみなせるものと、北上川対岸の本町Ⅱ遺跡で土坑墓が見つかっており、中心区縁辺と周辺地域に存在する[38]。市の存在は明確ではないが、北上川と太田川や衣川が合流する地点に近い場所に津や市が立てられた可能性はある。

2　方格地割を持たないもの

⑦武蔵国府（東京都府中市）[39]（図7）

多摩川に沿った沖積地と段丘の間を走る府中崖線に沿って、立川段丘上と一部沖積地の自然堤防上に国府域が広がる[40]。当地は多摩川の河川交通、南の東海道、北の東山道を押さえる交通の要衝であり、国府成立前から政治拠点とされていたようで、七世紀末から八世紀初頭には広範囲に竪穴建物群が出現している。

東西二・二キロメートル、南北一・八キロメートルの範囲が建物や諸施設が集まる国府域と考えられ、その中央に国衙域があり東隣に郡名寺院の多磨寺がある。国府域の東西に集落が広がり、外周に墓地がある。国衙域は南北二三〇メートル、東西一五〇メートルを溝で区画され、伯耆国府と同じく国庁の外郭を区画する施設がある。国衙中央の大型掘立柱建物が八世紀前葉以降に成立し、礎石建物になるのは八世紀中葉前後、そして九世紀半ばに改修され十世紀末には衰退すると推定されている。

地割の基準となる道路は、国衙を起点として東西南北に延びる。国衙東寄りに最大幅九メートルの南北道路Aが国衙を起点として北の国分寺方面に向かう。国衙から東西方向に延びる最大幅九メートルの東西道路Aは国衙北辺に隣接して西は東山道武蔵路付近、東は国府外へ延びる。また国衙から南の沖積地へ向かう道Cもある。前述の南北道路の西にも平行して南北道路Bがあり、国府北西には官衙ブロックが想定され、国衙から西北（戌亥）方向に「社」跡がある。この辺りには一町程度の計画的な地割があり、また軸線が異なる斜行道路もある。国衙東方では府中崖線の傾きに合わせた道路跡や区画溝がある。これら道路は当地域に広がる条里界線に合致する場合もあり、条里を利用した可能性もある。

国府域からは、国司館、社、寺、工房が確認されている。また社近くから「京」墨書土器が出土している。市は、東山道武蔵路の南で「市」墨書土器が出土したことから、多摩川の津を意識した場所に設けられたと推定されている(41)。これら国府域の境界は明瞭ではないが、国府縁辺で祭祀が行われた痕跡があることや、火葬墓・土坑墓や地下式墓などが国府域の周縁に点在することから、境界の存在が示唆される。

国衙をささえた国府域に広がる「マチ」の変遷は五時期が想定されている。Ⅰ期：七世紀末から八世紀初頭の成立期、Ⅱ期：八世紀前葉から前半の国府成立期、Ⅲ期：八世紀中葉から九世紀中葉の国衙の整備と国府の「マチ」の拡充期、Ⅳ期：九世紀後半から十世紀後半の国衙の改修期、Ⅴ期：十世紀末から十一世紀代の国衙廃絶・衰退期である。このうち

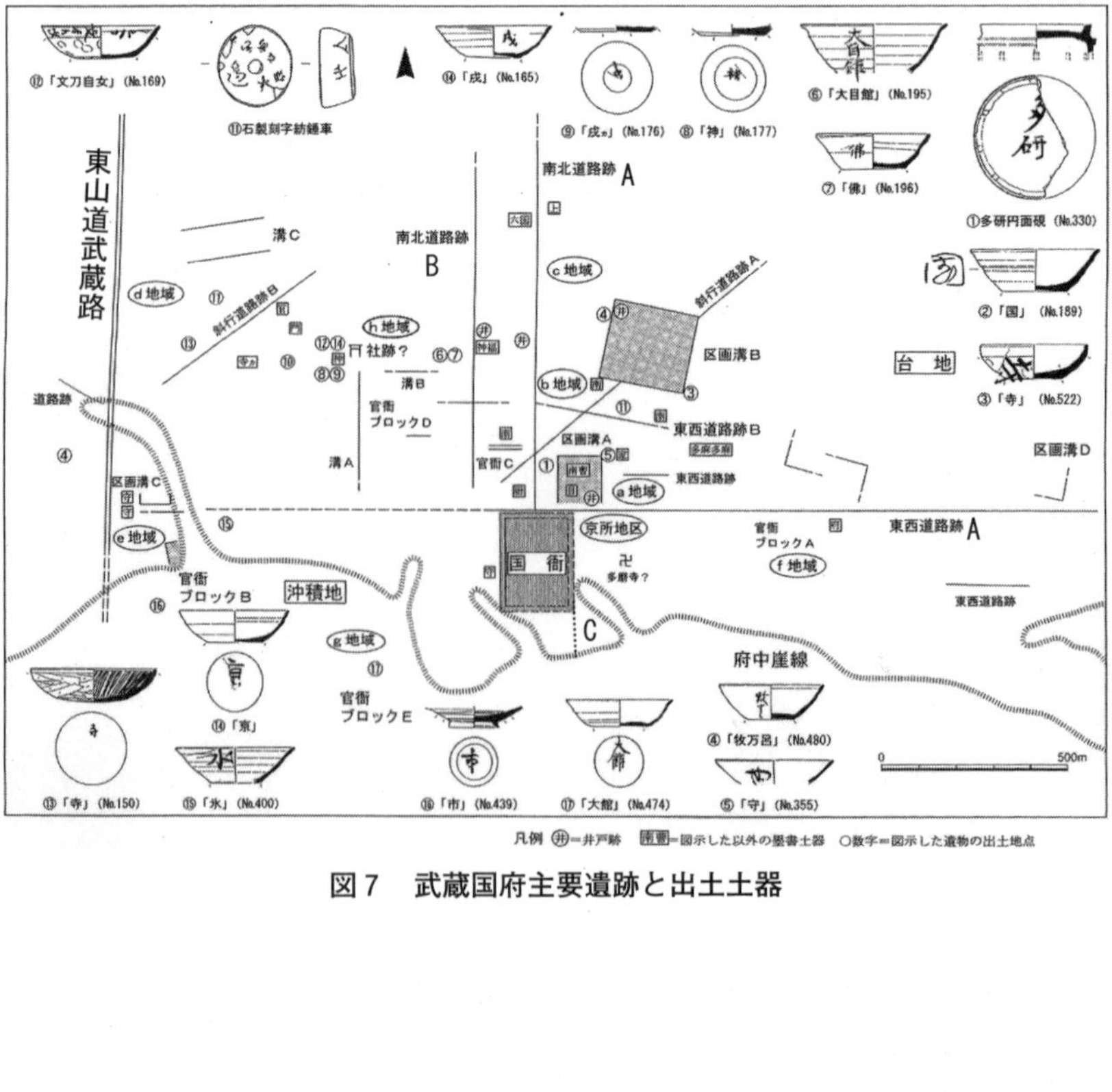

凡例 井=井戸跡　囲=図示した以外の墨書土器　○数字=図示した遺物の出土地点

図7　武蔵国府主要遺跡と出土土器

のⅢ期が最大の広がりをみせ、国衙周辺の官衙域とその西側の工房中心域に分かれ、機能分化された時期で、八世紀末から九世紀前半代の両地域の境に「社」が造営される。なお、七世紀後半のプレ期・国府成立前夜も設定されており、当期には国内最大最古の上円下方墳である武蔵府中熊野神社古墳が築造され、東山道も開通したとみられている。

これら国府域の北方二・五キロメートルに国分寺・国分尼寺があり、造営当初には東山道武蔵路が国府と国分寺を結び、武蔵国が東海道に属すと国衙北から延びる国府・国分寺連絡路が使用され、両者は密接に関係することになる。

⑧下総国府（千葉県市川市）[42]（図8）

国府域は、下総台地南西端の支台上に想定されるが、この支台は南端で小支谷によって東西に開析され、東側を国分台、西側を国府台と通称する。国府台の西側には江戸川が流れ、南側では砂州が形成され、小河川が合流して真間川となり、真間川と江戸川の合流点は『万葉集』で歌われた「真間の入江・真間の浦」に推定されている[43]。

東西二キロメートル、南北二・五キロメートルの範囲に、国庁推定地、国分寺、関連施設や建物が広がるため、国府域と考えられる（後述するⅢ期）。国庁推定地周辺は東西三三〇メートル、南北四一〇～四七〇メートルを溝で区画され、西辺を常陸に向かう官道（延暦二十四年（八〇五）以前に支路線として成立していた可能性もある）が南北に通る。この道に交差する東西道路が国庁推定地の区画内を横断し、「右京」墨書土器を出す須和田遺跡や国分寺・国分尼寺方面と結ぶ。国庁推定地が位置する台地の南は低湿地が広がり、入り江や砂州がみられ、先の常陸へ向かう官道と武蔵・上総と結ぶ官道（宝亀二年（七七一）から東海道の本路。それ以前は支路線）が交差する周辺には井上駅家（砂州西端に想定）や国府市の存在、津が想定される。

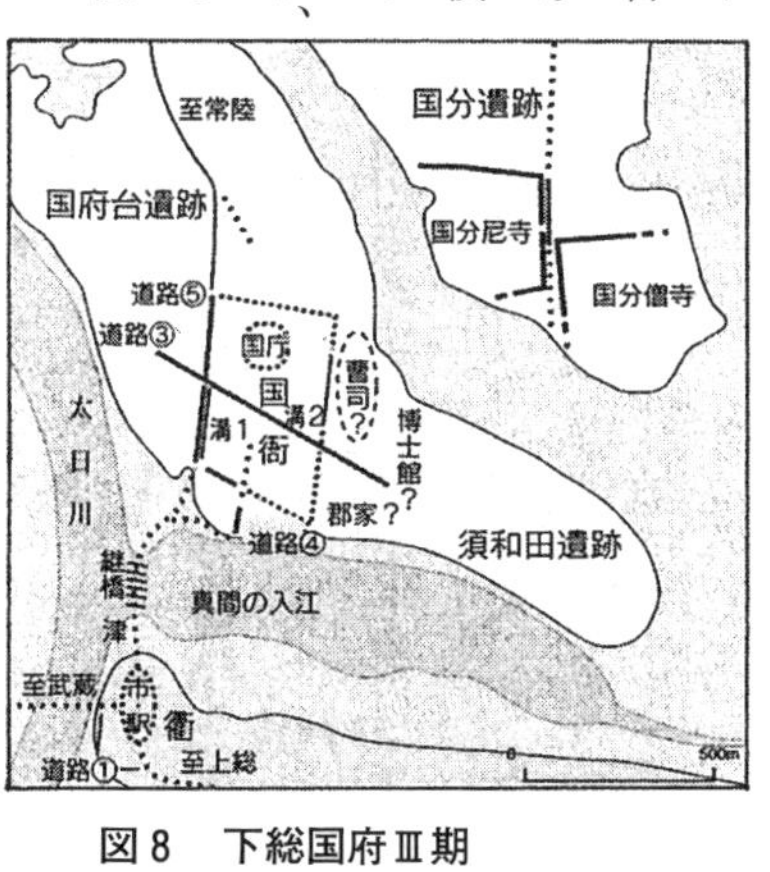

図8　下総国府Ⅲ期
（8世紀中ごろ～9世紀初め）

当地の変遷は大きく五期が想定されている。Ⅰ期は七世紀後半から八世紀初めで、郡家や国庁の造営が始まる。市川砂州をとおり、上総—武蔵を結ぶ官道の支路から国府台へ上り国庁に向かう道路と、その道路に交差して須和田へ向かう道路が造られる。郡家は須和田に比定される。Ⅱ期は八世紀初めから中頃で、国庁とともに曹司が整備され、国庁西側に曹司の区画ができる。国分寺の造営も始まる。国庁正面に至る道も造られる。Ⅲ期は八世紀中葉から九世紀初めで、大規模な改変がある。国衙を区画する溝が掘られ、西溝にそって国府台を南北に縦走する道路がつくられる。この南北道は常陸と結ぶ官道の支路で、井上駅家で武蔵と上総国を結ぶ東海道と分岐していた。Ⅳ期は九世紀初めから中葉で国衙の北側に建物が建てられ、国府域が広がる。Ⅴ期は九世紀中葉から十・十一世紀代で国衙や国分寺を区画する溝が埋まり、景観が大きく変わる。

国庁・郡家・駅家・市推定地・須和田遺跡、国分寺は道路で結節される。当地は、国分寺・国分尼寺がある国分台と国庁がのる国府台の間に谷があり、東の寺院地区と西の国庁・郡家・駅家・市という行政・流通地区に機能分化されている。

以上、八個所の事例をみた。特徴としては、官道や水運に便利な河川が近隣にあり交通の要衝地であること、中心拠点から縦横に他地区と結ばれる基軸道路が存在し、これを軸に諸施設や方格地割が展開すること、おおむね規模は東西・南北一・五〜二・五キロメートルにおさまるが境界は明瞭ではないことがあげられる。方格地割を持つものは、政庁域から南に軸をとる道路とそれに交差する東西道路を基軸として街区が形成されている。これは宮城から延びる朱雀大路と東西の宮南面大路が交差し、周囲に条坊が存在する都城とよく似た〝かたち〟にみえる。

方格地割を形成するものは、京域的に存在して町割り（街区）を形成する場合と、斎宮や伊勢国府のように官衙域を区画するためのものにわかれる。斎宮と伊勢国府では、いわゆる都市域としての国府域の存在は不明である。

二　古代地方都市の〝かたち〟と都城の〝かたち〟

1　各都市の画期と方格地割の系譜と意義

右の事例でみたように、古代地方都市の〝かたち〟は、拠点を中心に幹線道路を基軸として諸施設や方格地割が展開している。方格地割を持つ地方都市の中で設置当初から方格地割が施工されていたのは、大宰府と東山官衙遺跡群であり、他は、中心拠点からのびる基軸道路を中心として方格地割が漸次施工されるという過程をふむ。つまり、方格地割を持たない地方都市と同じ〝かたち〟があり、ある時点から方格地割が施工（街区形成）されるのである。その契機、方格地割の系譜や意義とは何であろうか。設置当初から方格地割がみられる地方都市は次のように考えられる。

大宰府は外国使節に対する都の威容を大宰府の〝かたち〟で示したと考えられる。水城西門ルートは朱雀大路南端に持続し、外国使節は朱雀大路を延々と歩いて政庁に至らねばならない。朱雀大路近辺に遺構が集中する理由は、朱雀大路を通る人への「見せる」効果が必要とされた結果ではないだろうか。方格地割の系譜には、平城京条坊という狭川真一氏の説、藤原京条坊との類似を指摘する井上信正氏の説がある(44)。井上氏は、政庁Ⅱ期の政庁と朱雀大路の中軸線と方格地割の計画線が合致しない理由として、方格地割の計画と施工が政庁Ⅰ期に遡る可能性を示す。政庁Ⅲ期になって朱雀大路縮小に伴い、区画が均一化されるのは、平安京条坊との関連も考えられる。

東山官衙遺跡群の方格地割は、対蝦夷に対する都ぶりの誇示といえるのではないか。方格地割は一〇九メートルの間隔で一斉に施工されていることから、高度な計画性と技術がうかがえ、都城の造営と重なるところがある。

他方の段階的に方格地割が施工された地方都市の契機は何か。多賀城の方格地割はⅡ～Ⅲ期の九世紀前葉から後葉にかけて形成され、Ⅲ期の九世紀中葉に完成する。斎宮は八世紀後半から九世紀初めの光仁・桓武朝に、伊勢国府は八世紀後半から九世紀初頭に方格地割で囲われる。平泉の方格地割は十二世紀中葉の二代基衡期に施工が始まり、今回提示した復元案は三代秀衡の十二世紀後半期のものである。

多賀城における方格地割の施工時期については、征夷が北上川中流域まで進み、胆沢城と志波城が設置され、鎮守府が胆沢城に移されたという経緯があり、国府多賀城の充実期とみなされている。

斎宮の方格地割は、光仁朝の初期内院を土台に桓武朝に大規模に展開したとし、八・九世紀の中央政府の対神宮政策と連動するという。(45) また斎宮の方格地割を検討した山中章氏は、桓武朝に方格地割が施工されることを重視し、祭祀・軍事・地方行政・対外政策という重要な国政を担う施設が一斉に荘厳化された桓武朝の基本政策と評価する。(46)

右のような視角に立つと、伊勢国府の政庁北方官衙が瓦葺礎石建物で、それらを方格地割が囲うというのも、国府の荘厳化と見なせる。政庁から真北に延びる南北道路の側溝から出土した遺物が奈良時代後半から平安時代初頭を示すのは、まさに桓武朝である。桓武天皇が造営した長岡京では、長岡宮朝堂院北部で朝堂院中軸北方道路と呼ばれる南北道が北へ延び、条坊が検出されている。(47) 溝心々間で二二・三〜二三・三メートルと、伊勢国府政庁北の幅二四メートルの南北道路に近似し、長岡京との関連性がうかがわれる。

平泉の方格地割形成期は、二代基衡が「在国司基衡」(『十訓抄』第十)と呼称されるようになり、陸奥国での基衡の支配権が強化された時期と考えられ、都市域の認識がこの頃萌芽したと推測できる。(48) 図六の復元案は、三代秀衡期のものであるが、これと図一の多賀城と方格地割を並べると両者が酷似していることに気づく。当期の平泉は、養和元年(一一八一)秀衡陸奥守補任に伴う、陸奥国府とその城下の姿に改変されたと想定する。(49)

以上から、方格地割の形成は何らかの権力掌握段階における権力の誇示のためになされたと想定できる。そして対外的場に位置する都市が京域的に街区を形成する背景には、都や京の権威の模倣とその威容を示したと思われる。

一方の方格地割を持たない武蔵・下総国府はどうか。武蔵国府では、Ⅲ期八世紀中葉から九世紀中葉の国府域が拡充される時期に、下総国府ではⅢ期八世紀中葉から九世紀初めの官道が国衙西辺に設置された時期から、Ⅳ期九世紀初めから中葉の国府域が広がる時期に、それぞれ画期が求められよう。

武蔵国府域では九世紀末から十世紀初めの「京」墨書土器が出土しており、それはⅣ期に相当する。下総国府域では八世紀中葉から後半のものが出土しているので、その時期はⅢ期に該当する。いずれも国府域の充実期に存在し、そこに「京」という空間認識があったと想像される。また武蔵国府周辺については、面的に市街地が形成されていたと考えられている[50]。国府域において、行政的に京域が管理されていたことは確認されず、空間としての「京」が認識されていたということになる。武蔵国府については国府域周縁に集落や墓が点在することから、境界の存在は明らかで、京極を設定しない、明示されない境界が存したと想定せざるをえない。

2　古代地方都市と道路、古代都城と道路

さて、古代地方都市が、道路を基軸とし諸施設や街区が展開している〝かたち〟であることがわかったが、なぜ道路が突出するのか、という問題を、古代地方都市と官道や街道との位置関係を確認し、都城と比較してみたい。

一でみた古代地方都市と官道の関係を分類すると、官道にアクセスする道を基幹道路として都市や国府域が存在するケース（A：官道接続型）と、官道や街道を内包する形で成立するケース（B：官道内包型）がある。A：官道接続型は大宰府や多賀城と武蔵国府で、B：官道内包型は斎宮、東山官衙遺跡群、下総国府、平泉である。斎宮は東海道から分岐する伊勢道を、東山官衙遺跡群は奥羽連絡道を、下総・武蔵国府は東海・東山道を、平泉は古代東山道（中世・奥大道）を都市域にもつ。Bをさらにみると、B―一：官道を方格地割に取り込むタイプ（東山官衙遺跡群、平泉）、B―二：官道を遮断するタイプ（斎宮）[51]、B―三：国府域を通過するタイプ（下総国府）がある。

Ａの大宰府では、山陽道沿いの鴻臚館から水城西門ルートを朱雀大路南端に接続させ、朱雀大路を通り官衙域に到らせている。このルートは八世紀末～九世紀中葉に道としての機能を終え、これに対する東門ルートは博多方面から直接官衙域に到達させている。(52) 多賀城では、多賀城手前で東山道と東海道が一つになり（多賀城以北で両者は再び分岐）、その道に東西大路が接続すると考えられる。当地でも東西大路と南北大路を通過させ、政庁へ至らせている。

Ａの官道接続型の都市へは、そこへ訪れる必要がある人や物資のみが通る。他方のＢ官道内包型の都市へは、訪れる人や物資以外に赴く必要がない人や物資も通過することになり、交通量は多かっただろう。

以上のように古代地方都市と官道の関係が整理できたが、中央の都城と道路はいかなる関係にあるのだろうか。

都城と道路の関係を見たとき、藤原京は設計プランに横大路と下ツ道と中ツ道を採用しているし、平城京は藤原京からのびる上・中・下の三道を利用して京域が設定されている。とりわけ下ツ道の延長が朱雀大路に利用された。また恭仁京は奈良時代の東海道を見下ろす位置に宮があり、京域があれば、東海道を内包する形となる。長岡京は古代山陰道を分断して造営されている。平安京だけは、諸道を京外南に一極集中させたという。(53) これらを先に分類した古代地方都市と官道の位置関係にあてはめると、Ａは平安京型、Ｂは藤原京・平城京（Ｂ―一）・恭仁京（Ｂ―三）・長岡京（Ｂ―二）型といえる。

日本の都城も地方都市も、既存道路が設計プランに用いられるため、道路網の機能が優先されるようになるではないか。道路の機能のうち、通行が最重要となり、道路軸形成が中心となる。地方都市において、基軸道路が突出したかたちでみえるのは、このような通行機能を優先する設計に要因があるのではないだろうか。

3　古代地方都市の〝かたち〟と古代都城の〝かたち〟

いままでみてきた古代地方都市の〝かたち〟からは、次のことがいえる。①いわゆる方形方格でなく、②方格地割は都城に見られる坊のまとまりがない単純な方眼であること、③南北や東西方位の突出した基軸道路が存在すること、である。次にこれら特徴と都城について比較してみたい。

①については、かつて国府の復元が方八町という方形方格の都城を意識して想定されていたが、現在のところそのような形で存在しないことは周知の通りである。都城においても藤原京は方形方格で復元されているが、実際に南の丘陵上に条坊が敷かれたとは思えず、外郭施設の存在は否定的に評価されている。平城京の西辺も丘陵部にかかるので、条坊の施工は懐疑的にみられている。続く長岡京の西南部でも京極まで道路はのびていない。平安京でも、京極は意識されていたようだが、方形方格の形では完成されないままであった。

ワクの問題は、境界の問題であるが、都城には実態としての外ワクがなくとも、京極は意識されており、行政的にも認識としても京内・京外の区別をしていたこと、道饗祭の作法などから、可視的でない境界を持っていたことは知られる。古代地方都市も明確な境界は持たないが、可視的でない境界が存在したと推定される。時代が下り平泉には東西南北に鎮守社が配されるが、これは都市域の清浄化とみなされる。全国の国府が府中へと変化するなかで四方に神社が位置するようになり、この時点で、都市域が可視的に認識できるようになるのだろう。

②については、北村優季氏が、「唐の都城が基本的に「坊」の集合から成立しているに対し、日本都城内部の区画─条坊─は、直線道路を規則的に配し、またそれによって大地を方格に区画するという色彩が強い」と指摘することを考え合わせると、古代地方都市の〃かたち〃には日本の条坊の特徴が表れているように思う。

③については、日本の都城は朱雀大路のみ特別な管理体制をとり、都城の威容を誇示したという今泉隆雄氏の指摘(54)や、日本の宮都の特徴は、面的に都市空間を作り出すよりは軸線道路が突出していたとする吉田歓氏の見解(55)が参考になる。日本の都城も軸線道路中心主義のようで、その一因を都城と外部を連結する道路との関係で先にみた。

これらをふまえると日本の都城では、方形方格が志向され、行政的には方形が成立していたが、地形的制約のために外郭の整備は行われず、外郭以外で都城の威容を示すため、朱雀大路の荘厳化と条坊の施工がなされたとは考えられないだろうか。そして古代地方都市は、日本の都城の特徴を顕著に表現し、中央都城の〝かたち〟の必要最小限の体裁を整えて成立している。……はじめにで紹介した、網伸也氏が都城の形を二つに分類した一方である中軸線開放型の難波京や恭仁京の〝かたち〟とも類似する。このようにみると、いわゆる都城の〝かたち〟は大変特殊な〝かたち〟とはいえないだろうか。

おわりに

山路直充氏は、「倭京」段階の京と「東国の京」との形態的類似を指摘し、倭京から藤原京への移行を「開放的京」から「閉鎖的京」へ変化したとする(56)。そして、開放的京は時代を問わない通時的に存在すると想定する。また飛鳥の構成要素も東国の「京」に類似すると指摘した。宮と寺と邸宅と苑池施設と生産遺跡が散在する景観である。これは街区形成前の多賀城や平泉、そして平安京が解体したのちに出現する京都近辺の新市街地とも同じ構成である。山路氏は開放的京が時代を問わない〝かたち〟と想定するが、私も同じ考えである。ある一定の空間に、中心拠点（政庁、館、御所）・寺・邸宅・神社・工房・市などが基軸道路によって連結されてできた、他と景観を異にする空間こそが、日本の土壌から生み出された普遍的な都市の〝かたち〟と考えられないだろうか。そして方格地割は、明らかに条坊を伴った都城の成立後にみられる〝かたち〟なのである。

さて、都城を古代都市とし国府を古代地方都市と措定してその〝かたち〟をみてきた。古代地方都市の〝かたち〟からは、日本の都城の特徴がうかがわれ、また都城前代の飛鳥に原型が求められる可能性が出てきた。これは古代都市が都城から始まるものではない可能性を示している。最後に古代地方都市形成の特質をまとめると次のようになる。

・各都市のほとんどが、東西・南北一・五～二・五キロメートルにおさまるが、明瞭な境界を持たない。
・水陸交通の要衝に位置し、日本国内に張り巡らされた道路網とのアクセスや官道を取り込み設計されている。
・構造形態は大きく二つに分かれ、一つは政庁域から南に軸をとる道路とそれに交差する東西道路を基軸に方格地割による街区が形成されるタイプで、もう一方は中心拠点から縦横に他地区と結ばれる基軸道路を設置し、これを軸に諸施設が展開するタイプである。前者の〝かたち〟は都城に通じるところがあり、設計には施工当時の「都」が意識された。後者の〝かたち〟は飛鳥とも類似し、十二世紀の平泉にもみられることから、日本の普遍的な都市形態と想定された。
・西の大宰府と北の東山官衙遺跡群や多賀城では京のように南面に方格地割が施される。これらは対外的な場所に営まれており、都の威容を誇示する目的と考えられ、この意識は平泉にも受け継がれる。
方格地割が日本における都市成立の絶対的条件ではない。しかし、方格地割は「都」の〝かたち〟として中世以降も全国の小京都に受け継がれ、現在も「碁盤の目」として生き続いている。都城の〝かたち〟の特殊性は、方格地割である条坊であり、それが「都」の普遍的条件となった。古代地方都市の〝かたち〟は、端的にその特殊性と普遍性を我々に示している。

本稿を成すにあたり、次の方々に資料収集の協力や現地調査で様々なご教示を頂戴いたしました。佐藤嘉広氏、水口由紀子氏、及川司氏、菅原計二氏、鈴木江利子氏、島原弘征氏、戸根貴之氏、矢持（藤澤）久民枝氏、斉藤篤氏には記して感謝の意を表したいと思います。

註

（1）平川南「古代地方都市論―多賀城とその周辺」（『国立歴史民俗博物館研究報告』七八、一九九九年）。

（2）金田章裕「国府の形態と構造」（同『古代景観史の探究』吉川弘文館、二〇〇二、初出一九九五年）。
（3）小澤毅「古代都市」（上原真人ほか編『列島の古代史―ひと・もの・こと三　社会集団と政治組織』岩波書店、二〇〇五年）。
（4）林部均「飛鳥の諸宮と藤原京の成立」（広瀬和雄・小路田泰直編『古代王権の空間支配』青木書店、二〇〇三年）。
（5）林部均「飛鳥の諸宮と藤原京」（吉村武彦・山路直充編『都城―古代日本のシンボリズム』青木書店、二〇〇七年）。
（6）山路直充「京と寺」（吉村武彦・山路直充編『都城―古代日本のシンボリズム』青木書店、二〇〇七年）。
（7）網伸也「古代都城における二つの形態」（『国立歴史民俗博物館研究報告』一三四、二〇〇七年）。
（8）前川佳代「平泉と宇治―苑池都市の淵源―」（奈良女子大学21世紀COEプログラム編『古代日本と東アジア世界』同COEプログラム報告集6、二〇〇五年）。
（9）同じ問題意識から次の二つの論考を用意している。「条坊の残影」（奈良女子大学21世紀COEプログラム編『古代都市とその思想』同COEプログラム報告集24、二〇〇九年）、「都市平泉の形成」（『平泉文化研究年報』九、二〇〇九年）。
（10）「国府」の語を、国庁とそれに関連する施設群と定義して使用し、例えば方形方格の国府プランに対応したり、「都市空間」の概念に対応する用語」として「国府域」を用いる金田章裕氏の見解に従う（同氏『古代日本の景観―方格プランの生態と認識』吉川弘文館、一九九三年）。
（11）高野芳宏、菅原弘樹「古代都市多賀城」（『多賀城市史』一　原始・古代・中世　一九九七年）、鈴木孝行「多賀城外の方格地割」（『第三十二回古代城柵官衙遺跡検討会資料集』古代城柵官衙遺跡検討会、二〇〇六年）、進藤秋輝「多賀城発掘」（『古代を考える―多賀城と古代城柵』吉川弘文館、二〇〇六年）を参照した。
（12）井上信正「大宰府の都市」（『太宰府市史』建築・美術工芸資料編、一九九八年）、狭川真一「条坊制と官道」（『太宰府市史』通史編一、二〇〇五年）を参照した。
（13）狭川真一「大宰府条坊の復原」（『条里制研究』六、一九九〇年）。
（14）井上信正「大宰府の街区割りと街区成立についての予察」『条里制・古代都市研究』一七、二〇〇一年）。

(15)　山村信榮「大宰府周辺の道路遺構」(『季刊考古学』四六、一九九四年)。
(16)　宮城県加美町教育委員会『壇の越遺跡XV—平成十八年度発掘調査報告書—』(加美町文化財調査報告書第十四集、宮城県大崎地方振興事務所、二〇〇八年)。
(17)　最近、柳原和明氏は東山官衙遺跡の変遷をA～H期で八期の想定案を提出された(「東山官衙遺跡政庁地区の構成と変遷」『芹沢長介先生追悼考古・民族・歴史学論叢』六一書房、二〇〇八年)。
(18)　宮城県教育委員会『壇の越遺跡』(二〇〇八年)。西7道路跡は、西6道路跡との間隔が約七〇メートルと狭く、平成十九年度の調査でも想定位置で検出されなかったため、確定されていない。
(19)　宮城県教育委員会「壇の越遺跡・早風遺跡」(現地説明会資料、二〇〇八年)。
(20)　加美町教育委員会註(18)前掲書。
(21)　村田晃一「陸奥北辺の城柵と郡家」(『宮城考古学』九、二〇〇七年)。
(22)　現地での斉藤篤氏のご教示による。
(23)　大川勝宏「斎宮跡方格地割に関する二・三の試論」(『斎宮歴史博物館研究紀要』一七、二〇〇八年)。
(24)　大川勝宏「内院地区の遺構変遷」(『斎宮跡発掘調査報告I内院地区の調査』本文編、斎宮歴史博物館、二〇〇一年)。
(25)　杉谷政樹「古代官道と斎宮跡について」(『研究紀要』六、三重県埋蔵文化財センター、一九九七年)。
(26)　大川氏註(23)前掲論文。
(27)　伊藤裕偉「斎宮寮・伊勢道・条里」(『斎宮歴史博物館研究紀要』一三、二〇〇四年)。
(28)　鈴鹿市考古博物館『国史跡伊勢国府跡　三重県鈴鹿市長者屋敷遺跡の発掘調査』(同博物館、二〇〇八年)。
(29)　宇河雅之「長者屋敷遺跡」(『長者屋敷遺跡・峯城跡・中冨田西浦遺跡』三重県埋蔵文化財センター、一九九六年)、同「伊勢国府の方格地割—その存在の可能性と意義」(『研究紀要』六、三重県埋蔵文化財センター、一九九七年)、吉田真由美『伊勢国府跡四』(鈴鹿市教育委員会、二〇〇二年)。
(30)　田部剛士『伊勢国府跡九』(鈴鹿市考古博物館、二〇〇七年)。

(31)田部剛士『伊勢国府跡一〇』(鈴鹿市考古博物館、二〇〇八年)。
(32)吉田真由美「伊勢国府跡一五次、一六次」(『鈴鹿市考古博物館年報』五、鈴鹿市考古博物館、二〇〇四年)。
(33)前川註(9)前掲「条坊の残影」にて当地割の復元を行っている。
(34)「伽羅御所跡第一六次発掘調査」(『平泉遺跡群発掘調査略報』岩手県平泉町文化財調査報告第八一集、二〇〇三年)。
(35)前川佳代「平泉の都市プラン」(『寧楽史苑』四五、二〇〇〇年)。
(36)八重樫忠郎「平泉の手工業者」(『月刊考古学ジャーナル』四七八、二〇〇一年)。
(37)「花立I遺跡第二八次・二九次調査現地説明会資料」(二〇〇七・二〇〇八年)。
(38)八重樫忠郎「平泉の葬送」(五味文彦・齋木秀雄編『中世都市鎌倉と死の世界』高志書院、二〇〇二年)。
(39)特に注記しない限りは、江口桂・深澤靖幸「第一章　律令国家の成立と武蔵国の誕生」(府中市教育委員会生涯学習部生涯学習課文化財担当『新版　府中の歴史』府中市教育委員会、二〇〇六年)、深澤靖幸『古代武蔵国府』(府中市郷土の森博物館ブックレット六、府中市郷土の森博物館、二〇〇六年)を参照した。
(40)荒井健治「武蔵国」(『国府—畿内・七道の様相—』日本考古学協会三重県実行委員会、一九九六年)。
(41)山路氏註(6)前掲論文。
(42)山路直充「手児奈の風景」(市立市川考古・歴史博物館『図説市川の歴史』市川市教育委員会、二〇〇六年)、註(6)前掲論文を参照した。
(43)山路直充「下総国」(『国府—畿内・七道の様相—』日本考古学協会三重県実行委員会、一九九六年)。
(44)狭川氏註(12)前掲・井上氏註(14)前掲論文。
(45)大川氏註(23)前掲論文。
(46)山中章「斎宮方格地割の設計」(『条里制・古代都市研究』一七、二〇〇一年)。
(47)國下多美樹「長岡京—伝統と変革の都城」(吉村武彦・山路直充編『都城—古代日本のシンボリズム』青木書店、二〇〇七年)。

(48)　前川註（35）前掲論文。
(49)　前川註（9）前掲論文。
(50)　深澤靖幸「国府のなかの寺と堂―武蔵国府跡の発掘調査事例から―」（『府中市郷土の森博物館紀要』一九、二〇〇六年）。
(51)　斎宮は方格地割内を通過せずに迂回ルートが存在した可能性がある（伊藤氏註（27）前掲論文）。
(52)　この道は七世紀後半に遡り、十二世紀まで使用が認められる。山村信榮「大宰府」（『季刊考古学』九三、二〇〇五年）。
(53)　足利健亮『日本古代地理研究』（大明堂、一九八五年）、金田章裕「郡・条里・交通路」（古代学協会・古代学研究所編『平安京提要』角川書店、一九九四年）。
(54)　今泉隆雄「平城京の朱雀大路」（同『古代宮都の研究』吉川弘文館、一九九三年）。
(55)　吉田歓「東アジア世界の平泉」（『平泉文化研究年報』一、二〇〇一年）。
(56)　山路氏註（6）前掲論文

挿図出典一覧

図1　註（11）鈴木氏報告より。一部加筆。
図2　山村信榮「大宰府における八・九世紀の変容」（『国立歴史民俗博物館研究報告』一三四、二〇〇七年）より。
図3　註（16）報告書より。
図4　註（23）大川氏論文より。
図5　鈴鹿市考古博物館『国史跡　伊勢国府跡』所載図を改変。
図6　作図。
図7　独立行政法人文化財研究所奈良文化財研究所『古代の官衙遺跡』Ⅱ遺物・遺跡編（二〇〇四年）より。一部加筆。
図8　註（42）山路氏執筆分より。

大寺制の成立と都城

竹内　亮

はじめに

寺院は、日本古代の都城を構成する重要な要素である。平城京以前の都城において、現在も都城現役当時の姿を地上に伝えるのは、当時から現在に至るまで存続する寺院のみであると言ってよい。中でも「大寺」と呼ばれた諸寺院は、空間としての都城の一部分を成すだけでなく、国家が直接経営し、国家機構の一部を担う公的存在でもあった。

仏教伝来以後、日本における仏教は、僧伽の論理による君臣統合、すなわち平等性を前提とする中央支配集団結束の基軸論理として機能し、寺院はその理念を可視的に表すための施設として、中央支配集団による共同事業という形で整備された[1]。大化元年（六四五）八月に出された孝徳天皇の詔はそうした国家理念を実現するための具体的政策の一つで、勅願寺や個別氏族の氏寺といった寺院造営主体の別に拘わらず全ての寺院造営を天皇が支援するという方針が示された。

『日本書紀』大化元年八月癸卯

「凡自㆓天皇㆒至㆓于伴造㆒所㆑造之寺、不㆑能㆑営者、朕皆助作。今拝㆔寺司等与㆓寺主㆒、巡㆓行諸寺㆒、験㆓僧尼奴婢田畝之実㆒。」

この段階では支援対象となる寺院間の格差は特に設けられていなかったが、天武天皇九年（六八〇）四月に出された天武天皇の勅では、国家が直接運営に関与する寺院が「大寺」に限定され、その他の寺院との間に懸絶した格差が設けられた。

『日本書紀』天武天皇九年四月是月

「勅。凡諸寺者、自レ今以後、除下為二国大寺一二三上、以外官司莫レ治。唯其有二食封一者、先後限二卅年一。若数レ年満レ卅則除之。且以為、飛鳥寺不レ可レ関二于司治一。然元為二大寺一而官司恒治。復嘗有レ功。是以猶入二官治之例一。」

この時定められた大寺とは、同勅に言う「国の大寺たる二三」、すなわち大官大寺（高市大寺）・弘福寺（川原寺）・薬師寺、さらに特例措置として加えられた飛鳥寺を合わせた四ヶ寺で、(2) 以後、国家的仏事はこれらの四大寺を中心として展開することになる。

本稿は、主に大寺制の成立期である天武朝期に焦点を当て、この制度の成立過程を具体的に跡付け、かつ制度創出の意義を探ろうとするものである。特に、大寺の一角を占める飛鳥寺に関しては、天武朝期を含む七世紀後半の一次史料が近年大幅に増加し、大寺制度黎明期における実像をかなり明瞭に描くことが可能になった。こうした新史料を用いて、大寺制の本質に少しでも近づくことができれば幸いと考えるものである。

一　都城と大寺

大寺とは、国家がその運営に直接関与する寺院のことであり、その関与の内実は財源の保障および寺院運営機関の設置である。そうした国家による寺院運営への関与の端緒を開いた前掲の大化元年制では、造営への支援を希望する全寺院に対して寺封が施入され、造営担当者として寺司・寺主が任命された(3)。寺司・寺主は単に造営事業を掌るだけでなく、「僧尼奴婢田畝之実」すなわち造営財源として施入された寺封を含む寺院資財の管理にも関わったと考えられる。寺司・寺主は国家により任命される職であり、国家が寺院所有資財を調査し把握するという後の寺院資財帳に繋がる仕組みが生まれたのである。すなわち大化元年制とは、資財管理とその運営機関の設置を通じて寺院経営に国家が介入するというものであった。

大寺制が法的に確立した天武天皇九年制では、この大化元年制で定められた寺院経営への国家の関与という枠組みを活かしつつ、国家の介入度合いによって寺院の格が段階的に区分された。その寺格とは、①財源（寺封）と運営機関である官司（造寺司）の設置が時限を定めずに保障される「大寺」、②そうした国家の支援が三十年間の期間を限って保障される「有封寺」、③国家による関与の対象外となる「諸寺」の三段階である。(4) 大宝令制で有封寺の寺封保障期限が五年間に短縮される等といった部分的な制度の変化はあったが、(5) この三区分自体は『延喜式』まで長らく引き継がれたことが確かめられる。(6) 天武天皇九年制では、国家直営寺院としての大寺は、永年封戸を所有し、かつ寺司の後身である造寺司が置かれる寺院と定義された。以後、この二つの条件が国家直営寺院としての大寺の要件とされ、令制下においてもこの原則は維持され続けた。(7)

このように、制度としての大寺制は天武天皇九年に確立したのであるが、大寺の要件の一つである永年封戸の施入は、これより以前に一斉に行われたことが知られる。『新抄格勅符抄』寺封部の記載によれば、癸酉年すなわち天武天皇二年（六七三）に大官大寺・弘福寺・飛鳥寺の三ヶ寺に対してそれぞれ三百戸・五百戸・千七百戸の永年寺封が施入されている。(8) この天武天皇二年は、壬申の乱が終結して飛鳥への還都が行われた翌年であり、この頃飛鳥浄御原宮の整備が本格的に開始された。また同年十二月には造高市大寺司が任命され、それまで百済川の側にあった百済大寺を飛鳥へと移転する事業が開始された。(9) 同年の大官大寺（高市大寺）に対する寺封施入が、この移転事業の財源確保を目的としていたことは間違いないであろう。勅願寺の筆頭たる百済大寺の王宮近傍への移転には、同時並行して実施された王宮の整備と同様、宮都が飛鳥の地へ還ってきたことを視覚的に明示するという意図があったと考えられる。また、天武天皇五年から着手された「新城」の造都事業は、様々な紆余曲折を経つつ日本初の本格的条坊を有する都城である藤原京として結実するが[10]、薬師寺の寺地は天武天皇五年以降に施工された新城の条坊道路を埋め、条坊プランに則して設定されており、大官大寺（高市大寺）についても文武天皇の時に藤原京の条坊に合わせて設定された新寺地へと移される（文武朝大官大寺）など、京という都市空間の中に大寺を計画的に配置しようとする意図が明瞭にうかがえる[11]。さらに都が平城京へ遷るに及び、大官大寺・薬師寺・飛鳥寺の三大寺は順次新京へ移されて大安寺・薬師寺・元興寺となり[12]、これに旧京における弘福寺の寺格を引き継いだ興福寺が新たに加わって[13]、平城京の四大寺が成立した。これらの事実は、大寺と京が不可分の関係であるという認識を如実に示すものであろう。

天武天皇二年に大官大寺・弘福寺・飛鳥寺へ一斉に施入された寺封は、王宮整備を中心とする倭京造都事業の一環としてこれらの大寺を整備するための財源であったとみるべきであろう。大官大寺が飛鳥の地へと移されたことによってこれら三ヶ寺は王宮を取り囲むように配置されることとなり、倭京の景観の一部を構成する重要な要素となった。そして天武天皇九年にはこの三ヶ寺が永年封戸を保障される大寺としての地位を確立することになるのであるが、これは天武天皇二年に始まった右のような体制を追認したに過ぎないとも言える。よって、大寺制は実質的にこの天武天皇二年の寺封施入時点をもって開始し、大寺は最初から「都城の寺院」としての性格を付与されて発足したと言うことができよう。

では、天武天皇二年から始まるこれら三ヶ寺の整備とは具体的にはどのような内実を有していたのであろうか。実際のところ、三寺のうち大規模な造営事業を必要としたのは百済の地から移転してきた大官大寺のみであって、弘福寺と飛鳥寺の二寺は元から後飛鳥岡本宮と隣接する地に存在していた。ある程度の伽藍整備は行われたかもしれないが、果たして巨額の出費を伴うような造営事業が必要だったかどうかは疑問である。ところが、現実にこの二寺には大官大寺を上回る額の封戸が施入されているのである。特に飛鳥寺に施入された寺封の額は大官大寺と弘福寺を合わせた額の二倍近くにもなる。このような莫大な額の寺封施入は、何を目的として行われたのであろうか。

飛鳥寺は、他の三大寺と異なって本来的には勅願寺ではないにもかかわらず、前掲の天武天皇九年勅では特別措置によって大寺の格を保障された。その背景には、飛鳥寺を国家直営の寺院として維持していかなければならない積極的な理由があった筈である。なぜ飛鳥寺は大寺とされ、他の大寺を遥かに上回る額の寺院運営財源を得るに至ったのか。以下、天武朝期の飛鳥寺を手がかりに、大寺に求められた機能について考察してみたい。

二　飛鳥池遺跡北地区出土木簡から見た七世紀後半の飛鳥寺

前節で確認したように、飛鳥寺が大寺としての公的地位を確立したのは天武天皇の治世下であるが、近年奈良県明日香村の飛鳥池遺跡から出土した木簡群の中に、この時期の飛鳥寺に関するまとまった史料が含まれていることが明らかとなったので、本節ではその概要を紹介し、木簡から見た当該時期の飛鳥寺の姿を描いてみたい(14)。

飛鳥池遺跡は、飛鳥寺の東南に南から伸びる東西二つの丘陵にはさまれたY字形の谷に位置しており、谷を堰き止めるように東西方向に仕切る掘立柱塀によって南地区と北地区に分かれる。南地区は金属製品などを生産した大規模な工房群であり、ここから出土する木簡は基本的に工房での製品生産に伴って用いられたものである。一方北地区には、南地区の工房からの排水を受けて処理するための溝や沈澱池、掘立柱建物や塀などが存在するが、製品生産に関係する遺構・遺物はほとんど見つかっておらず、南地区とは性格の異なる遺跡であると考えられている。出土木簡にも工房との関連を示す内容は見られず、寺院・仏教に関わる内容が多くを占める。本節で紹介するのは、北地区出土の木簡である。

飛鳥池遺跡北地区出土木簡群（以下、北地区木簡と略す）は、文書・帳簿・荷札・付札・習書などといった多種多様な木簡によって構成されており、主に物品の管理に関わる木簡が多くを占める。また、帳簿や習書の削屑も多数出土しており、この木簡群が事務組織によって使用されたことを示している。特筆すべき点としては、僧侶名・経典名・寺院名・仏教用語を記す木簡が目立つことが挙げられる。ことに、木簡出土当初から飛鳥寺東南禅院（以下、飛鳥寺禅院、または禅院と略す）に関わる文言が目立つという事実が指摘されている。[15] 例えば「智調」という僧名を記す木簡（九四一号）があるが、『日本霊異記』上巻第二十二縁には飛鳥寺禅院の創始者として知られる道昭が死去する際、道昭の弟子である知調が禅院で師の臨終に立ち会ったとあり、木簡の「智調」はこの知調のこととみられる。寺院名では「飛鳥寺」（九四五号）「禅院」（一一一四号）等と記す木簡がある。経典名では「多心経」と記す木簡（七一七号）が存在する。入唐留学僧であった道昭は唐長安において多心経（般若波羅密多心経。般若心経、心経とも略される）の漢訳者である玄奘三蔵の門下で学んでおり、この木簡からは道昭による多心経の日本招来という可能性が想起される。こうした木簡の存在から、北地区木簡が飛鳥寺禅院に関わる木簡群であるという理解は現在広く浸透している。また、飛鳥池遺跡北地区の北に道路を挟んで隣接する飛鳥寺伽藍東南部からは飛鳥寺禅院の中心堂舎とみられる建物跡が見つかっており、[16] こうしたことからも飛鳥池遺跡北地区は飛鳥寺東南禅院および道昭と深く関わる施設であったと考えられている。

では、北地区木簡は飛鳥寺禅院の遺した木簡群と断定できるのだろうか。実はそう単純には結論を下せない。それは北地区から次のような木簡が出土しているためである。

七〇六号（溝ＳＤ一一一〇出土）

・□〔二ヵ〕岡等前頓□〔首ヵ〕

・□□□〔物ヵ〕故上□

この木簡はいわゆる前白形式の文書木簡で、表面冒頭の「三岡等」は文書の宛先を示す。三岡とは飛鳥寺三綱のことであろう。この他にも「三師」(一五八号)、「寺主」(一四二六号)などが文書の宛先として見える。「三師」は飛鳥寺三綱の別称、「寺主」は飛鳥寺三綱を代表する役職として文書木簡の宛先に記されたとみてよかろう。三綱は一寺院に一つ置かれる組織であって、寺院内の一部局である院に置かれるものではない。北地区木簡を飛鳥寺禅院だけに関わる木簡群とするには、この点が問題となる。

こうした観点から北地区木簡の全容を見渡すと、その多くは三綱の職掌に関係するものとして解釈可能である。寺院所蔵資財の出納管理は三綱の主な職務の一つであるが、北地区からは物品の請求や借用要請を記した文書、物品の出納を記録した帳簿、内容物の消費に伴って廃棄された貢進物荷札、物品の整理や保管に用いられた付札などが多数出土している。経蔵の鎰《かぎ》に付けられていたキーホルダーや、米俵の開封を意味する「開」字を記した帳簿などもあり、文書や帳簿を用いた物品の収支や用途管理だけでなく、実際に物品を保管している倉庫からの出し入れにもカギの管理を通じて関与していたことがうかがえる。また、僧侶から寺奴婢に至る寺院構成員に関する人事統制も三綱の重要な職務であるが、北地区木簡にみえる人名の大部分は僧侶名であり、僧侶個人に関わる収支を記録した帳簿、僧侶への食料支給に関する文書・帳簿などが存在する。上端近くに表裏方向の孔が穿たれた名札状の木簡も複数出土しており、これらは法会などの際に当該僧侶の出席を管理するといった現代の出勤札のような用途が想定される。その他、堂童子へ支給するための薬物を請求した文書、仕丁への食料支給を記したと考えられる帳簿なども確認でき、僧侶だけでなくこのような寺院内における雑役従事者に関する事務も行われていたことが確かめられる。

以上のことから、北地区木簡が飛鳥寺三綱に関わる木簡群であることは明らかだが、禅院に関する記載を持つ木簡が特に目立つこととはどのように関係するのであろうか。この問題を解く鍵となるのは、「大徳」と呼ばれる僧侶の存在である。「大徳」は次の四点の文書木簡に見える(これらの他に一点習書木簡がある)。

七〇七号（溝ＳＤ一一一〇出土）
・大徳□〔前カ〕□
・□用可□
九四〇号（土坑ＳＫ一一五三出土）
大徳御前頓首□
一二九五号（土坑ＳＫ一一二六出土）
・□□〔大徳カ〕前白須□用所有□〔故カ〕紙二三□〔紙カ〕
・□□〔乃君カ〕□□□〔等カ〕□□〔法カ〕□□〔白カ〕□〔具カ〕自出「□」思事
一二九六号（土坑ＳＫ一一二六出土）
大徳前□

このように、「大徳」はいずれも文書の宛先として記されている。大徳という語は例えば「良弁大徳」のように僧侶名に続く敬称として用いられることが多いが、これらの文書木簡では僧侶個人の名を伴わない点に大きな特徴がある。前白形式の文書木簡は宛先となる人物の前に進み出て直接内容を申し上げるという文脈で記されているため、眼前の有徳の高僧に対して個人名で直接呼びかけるのを憚った、という解釈もいちおう成り立ち得る。ところが、こうした前白木簡だけでなく、帳簿木簡やその削屑の中にも大徳に類する「大師」という称号が見え（一六九、一七六、三二三号）、また「大井（菩薩）」という僧侶の称号を記す付札（二一七号）も存在する。つまり、こうした個人名を冠しない敬称は文書木簡の謙譲的文脈中に限らず帳簿などの事務書類上でも頻用されているのであり、「大徳」「大師」と呼ばれる僧侶は、敬称のみで誰を指すのか特定できるような存在であったと考えられる。さらにこの「大徳」木簡については、北地区内の年代の異なる複数の遺構から出土しているという特徴が認められる。北地区では主に三箇所の遺構群からまとまった数の木簡が出土している。年代の古い順に、天武天皇五〜七年（六七六〜六七八）頃を中心とする天武朝期の溝ＳＤ一一一〇・一一三〇、文武天皇二年（六九八）頃を含む文武朝期の土坑ＳＫ一一五三、大宝元年（七〇一）以降を含む文武朝期の土坑ＳＫ一一二六の三箇所である。「大徳」木簡はこれら三箇所の遺構群全てから出土しており、全て前白文書という共通の様式を有している。北地区木簡は、年代の異なる遺構間でも木簡の性格に大きな隔たりが認められず、同一組織が使用したものと考えられることから、これらの木簡に見える「大徳」は同一人物を指しており、天武朝期前半から文武朝期まで飛鳥寺に居住した高位の僧侶である可能性が高い。その僧侶とは、『日本霊異記』や『行基菩薩伝』で大徳という敬称で呼ばれている道昭と考えるのが最も自然であろう。そうすると、道昭は飛鳥寺内において三綱と並ぶような地位にあったことになる。

道昭は白雉四年（六五三）に遣唐使に随行して入唐、玄奘三蔵を師として研鑽を積んだ後、斉明天皇七年（六六一）の遣唐使帰朝に伴って唐より帰国した。翌天智天皇元年（六六二）、飛鳥寺東南隅に禅院を創建し、その後天下を周遊して架橋などの社会事業に十年間あまり従事した後、「勅請」があって禅院に還住した[17]。付札木簡に見える「大菩薩」は伝道や救済活動などの利他行に秀でた僧侶に対する敬称であり、天下を周遊して架橋などの社会事業を主導した道昭の呼称としてふさわしい。この周遊を終えた後に道昭は天皇の「勅請」によって飛鳥寺禅院へ還住する。卒伝に天下周遊が十余年に及んだとあることから、禅院還住の時期は天武朝期と考えられている[18]。より詳細に年代を限定するなら、前掲の七〇七号木簡（溝ＳＤ一一一〇出土）の存在から、還住時期は天武天皇五〜七年（六七六〜六七八）をそう遡らない時期、すなわち天武朝の最初期となる。また、道昭の没年は文武天皇四年（七〇〇）であるが、北地区木簡の中で最も新しい年代を示す一群の年代は文武朝期に属しており、道昭の没年に近い。よって、北地区木簡の年代幅は道昭が禅院に定住していた期間とほぼ重複しており、道昭は飛鳥寺還住から死去に至るまで一貫して飛鳥寺内の公的な地位にあったことが分かる。

加えて北地区木簡には道昭の周囲に存在した様々な僧侶の名が確認されるが、その多くは道昭の弟子とみられる。道昭の弟子であることが確実な「智調」については先述したが、帳簿（一七〇号）に名が見える「知達」についても道昭との関係が指摘できる。知達とは、玄奘から無性衆生義（法相宗の成仏論「五性各別説」）の教えを受けたという智達のことと考えられる。智達は道昭よりやや遅れて入唐、道昭と同様に玄奘三蔵の門下に学び、共に玄奘がインドよりもたらした仏教教理を日本に伝えたことで知られている[19]。後世、智達は法相宗に連なる新訳系唯識学説を招来した僧侶として、初伝の道昭に続く第二伝としての位置づけを与えられた（『三国仏法伝通縁起』）。すなわち智達は唐において道昭と同門関係にあり、帰国後は道昭の後継者的な立場にあったと考えられるのである。また、智調・智達と同様に「智（知）」字を冠する僧名として、「智照」が見える。「智」字を通字として共有するこれらの僧侶達は、いずれも道昭を師とする法統上の兄弟関係であったのだろう。このうち智照は次のように文書の宛先として記されており、道昭と同様、飛鳥寺三綱と並ぶ立場にあった可能性がある。

七〇五号（溝SD一一一〇出土）

・□〔智カ〕照師前謹白昔日所
・白法華経本借而□□〔苑賜カ〕

裏面に見える「苑」は「宛」の通用もしくは誤字で、訓読すると「智照師の前に謹みて白す、昔日白す所の法華経本借りて宛て賜らむ」すなわち智照に対して法華経の借用を要請する文書である。この文書を単体だけで見れば、智照が法華経の所有者であったのか、あるいは法華経を管理する機関の責任者であったのかは分からない。しかし、この文書は飛鳥寺三綱や道昭「大徳」宛の一括文書群の中に含まれている。借り主から貸し主への私的な借用申し込みであったとすれば、その申請文書は原則として貸し主個人の元に残るはずであり、このような公的文書群の中に残るとは考えにくい。よって、智照は私人として経典を貸し出したのではなく、飛鳥寺内において経典借用を許可する公的な立場にあったと理解すべきであろう。また、智照の僧名に関して、道昭（史料によっては道照とも記す）と「照（昭）」字を共有していることが注目される。道昭卒伝（『続日本紀』）によれば、文武天皇四年に道昭が死去した後、飛鳥寺禅院を平城京へ移転するよう奏聞したのは道昭の「弟」と「弟子等」であった。同門下の通字である「智」字に加えて師の道昭と「照（昭）」字を共有する智照は、道昭の弟であった可能性がある。智照が道昭の血縁上の弟であり、道昭の死後には飛鳥寺禅院を率いた筆頭格の僧侶であったとすると、右の文書木簡からうかがえる智照の地位はきわめて興味深い。すなわち、智照は飛鳥寺禅院が所蔵する経典の管理に責任を負う立場にあった可能性が出てくるのである。

道昭の住院である飛鳥寺禅院は、道昭が唐から招来した多数の経典を所蔵していたことで知られる。天平十九年（七四七）十月九日付「自禅院寺奉請疏論等歴名」（『大日本古文書』二四―四四三）に見える禅院寺所蔵の論疏には玄奘門下の学僧による著作が含まれており、これらは玄奘門下に学んだ道昭が唐より招来したものと考えられている。[20]この史料に見える「禅院寺」は平城京内に所在した寺院であるが、この寺こそ道昭の弟子達の要請により成立した、飛鳥寺禅院の後身寺院である。[21]飛鳥寺（元興寺）は養老二年（七一八）に平城京へ移転するが、それに先立つ和銅四年（七一一）、飛鳥寺禅院は右記の弟子達の奏請によって平城京右京四条一坊へ移って禅院寺と称する単立寺院となり、道昭招来経典を飛鳥寺禅院から引き継いだ。『延喜式』によると禅院寺の経論は治部省・玄蕃寮・僧綱・禅院寺三綱・檀越の検校の下で三年に一回曝涼されることになっており、国家機関による異例の手厚い保護が加えられていた。[22]道昭の死後数百年以上にわたり、道昭招来経典は日本の国家および仏教界にとって極めて重要な経典群と認識されていたのである。卒伝によれば、道昭は勅請によって飛鳥寺禅院へ還住したという。道昭等の飛鳥寺内における地位は、この道昭招来経典の存在を前提として、勅によって付与されたものではないだろうか。

北地区木簡は基本的に飛鳥寺全体を統括する飛鳥寺三綱の遺した木簡群であり、三綱の業務には禅院に所蔵されていた道昭招来経典の管理も含まれていたと理解されるが、実際に道昭招来経典の管理に当たったのは禅院の主導者である道昭、および智照をはじめとする弟子達であった。彼らは三綱機構に属するか、あるいは三綱と協力してこの業務を行い、飛鳥寺全体の資財管理にもこの体制を通じて関与したと考えられる。この経典群は当時の国家にとってきわめて重要な存在と認識されたため、道昭は勅によって天皇から強力な権限を与えられ、禅院という一子院の枠を越えて、飛鳥寺全体の運営にも関与したのであろう。前節で述べたように、飛鳥寺が寺封の施入を受けて大寺としての地位を実質的に確立した時期は天武朝期の初年であり、ちょうど道昭が勅請によって飛鳥寺に還住させられた時期と重なる。この二つの事柄を繋ぐ軸は、道昭招来経典であろう。次節では、道昭招来経典の存在が飛鳥寺の歴史をどのように動かしたのかについて考えてみたい。

三　大寺と一切経

以上のように天武朝初年から文武朝期にかけての飛鳥寺では、飛鳥寺禅院に所蔵された道昭招来経典群の管理に勅命を受けた道昭自身が携わり、自らの弟子や飛鳥寺三綱と共に、経典を含む寺院資財の管理に責任を負う立場となっていた。北地区木簡からは多種多様な物品の管理実態がうかがえ、当時の飛鳥寺がこうした体制の下で活発な宗教活動・経済活動を行っていたことが分かる。禅院所蔵の道昭招来経典は、斉明天皇七年（六六一）の道昭帰国から十数年間、天下周遊により飛鳥寺を遠ざかっていた道昭の手から離れていたが、天武朝初年の勅請による道昭還住によって飛鳥寺に右のような体制が敷かれたことにより、実質的に国家の管理下に入ったことになる。また、飛鳥寺には天武天皇二年（六七三）に千七百戸という多額の永年寺封が施入され、寺院経営を行う官司が置かれて大寺の寺格が与えられた。この二つの出来事はほぼ同時並行して起こっていることから、飛鳥寺を国家直営寺院とした目的の一つは、国家による道昭招来経典の掌握であったと考えられる。

　この時期の大寺をめぐる国家政策で注目されるのは、一切経の重視である。天武天皇二年（六七三）には弘福寺で一切経の写経が始まり、同四年には使を四方に派遣して一切経を博捜させ、同六年には飛鳥寺において斎会が設けられ一切経読経が実施された(23)。このうち、天武天皇四年の全国を対象とする一切経収集は、明らかに国家的事業として行われたものである。弘福寺における一切経写経についても、弘福寺が創建当初からの勅願寺であり大寺の一つに位置づけられる寺院であることから、寺院独自の事業ではなく天皇の意志ないしは国家の政策に基づく事業であったと考えられる。また、天武天皇六年の飛鳥寺における一切経読経に際しては、天武天皇が自ら飛鳥寺南門に出御して三宝を礼拝した。三宝（仏・法・僧）の法とは恐らく一切経そのものであり、この一切経の作成に天皇の意志が介在した可能性を示唆している。このように、天武朝初年頃には国家的事業として一切経写経事業が営まれていたのである。天武天皇二年の弘福寺における一切経書写開始は三大寺（大官大寺・弘福寺・飛鳥寺）への寺封施入と同年であり、大官大寺（高市大寺）の百済からの移転もやはり同年に開始されている。この年、三大寺ではそれぞれ伽藍整備事業と並んで一切経写経事業が一斉に開始され、それらの財源として寺封が施入されたと考えられるのである。

　一切経とは、別生経や偽経といった非正統経典を排除した、梵本に由来する正統な経典の総集であり、収録対象とすべき経典のリスト（入蔵録）に基づいて構成される。ところが入蔵録を持つ経録の日本への伝来は遅く、天平七年（七三五）に玄昉が『開元釈教録』を携えて帰国するまで待たねばならなかった(24)。すなわち、天武朝初年の日本には入蔵録を備えた経録が存在しなかったのである。本来、入蔵録を欠いた一切経というものはあり得ないが、日本における一切経収集では、入蔵録に含まれない（蔵外）非正統経典まで対象とされることがあった。唐開元十八年（七三〇）に撰述された『開元釈教録』は入蔵録を備えた勅撰経録として著名であり、八世紀に光明皇后の発願によって作成された一切経「五月一日経」は当初『開元釈教録』の入蔵録に基づいて書写されていた。ところが経典の収集が進行するうちに、書写対象とすべき経典の一部がまだ日本に伝来していないことが明らかとなり、方針が変更されて別生経・偽経などの非正統経典や経典注釈書（章疏）などを含むあらゆる仏典を書写の対象とするようになった。この方針変更に際しては渡来経であるということが経典の信頼性の源として重視されたようで、例えば玄昉招来経典に含まれる注釈書なども書写対象となっており、平城京禅院寺所蔵の経典群、すなわち道昭招来経典もやはりこの方針変更後に書写対象とされた。前節で触れた天平十九年（七四七）「自禅院寺奉請疏論等歴名」は、五月一日経の書写を担当した写経所が作成した禅院寺からの借り出しリストであるが、この中には『開元釈教録』の入蔵録にない蔵外書も含まれている。仏典として必ずしも正統的ではない著作を含む道昭招来経典が五月一日経の本経として重視されたのは、この経典群が渡来経であったためであろう。

天武朝初年における一切経書写の際も、五月一日経写経の時と同様の方針が採用されたのではないだろうか。天武天皇四年に行われた一切経博捜は、入蔵録が存在しない状況下において、当時日本に伝来していたあらゆる経典を漏れなく収集して一切経を構成するという方針が実行に移されたものであろう。そして、玄奘三蔵由来の渡来経典群である道昭招来経典はこの写経事業における中核的な本経とされ、事業を遂行する中心人物として道昭が本経所蔵機関である飛鳥寺禅院に還住させられたのではないだろうか。飛鳥池遺跡北地区とは、この事業のために確保された飛鳥寺三綱の業務空間（飛鳥池三綱政所）であったと考えられる。

七世紀後半の日本にとって、儒教思想に基づく律令国家体制の導入と並び、中国仏教の集大成である一切経を整備することは、東アジア世界の国際的環境を背景とした国家的な課題であった[25]。日本における一切経の史料上の初見は白雉二年（六五一）で、味経宮に二千一百人余りの僧尼を請じて一切経を読ませたとある[26]。この一切経が入蔵録に拠らない不完全なものであったことは明らかであるが、唐に対して親和的な外交路線を選択し国家体制を整えつつあった当時の新羅が唐皇帝から一切経を下賜されたことに対抗する必要上、こうした仏事を通じて形式的にせよ一切経を備えたという体裁を演出したものと考えられている(27)。より完全な一切経の整備を目指すという国家的課題は天武朝にも受け継がれ、飛鳥寺禅院が所蔵する道昭招来経典がこの国家的構想の中核に位置づけられることとなり、勅請により禅院へ還住した道昭を中心とする体制の下で、この経典群を原本とする一切経写経が各大寺において進行したものと考えられる。飛鳥寺に他の二大寺を上回る額の寺封が施入されたのは、このような国家的事業の中核機関とされたためであろう。

　ところで、右に述べた白雉二年の仏事において一切経が読まれた場は、寺院ではなく宮中であった。一切経読経が行われた味経宮とは難波長柄豊碕宮の旧称であり、大化五年（六四九）に新宮の造営が決定されて建設工事が進められ、白雉二年末に宮中枢部の造作がほぼ完了したと考えられている(28)。同年十二月晦日には新宮の完成を受け、昼には一切経読経、夜には燃燈と仏式の地鎮が行われ、宮号を難波長柄豊碕宮と改めて孝徳天皇が遷居した。難波長柄豊碕宮は、その完成の時点から仏事によって荘厳され、初めて宮中に仏教が導入された画期的な宮であった。これ以後、近江大津宮には内裏仏殿、飛鳥浄御原宮には宮中御窟院が置かれ、宮中に仏教施設を設けることが定着したが(29)、その端緒を開いた難波長柄豊碕宮の出発が一切経と共にあったことを考えれば、こうした宮中仏教施設には一切経が所蔵されていたと考えるのが妥当である。これに加えて、天武朝初年以降は大寺にも一切経が置かれるようになったのであるが、このことは何を意味するのであろうか。

　ここで再度飛鳥池遺跡北地区木簡に目を転じ、道昭招来経典を本経とする一切経写経事業が展開していた当時、具体的にどのような経典が書写の対象となっていたのかを見ておきたい。まず、前節でも触れた多心経が挙げられる。

七一七号（溝ＳＤ一一一〇出土）

・□多心経百合三百　「□」

・「十一□」　「□」（裏面は天地逆）

表面の「合」字には櫃や筥を数える際の助数詞としての用法もあるが、本木簡の場合は他の経を二百、多心経を百、合わせて三百という経典の数を示すとみられ、経典の書写数を表しているのであろう。[30] この数が部数なのか巻数なのかは明記されていないが、多心経は一部一巻であることから、部数と巻数を区別する必要が無かったとも考え得る。そうすると、同じく一部一巻の別の経典を二百部（巻）書写したということになるが、その候補として最も可能性が高いのは、観世音経であろう。観世音経については習書木簡にその経題を記したものがあり（二四五号、溝ＳＤ一一三〇出土）、飛鳥池遺跡北地区で取り扱われていたことが分かる。また、飛鳥寺の北西方向に位置する石神遺跡から、次のような木簡が出土している。

『飛鳥藤原宮発掘調査出土木簡概報（21）』一号

・己卯年八月十七日白奉経

・観世音経十巻記白也

己卯年は天武天皇八年（六七九）で、北地区木簡のうち天武天皇五～七年前後の年代に属する一群（溝ＳＤ一一一〇・一一三〇）とほぼ同時期に当たる。石神遺跡例では写経の場が不明であるが、この時期に観世音経が大量に書写されていたことを示す有力な証拠と言える。さらにこれら二経に加えて、前節で触れた法華経の存在も確認できる（前掲七〇五号、溝ＳＤ一一一〇出土）。この木簡は「法華経本」の借用申請文書で、「本」とは本経のことであろう。「借りて宛て賜らむ」とは「借用して（写経の本経としての）用途に宛てたい」という意味に解される。

このように北地区木簡からは、多心経・観世音経・法華経が書写対象となっていたこと、またこれら三経について記した木簡が全て同一年代の遺構（溝ＳＤ一一一〇・一一三〇）から出土しており、書写は天武天皇五～七年前後の時期に行われていたことが確認できる。この時期は一切経写経事業の最盛期に相当しており、これら三経は一切経写経のために置かれた飛鳥寺の写経機構で書写されたのであろう。しかし、「多心経」木簡に見られるように同一経典を多量に書写していることから、これらは一切経の一部として書写されたものではなく、当該写経機構の主幹業務である一切経写経（常写）とは別に、個別の目的に応じて行われた業務（間写）であったと考えられる。

これら三経は、いずれも暗誦の対象として用いられることが多い経典であった。八世紀の優婆塞貢進文には、得度を申請する優婆塞の資格として「誦経」すなわちその優婆塞が暗誦していた経典を列挙した項目があるが、この項目の中にしばしば多心経と観世音経が見える。法華経については、大和国葛木上郡の「持経人」が法華経を誦持（暗誦）していたという『日本霊異記』の説話（上巻第十八縁）にあるように、経典を暗誦する修行者である持経人（持経者）がよく用いた経典であったことが知られている[31]。すなわち、これら三経には出家得度の前段階にある優婆塞が修行のために用いる経典であるという共通点を見出すことができ、大量写経の目的としてそうした修行者への配付ということが考えられるのである。修行者に関しては、次のような注目すべき木簡も北地区から出土している。

一四一八号（土坑SK一一二八出土）
・南　請葛城明日沙弥一人
・「天天天天天天天□〔地カ〕天天」

「南」は飛鳥寺の南方に位置する飛鳥池遺跡北地区（飛鳥寺三綱政所）のことを指すとみられ、飛鳥寺三綱から「葛城」に対して沙弥の派遣を要請した召文木簡である。この木簡自体は召喚対象である沙弥のもとに届いた後、沙弥の出頭に伴って差出元の飛鳥寺へ戻ってきたものであり、飛鳥寺三綱には沙弥を喚びだす権限があったことになる。この沙弥は、飛鳥寺での受戒に備えて「葛城」で修行（沙弥行）を行っていたのではないだろうか。『行基菩薩伝』によれば、行基は天武天皇十一年（六八二）に出家得度、持統天皇六年（六九二）に「高宮寺徳光禅師」を戒師として具足戒を受け、比丘として飛鳥寺に居住したという。高宮寺は、奈良県御所市西佐味にある高宮廃寺がその比定地とされており、葛城・金剛山系の東山腹に位置する山林寺院であった[32]。高宮寺は恐らく行基が沙弥行を修した寺院であり、飛鳥寺の僧が受戒前に沙弥行を修する山林寺院の一つであったのではないかと考えられ、「葛城」は高宮寺のことを指す可能性がある。また、北地区からは大和国内に所在した十二の寺院名を記した寺名木簡が出土しており、列挙された寺名の中には龍門寺や吉野寺といった大和国内の代表的な山林寺院が含まれている[33]。これらの木簡は、飛鳥寺の僧侶養成がこうした山林寺院を含む中小規模の寺院における修行に支えられていたことを示すものであり、飛鳥寺の機能に僧侶養成センターという側面があったことを意味している。

こうした僧侶養成機関としての役割は、飛鳥寺だけでなく、全ての大寺が担っていた公的機能の一つであった。『西琳寺縁起（西琳寺文永注記）』に引く「天平十五年帳」は天平年間における河内国西琳寺の現住僧を列記したもので、誰がいつどこで受戒したかが詳細に記されている[34]。これによると西琳寺僧の受戒の場は、藤原京期の大宝三年（七〇三）から和銅二年（七〇九）までは大官大寺と飛鳥寺、平城京期の養老五年（七二一）から神亀四年（七二七）までは薬師寺であった。薬師寺を含む平城京四大寺は藤原京四大寺の寺格と機能を引き継いでおり、官僧への授戒は藤原京期から一貫して大寺で行われたことが分かる。また、『日本書紀』朱鳥元年（六八六）六月甲申条には「四寺和上」という記載があるが、これは四大寺にそれぞれ置かれた戒和上のことと考えられている[35]。大寺での受戒に備えて各地の寺院で沙弥達が修した沙弥行の中でも、誦経は重要な位置を占めていたと考えられ、その修行のために大量の経巻が必要とされたのであろう。

優婆塞行や沙弥行において経典の読誦が重視されたということは、すなわちその能力が僧侶に最も要求される技能であったからに他ならない。例えば朱鳥元年（六八六）には宮中で観世音経二百巻の読経が行われているが[36]、この仏事を実施するためには観世音経の読誦能力を有する僧侶二百人を集めなくてはならない。こうした僧侶を大量に養成することこそが、大寺に求められた機能であったと考えられる。そして、そのために必要とされたのが一切経であった。八世紀の大寺には一切経の読誦を行う大修多羅衆と呼ばれる僧侶集団が存在したが[37]、この大修多羅衆の存在が最も早く確認されるのは弘福寺である。(38) 大修多羅衆、ないしはそれに相当する一切経読誦集団が弘福寺に置かれたのは、同寺が大寺として実質的に機能していた藤原京期以前と考えるのが妥当であり、恐らくは大寺制確立期である天武朝初年頃、こうした僧侶集団が大寺に一斉配置されたのではないだろうか。すなわち、天武朝初年における大寺の実質的成立と同時に始まった一切経の整備は、一切経を読誦する僧侶を大寺で養成し、集中して配置することを目的の一つとして実施されたと考えられるのである。一切経が宮中だけでなく大寺に置かれた理由は、このような経典読誦集団の創出に見出すことができよう。僧侶集団は大寺に常住し、国家的仏事の際には宮中に集められて経典読誦を行ったのである。宮と大寺のかかる関係は、官僚制における侍候執務空間としての宮と集住空間としての京という関係に対応するものであり、この意味においても大寺制はやはり都城制の一部を成すものとして誕生したと評価することができるのではないだろうか。

おわりに

本稿では大寺制黎明期の飛鳥寺を手がかりとして、大寺制がいかなる目的をもって創出されたのかを考察してきた。大寺の直接的起源は勅願寺であり、舒明朝から天智朝にかけては、百済宮と百済大寺、難波長柄豊碕宮と四天王寺、後飛鳥岡本宮と弘福寺、近江大津宮と崇福寺のように、宮と勅願寺が一対で設置されるのが通例であった。倭京および藤原京と一体的に整備された四大寺もそうした伝統を形式的には受け継いでいると言えるが、天武朝に始まった新たな大寺制は、国家的仏事に奉仕する僧侶を大量に養成し配置するための機能を大寺に集中させるところにその本質があったと考えられる。そのために、大寺は他の寺院と比べて寺封施入などの面で格段に優遇され、国家による一切経の整備も大寺に限定して行われたのである。なお、宮中に初めて仏教が導入された孝徳朝の難波長柄豊碕宮以来、国家的仏事は宮中で行われるのが通例であったが、天武・持統朝の飛鳥浄御原宮期には宮中と大寺の双方で仏事が営まれるようになる。そして藤原遷都以降、藤原宮では原則として宮中仏事は行われなくなった(39)。初めて本格的な条坊が整備され宮と京の空間が截然と区別された藤原京において、宮と大寺の機能分化がこのように明瞭な形であらわれることは、「都城の寺院」としての大寺の性格を象徴的に示しているように思われる。この点に関しては飛鳥浄御原宮期はやはり過渡期であり、宮と京、宮と大寺の機能分担についての摸索が続けられていた時期であると評価できるのではないだろうか。以上、論じ残した点は多くあるが、全て他日を期したいと思う。

註

(1) 上川通夫「ヤマト国家時代の仏教」(同『日本中世仏教形成史論』校倉書房、二〇〇七年、初出一九九四年)。

(2) 薬師寺はこの勅が出された天武天皇九年の四月にはまだ発願されていなかったが(発願は十一月)、発願当初から薬師寺が大寺に列せられたことを承知していた『日本書紀』編者が先取り的な潤色を行い、「二三」という曖昧な表現をとったものと考えられている(大橋一章「勅願寺と国家官寺の造営組織」『佛教藝術』二二二、一九九五年)。

(3) 若井敏明「七・八世紀における宮廷と寺院」(『ヒストリア』一三七、一九九二年)。

(4) 大橋一章「大寺考」(『早稲田大学大学院文学研究科紀要』四一—三、一九九六年)。

(5) 禄令第十四条「凡寺、不レ在二食封之例一。若以二別勅一権封者、不レ拘二此令一。権、謂、五年以下。」

(6) 『延喜式』玄蕃寮式「凡諸大寺并有封寺別当三綱、以二四年一為二秩限一。(中略)自余諸寺依二官符一任二別当及尼寺鎮一、並同二此例一。」この条文自体は寺院の別当以下の任期を定めたものであるが、「大寺」「有封寺」「諸寺」という寺格の区分が生きていることが確認できる。

(7) 中井真孝「大寺制の成立と背景」(同『日本古代仏教制度史の研究』法藏館、一九九一年、初出一九七〇年)。

(8) これらの寺封が収公期限を定めない永年寺封であることは、天平十九年(七四七)の『大安寺伽藍縁起并流記資財帳』、および大同年間の公的記録に由来すると考えられる『新抄格勅符抄』に当該寺封が記載されていることから判明する。なお、『新抄格勅符抄』には天武天皇二年の時点で薬師寺にも他の三大寺と同様に寺封施入が行われたことが記されているが、これは薬師寺を含む四大寺が後年成立したことにより、後年の薬師寺への寺封施入が他の三大寺と一括して行われたものと誤解されたためであろう（水野柳太郎「大安寺の食封と出挙稲」、同『日本古代の食封と出挙』吉川弘文館、二〇〇二年、初出一九五五年）。このことは逆に、天武天皇二年が大寺制の確立にとって重要な意味を持つ年と認識されていたことを教えてくれるものと言える（新川登亀男「修多羅衆論」、同『日本古代の対外交渉と仏教―アジアの中の政治文化』吉川弘文館、一九九九年、初出一九七八年）。

(9)『日本書紀』天武天皇二年（六七三）十二月戊戌「以二小紫美濃王、小錦下紀臣訶多麻呂一、拝二造高市大寺司一。今大官大寺是。時知事福林僧由レ老辞二知事一。然不レ聴焉。」

(10) 小澤毅「古代都市「藤原京」の成立」（同『日本古代宮都構造の研究』青木書店、二〇〇三年、初出一九九七年）。

(11) 小澤毅「藤原京の条坊と寺院占地」（註（10）前掲書所収、初出二〇〇一年）。

(12) 大安寺は霊亀二年（七一六）、元興寺は養老二年（七一八）、薬師寺は養老三年（七一九）以前に平城京へ移転した（福山敏男「大安寺及び元興寺の平城京への移建の年代」同『日本建築史研究』墨水書房、一九六八年、初出一九三六年。太田博太郎『南都七大寺の歴史と年表』岩波書店、一九七九年）。

(13) 平城京における興福寺が藤原京における弘福寺の大寺としての寺格を継承して創建されたことは、弘福寺の命名起源となった唐長安の弘福寺が神龍元年（七〇五）に「興福寺」と改称されていること（加藤優「興福寺と伝戒師招請」、関晃先生古稀記念会編『律令国家の構造』吉川弘文館、一九八九年）、および平城京興福寺の創建当初の伽藍配置計画および建築様式が弘福寺と類似すること（馬場基「創建期の興福寺」『奈良歴史研究』六〇、二〇〇三年）などから明らかである。ただし弘福寺の資財や所領などは興福寺に全く継承されておらず、両寺はあくまで別個の寺院である。

(14) 飛鳥池遺跡については発掘担当機関である奈良文化財研究所から正式報告書が刊行され（『飛鳥池遺跡発掘調査報告』奈良文化財研究所、二〇〇五年）、筆者はこのうち木簡に関する考察部分を市大樹氏と分担執筆した。本稿の著述には同報告書および同書を元に編纂された木簡図録（『飛鳥藤原京木簡』一、同、二〇〇七年）の解説と内容が重複する部分があるが、それは右の理由による。以下、同遺跡出土の木簡釈文を掲げる際には、『飛鳥藤原京木簡』一の木簡番号を用いて「××号」と記す。

(15) 代表的な論考として、木簡出土当時の調査担当者であった寺崎保広氏による「飛鳥池遺跡とその木簡」（同『古代日本の都城と木簡』吉川弘文館、二〇〇六年、初出一九九八～二〇〇五年）を挙げておく。

(16) 花谷浩「飛鳥寺東南禅院とその創建瓦」（森郁夫先生還暦記念論文集刊行会編『瓦衣千年』同刊行会、一九九九年）。

(17) 『続日本紀』文武天皇四年（七〇〇）三月己未条（道昭卒伝）、『日本三代実録』元慶元年（八七七）十二月十六日壬午条、堀池春峰「平城右京禅院寺と奈良時代佛教」（同『南都仏教史の研究　遺芳編』法藏館、二〇〇四年、初出一九五二年）、藤野道生「道昭和尚の帰朝と禅院の創建」（『日本仏教史』二、一九五七年）など。

(18) 吉川真司「飛鳥池木簡の再検討」（『木簡研究』二三、二〇〇一年）。

(19) 若井敏明「古代仏教思想と僧尼」（井上薫編『行基事典』国書刊行会、一九九七年）。

(20) 石田茂作『写経より見たる奈良朝仏教の研究』（東洋文庫、一九三〇年）。

(21) 福山敏男『奈良朝寺院の研究』（高桐書院、一九四八年。増訂版は綜芸舎、一九七八年）。

(22) 『延喜式』玄蕃寮式「凡禅院寺経論、三年一度曝涼。省寮僧綱三綱檀越等相共検校。」

(23) 『日本書紀』天武天皇二年（六七三）三月是月「聚二書生一、始写二一切経於川原寺一。」、同四年（六七五）十月癸酉「遣二使於四方一、覓二一切経一。」、同六年（六七七）八月乙巳「大設二斎於飛鳥寺一、以読二一切経一。便天皇御二寺南門一而礼二三宝一。」

(24) 山下有美「日本古代国家における一切経と対外意識」（『歴史評論』五八六、一九九九年）。本段落の以下の記述も概ね同論文に従った。

(25) 上川通夫「律令国家形成期の仏教」（註（1）前掲書所収、初出一九九四年）。

(26) 『日本書紀』白雉二年十二月晦「於二味経宮一請二二千一百余僧尼一、使レ読二一切経一。是夕、燃二二千七百余灯於朝庭内一、使レ読二安宅土側等経一。於レ是天皇従二於大郡一遷、居二新宮一。号曰二難波長柄豊碕宮一。」

（27）上川通夫「一切経と古代の仏教」（同『日本中世仏教史料論』吉川弘文館、二〇〇八年、初出一九九九年）。
（28）吉川真司「難波長柄豊碕宮の歴史的位置」（大山喬平教授退官記念会編『日本国家の史的特質』思文閣出版、一九九七年）。
（29）薗田香融「わが国における内道場の起源」（仏教史学会編『仏教の歴史と文化』同朋舎出版、一九八〇年）。
（30）新川登亀男「古代日本からみた東アジアの漢字文化とメンタリティの多様な成り立ち」（立教大学東アジア地域環境問題研究所ほか編『古代文字史料の中心性と周縁性』春風社、二〇〇六年）。
（31）菊地大樹「持経者の原形と中世的展開」（『史学雑誌』一〇四―八、一九九五年）。
（32）奈良県立橿原考古学研究所附属博物館編『葛城の古墳と古代寺院』（同館、一九八一年）。
（33）伊藤敬太郎・竹内亮「飛鳥池遺跡出土の寺名木簡について」（『南都仏教』七九、二〇〇〇年）。
（34）荻野三七彦「河内国西琳寺縁起」（『美術研究』七九、一九三八年）、吉田靖雄「『西琳寺縁起』所引「天平十五年帳」の諸問題」（同『日本古代の菩薩と民衆』吉川弘文館、一九八八年、初出一九八六年）、加藤優註（13）前掲論文。
（35）上川通夫註（25）前掲論文。
（36）『日本書紀』朱鳥元年八月庚午「度㆓僧尼并一百㆒。因以坐㆓百菩薩於宮中㆒、読㆓観音経二百巻㆒。」
（37）林幹彌「法華修多羅について」（同『太子信仰の研究』吉川弘文館、一九八〇年、初出一九七五年）、新川登亀男註（8）前掲論文など。新川登亀男氏は大修多羅衆の前身として『日本書紀』持統紀に見える「梵衆」を想定している。梵衆が誦経集団であることは、次の史料から伺うことができる。『日本書紀』持統天皇五年（六九一）六月戊子「京及畿内諸寺梵衆、亦当㆓五日誦経㆒。」（止雨祈願の誦経）
（38）延暦十三年（七九四）「大和国弘福寺文書目録」（『平安遺文』一―一二号）に「大修多羅供田券文一巻（中略）六枚近江国、自天平三年迄宝字二年」という記載が見え、弘福寺の大修多羅衆が天平三年（七三一）まで存在を遡り得ることが判明する。
（39）若井敏明註（3）前掲論文。白雉三年（六五二）以来行われてきた宮中安居も藤原宮では行われておらず、代わって大寺における安居に重点が置かれるようになる（堀裕「智の政治史的考察」『南都佛教』八〇、二〇〇一年）。

中国における都城の理念と東アジア

佐原康夫

はじめに

中国における都城の思想とは何か。これに対する答えの一例として、中国の伝統的な世界観である「天円地方」の観念が、方形の城郭デザインに反映されているという説明がなされてきた。しかし中国の都城や城郭都市が常に四角いわけではないし、四角い都市なら中国以外の地域にも多数存在する。同様に、中国の都城は儒学の経典『周礼』に記される理想の都城を模して造られたと説明されることも多い(1)。しかし『周礼』考工記の記述は都城マニュアルとするには極めて不備であり、実在の都城に当てはまるか否かも、しばしば解釈の問題となる。

このような従来の説明の根底には、中国の都城は巨大な方形であるというイメージ、端的に言えば「都城といえば唐長安城」という、すこぶる日本的な思いこみが横たわっているように感じられる。また中国の伝統や古典を非歴史的に一般化してしまう傾向——実在の「唐」王朝と日本語の「唐天竺」の違い——も指摘できる。このような思いこみこそ、現代日本の「都城の思想」なのかもしれない。

常識的思いこみを離れて、中国の都城を思想的側面から検討する時、次のような大前提を押さえておく必要がある。

すなわち、皇帝を頂点とする王朝国家体制がなければ都城はあり得ないこと、他の城郭都市との差別化がなければ都城はあり得ないこと、の二点である。あらかじめ都城だけを各時代の社会から括り出して、その「思想」を論ずることはできない。都城の思想の探求とは、各時代の都城が表現する「何か」を、さまざまな背景を踏まえて思想史的に分析することである。

都城の表現するものは、その平面プランだけに表れるわけではない。都城造営事業には、国家秩序と王朝のアイデンティティが強く作用する（理念の問題）。そこには都城を営む場所の選択、設計、造営のプロセスなど、全体を「正しい」都城として裏付けるものがなければならない（思想の問題）。さらにそこでは、皇帝が中華の帝王としての役割を演じ（パフォーマンスの問題）、都市としての機能を含めた全体が時を追って変容していかざるを得ない（変化の問題）。

これらの総論的要請を踏まえて、本稿では次の三つの具体的課題に取り組んでみたい。まず、城郭都市によって形作られる空間的秩序の上に都城を位置づけること。そして『周礼』に示される都城の理念の特色を踏まえて、隋唐長安城の位置づけを歴史的に検討すること。さらに日本を含む東アジアへの広がりの中で、中国都城のインパクトを考察すること。このような課題に答えることで、中国を中心とする東アジアにおける都城の「重み」の一端が解明できるかもしれない。なお、長安城は隋代には大興城と呼ばれたが、隋唐時代をまとめて言う場合には「隋唐長安城」と表記する。

一　城郭都市の空間秩序

1　県という装置

中国の前近代の都市は城郭に囲まれ、市場や役所など主要な施設は城郭の内部に設けられていた。その最も一般的な例が県城である。県城は、郡県・州県の地方行政の末端であるとともに、地域の中心となる地方都市である。このような県の制度は始皇帝以来現在まで、かつて一度も廃止されたことがない。県は中国の長い歴史そのものといってもよい。

表1は、梁方仲編『中国歴代戸口、田地、田賦統計』（上海人民出版社　一九八〇）に基づいて、漢から唐の間の県の数、戸口をまとめた統計である。県数、戸数、口数のすべてが揃っているのは、前漢末の元始二年（AD二）、後漢後期の永和四年（一四〇）、唐初の貞観十三年（六三九）、安史の乱の前の天宝元年（七四二）だけである。その他の時期も含めて、元になる資料の信頼性は完全ではないし、伝写の誤りの可能性も常にあるが、大まかな傾向を読み取ることはできよう。

まず一番データの多い口数から見ると、前漢・後漢・唐といった長期の統一王朝の最盛期に、五千万人代の人口を記録している。また時代を問わず、一戸あたりの平均口数が五人を少し上回る程度で安定していることがわかる。県の数は千二百から千五百程度、前漢と唐の最盛期が一五七〇ほどで極めて接近している。漢と唐では支配領域がかなり異なるにもかかわらず、これらの数値は意外に定常的である。[2] 漢唐の間、県の数は最大で千五百程度、一県あたり七〜八千戸、人口三〜四万人という見当をつけることができる。

県の面積に関する歴史統計は残念ながら存在しない。あえて一般的な表現を探せば、県のサイズは「方百里」、す

表１　漢～唐の県・戸口統計

王朝	年代	県数	戸数	口数	県あたり戸数	県あたり口数	戸あたり口数
前漢	元始２(A.D.2)	1,577	12,356,470	57,671,401	7,835.4	36,570.3	4.7
後漢	光武中元２(57)	—	4,279,634	21,007,820	—	—	4.9
	永平18（75）	—	5,860,573	34,125,021	—	—	5.8
	章和２（88）	—	7,456,784	43,356,367	—	—	5.8
	元興１（105）	—	9,237,112	53,256,229	—	—	5.8
	延光４（125）	—	9,647,838	48,690,789	—	—	5.1
	永和４（140）	1,160	9,336,665	47,892,413	8,096.9	41,286.6	5.1
西晋	太康年間(280's)	1,232	2,494,125	—	2,037.7	—	—
隋	大業５（609）	1,253	9,070,414	—	7,303.1	—	—
唐	貞観13（639）	1,408	3,041,871	12,351,681	2,201.1	8,772.5	4.3
	神龍１（705）	—	6,156,141	37,140,000	—	—	6.0
	開元14（726）	—	7,069,565	41,419,712	—	—	5.9
	天宝１（742）	1,570	8,973,634	50,975,543	5,715.7	32,468.5	5.8
	天宝13（754）	—	9,619,254	52,880,488	—	—	5.5
	元和年間(806-820)	1,528	(2,368,775)	—	(2311)	—	—

なわち約四十キロメートル四方と考えられていた。県の外れから県城まで、一日あれば徒歩で往復できる程度のサイズといえようか。県を「方百里」または略して「百里」とする表現は三国時代から現れるが、「方百里」とは元来、春秋時代以前の諸侯の封国の大きさを表している。実際、秦漢の県の前身がいにしえの諸侯国に遡ることが多いのは周知の事実である。[3]

県城の城郭の大きさを概数化することはさらに困難である。戦国時代には小さな城郭が「三里の城」と呼ばれることがある。城壁の周長三里、すなわち三百メートル四方程度が、小規模な城郭ということになる。実際に戦国秦漢時代の城郭遺跡について見ると、一辺が二千メートルを超えるような城郭は各地の代表的な大城に限られ、普通はそれよりもはるかに小さい。[4]「三里の城」は小規模な県城のサイズとして、参考に値する。

ではこのような県は、どのような空間的特徴を持っているか、郡県制が形成された秦漢時代について見てみよう。

2　県の空間秩序

戦国・秦漢にかけて形成された、専制国家の制度的基盤である郡県制の形成過程を、城郭都市という側面から見てみよう。新しい県城が次々に築かれる一方、諸国の多様な城郭都市も県として整理統合され、これら全体に対して君主の巨大な都が君臨する、新たな体制の形成過程として考えることができる。例えば有名な戦国秦の商鞅の変法の際には、

（孝公）十二年（前三五〇）、咸陽を作為して冀闕を築き、秦徙りてこれを都とす。諸の小郷聚を并せ、集めて大県と為し、県ごとに一令、四十一県、田を為して阡陌を開く。（『史記』巻五秦本紀）

という。『史記』商君列伝や六国年表では、新設された県の数を三十一と伝える。いずれにせよ、咸陽の造営、小集落を統合した新県の設置が並行して進められたことがわかる。

また前漢の高祖は、五年（前二〇二）に長安に遷都すると、翌年の始めに「天下の県・邑」に築城させている（『漢書』巻一高帝紀下）。「邑」は県単位に設けられる、皇后や公主の食邑である。したがって全国の県レベルの城郭都市に、改めて城壁を築かせたことになる。もちろんすべての城壁が新たに築かれたわけではあるまい。各地の城郭遺跡において、漢代に城郭の規模が縮小されたことがわかっている。人口や軍事・行政的位置づけの変化に対応して、戦国時代の城郭のままでは不都合が生ずることもあろう。高祖の命令がそのような県城改造の契機となったことは想像に難くない。

匈奴の侵入に手を焼いた前漢王朝は、人口の希薄な北方辺境地帯に新たな県を設け、開拓移民によって防衛力の増強を図った。この策を進言した鼂錯は次のように言う。

臣聞くならく、古の遠方に徙してもって広虚を実たすや、その陰陽の和を相、その泉水の味を嘗め、その土地の宜しきを審べ、その屮木の饒を察す。然る後に邑を営み城を立て、里を製して宅を割かち、田作の道を通じ、阡陌の界を正す。（『漢書』巻四九　鼂錯伝）

適地に築かれた城郭の内部に里や宅地を区画するだけでなく、城外の道路を整備して耕地を区画することも必要であった。これは商鞅の変法で「田を為して阡陌を開く」、また「田を為して阡陌封疆を開く」（『史記』巻六八商君列伝）と記されることに通ずる。

農地の区画と阡・陌の道路には、律による定めがあった。四川青川県五〇号戦国墓からは、戦国秦の田律の記された木牘が出土、また江陵張家山二四七号漢墓から出土した「二年律令」竹簡には、呂后二年（前一九三）の田律が含まれている。漢律は秦律を踏襲しつつ細部が変更されているが、最大公約数的に紹介すれば、幅一歩（＝約一・三五メートル）、長さ二四〇歩を一畝、百畝を一頃として農地を区画し、その間に畛・陌・阡の道路を設けることになっている。一番大きな道路である阡は、幅四メートル余りと定められ、阡・陌の手入れは堤防や橋梁の補修とともに、農民に義務づけられる。(5)

このように、営農単位となる短冊形の農地の地割りを基礎として、規格化された道路によって整然と分割された方形の区画が県城を中心として広がっているのが、いわば県の空間秩序であった。さらにこのような県単位の空間同士が連続的に展開して、全国の人里を覆うことになる。商鞅の変法から漢代にかけて形成された郡県制は、このようなグリッド構造の空間秩序を形成した。人々は漠然と方形の大地を思い浮かべたのではなく、現に法に定められたグリッド状の空間秩序の中で生活していたのである。

ただし、城郭の形状やサイズを定めた法的規格は知られていない。城郭自体は、前引の鼂錯が述べるように土地の実情に合わせて築かれ、角張ってはいても規則的な方形とは言い難い、さまざまな形の県城が生まれた。城郭の内部は道路や里が区画され、城外の田野とは異質な空間となる。皇帝の巨大な都城にしても、その都市行政は県によって担われており、別格の県という側面を持っている。都城は、県という素地の上に、特別な規模や形態を持つ城郭や宮殿など、皇帝の都としての超法規的な要素がオーバーラップした、王朝随一の城郭都市であった。

ところで、このような郡県制的空間秩序は、商鞅の変法を画期とすることに示されるように、直接には戦国時代の法家思想に淵源するように見える。しかし儒家は戦国から漢代まで一貫して、聖人の定めた井田制と封建制に基づく原初的な空間秩序が存在したと主張した。その典型が『周礼』である。

3　周礼の「体国経野」

『周礼』のテキストは前漢武帝時代に発見され、前漢末ごろに経典として権威づけられた、最も「若い」経書である。最初は「周官」または「周官礼」と呼ばれたが、後世「周礼」の名称が定着した。『周礼』には周代の官制が、天地春夏秋冬の六官に分けて記述されるが、当初から冬官の部分が失われており、別の書物であった「考工記」によって補われた。考工記以外の五官では、それぞれの冒頭に「惟王建国、弁方正位、体国経野、設官分職、以為民極」という、全体を貫くテーマが記されている。「惟王建国」は「地の中」、すなわち大地の中央に王都を築くこと、「弁方正位」は太陽と星の観測から東西南北の方位を正しく定めること、「体国経野」は国土を王畿と諸侯の封土に分割して、農地や集落を区画すること、「設官分職」は官制の整備、「以為民極」は、以上を通じて民が安心して住める国を作ることを意味する。

このような国作りを実際に担当するのが、地官大司徒である。大司徒は、まず太陽の観測から「地の中」を定めて王都を築く。これを中心として王畿方千里を定め、その外に諸侯の爵位に応じた封土を画定する。さらに王畿の内を区画して農地の割り当てを行う。この作業に携わるのが、大司徒の属官である封人と遂人である。封人は王畿と封国の境界に「封」という四角い土壇を築いて樹を植える。また遂人は「土地の図をもって田野を経《はか》」り、井田制による耕地と集落を区画して、その境界に水路と道路を造る。

一方冬官考工記では、匠人が王都の造営とともに、農地を区画する水路の建設を行うとされている。地官の遂人の職掌と一部が重複しているが、道路建設のことは記されず、水路の名称なども異なっている。後漢の鄭玄の注釈は、考工記の方では「水路があればその脇に道路もあるはずだ」とし、遂人の方では水路や道路の幅を匠人の記述と整合させている。本来の周礼本文と考工記の素性の違いを、このように解釈の力業で乗り越えていくのが、鄭玄の、また彼を学問的祖師と仰ぐ唐代の注釈家の、基本的態度である(6)。

『周礼』に記された周代の国作りは、このように封建制による政治体制と井田制による共同体的農業が結びついた空間的秩序の理念として見ることができる。これはもちろん秦漢時代のそれとは制度的立脚点が異なっているが、農地の基本単位を基礎として道路や水路によって区画された、グリッド状の空間秩序を構想する点で共通している。こうして古代の理想国家の秩序理念の上に、皇帝を頂点とする専制国家の現実が重ね合わされ、その中心に築かれる都城は、その思想的交点として位置づけられることになる。

二　都城の理念と隋唐長安城

1　規範としての周礼

『周礼』には中国都城の理念が書かれているという説明は、従来さまざまな概説書や研究書に繰り返されて、もはや常識に近い知識となっている。その理念がいかなるものか、ここでは『周礼』に書かれていないことに注目しながら考えてみたい。

前述のように『周礼』地官大司徒は、王都を「地の中」、すなわち大地の中央に営むべきことを述べ、そここそが天地・四時・風雨・陰陽の調和した理想の場所だとする。しかしその場所の山川の地形や地質・水質など、具体的な立地条件とその選定の過程については何も述べられていない。王都の適地を理論的に定めるのみである。また実際に王都の造営に携わる考工記匠人の条では、匠人はすでに選定された土地に赴いて、現地の測量と全体の設計を手がけることになっている。しかしここには資材・労働力の調達や造営の工程、すなわち施工のプロセスは書かれていない。匠人はあたかも、図面を持って現場に派遣された測量技師であるかの如くである。

このように『周礼』が適地選定と施工のプロセスを欠いているのは、他の経典と比べていささか奇異である。例えば適地選定については、『詩経』鄘風の「定之方中」によれば、春秋の衛国の国都造営の際、楚丘においてまず東西南北の方位を測定し、周囲の地形を観察して、農業基盤を確認の上、最後に吉凶を占うという、慎重な手順が踏まれたという。(7) もちろんこれらは農閑期を選んで行われる。また施工については、周公の洛邑造営の進め方を述べた『尚書』召誥や、成周の築城工事の過程を記す『春秋左氏伝』昭公三二年の記事に見られるように、(8) 都城の造営工事を合理的に進めることは、それ自体が重要な政治課題である。これらの点が『周礼』の各属官の職掌に直接含まれないのは、彼らが上の決定に従うだけの役人だったからだろうか。

考工記匠人の条には、天子の都城を「方九里、旁三門、国中九経九緯、経涂九軌、左祖右社、面朝後市」とする有名な記事がある。繰り返される「九」は天子を象徴する数字である。しかし諸侯の国が、例えば方七里や方五里、七経七緯や五経五緯に逓減されるのかどうかは明記されない。また、この記事から概念図を起こそうとしても、九里四方の城郭の各面に三つずつの門を開き、内部を縦横に九本ずつの街路で区切ることはできても、肝心な宮城のサイズの数字が与えられていないため、誰が描いても似た図になるとは限らない。ここに書かれているのは都城のデザインではなく、それ以前の段階の主要コンセプトの列挙に過ぎない。

『周礼』考工記に見える都城は、「九」づくしの文飾に彩られた、言葉の上に想像される都城である。その記述は経書としての権威の下に、規範として機能はするが、必ずしも厳格ではない。実在の都城に当てはまる点があれば自慢できるが、それがないからといって別に非難されるわけではない。考工記はこのように、厳密な「正しさ」の判別基準ではなく、いわば「奥ゆかしさ」の範疇における、加点法の修辞的指標なのである。

鄭玄や唐代の注釈家たちのように、『周礼』の記事から都城の理念や思想を導き出すことは、不可能ではあるまい。しかしその情報源自体が、『周礼』の残存部分と、本来別の書物であった「考工記」とが合体した結果として、漢代に新たに生まれたものである。都城の思想や理念は、ただ『周礼』に書いてあるのではなく、その読まれ方の歴史の中にある。それは実際に都城を造営した皇帝たちにとって、都城のデザインや造営プロセスをいかに「正しく」演じてみせるかの問題となる。隋唐長安城は、その最も端的な例である。

2　隋唐長安城の造営

五八一年二月、隋の文帝は北周から禅譲を受けて即位し、年号を開皇と改めた。その六月には詔を下して天命を受けたことを宣言し、翌年五月には伝国璽を「受命璽」と改めている。禅譲は本来、すでに天命を受けた君主に皇帝位が譲られることであり、即位後に受命を宣言するまでもない。また伝国璽は北周から受け継いだ、皇帝位の正統性を証拠だてるものであり、これを改めるのは不可解である。これらの奇妙な措置は、文帝と側近たちの持つ、天命による新王朝の樹立への並々ならぬこだわりを示している。開皇二年（五八二）六月に下された遷都の詔も、このこだわりの延長線上にあった。

この詔勅の文章は、日本の平城遷都の詔（『続日本紀』巻四和銅元年（七〇八）二月戊寅）に大幅に採り入れられていることでよく知られている。その前半に紹介される王公大臣の献策は、『隋書』巻三七李穆伝に見える彼の上表文に基づいている。帝王の居城は三皇以来漢代まで、「命を革めて徙らざるなし」、王朝交替のたびに必ず遷都されてきた。三国時代から北朝まで、やむを得ず漢代の洛陽・長安が沿用されてきたが、これは星辰の観測や卜筮によって正しく定められた都（前節で紹介した『詩経』定之方中を踏まえる）ではない。天命が革まり、「万物開闢の初め」である今こそ、遷都して「大隋の徳」を表すべきである。これが李穆の主張の骨子である。文帝の詔はこのような「謀新去故」の切実な期待に応え、龍首原に新都を築くことを宣言する。そして重臣の左僕射高熲らに、新都を「創造」することが命ぜられた。新都は大興城と名付けられ、開皇三年（五八三）正月には、早くも文帝が入城している（以上いずれも『隋書』巻一高祖紀上）。

当時文帝は北周の長安を引き継いでいたが、「宮内に鬼妖多く」（『隋書』李穆伝）、水質が悪化して居住に適さない（同庾季才伝）ともされ、遷都の背景には差し迫った事情もあった。しかし李穆の上表と文帝の詔勅は、隋の受命を新時代の始まりとする、強い意気込みを示している。新都の「創造」、すなわち新しい場所に白紙状態から都が造営されること自体、史上極めて希なことであった。

このまっさらな都城は、東西九・六キロメートル、南北八・七キロメートルの巨大な長方形をなし、内部が直線の街路によって整然と区画される。羅城北辺に接して設けられた宮城は、南に官庁を集めた皇城、北の城外に巨大な禁苑を備える。東西に市が置かれ、全体が南北の中軸線で左右対称をなす。これらの斬新な特色はすでに周知のことで、改めて説明を要しない[9]。北宋の呂大防が残した次のような評価が、現在も有効である。

隋氏の都を設くること、尽くは先王の法に循う能わずといえども、しかれども畦分棊布、閭巷みな縄墨に中る。坊に墉あり、墉に門あり、逋亡姦偽、足を容るるところなし。而して朝廷官寺、民居市区、復たあい参《まじ》らざるは、亦た一代の精制なり[10]。

呂大防の言う「先王の法」とは、直接には『周礼』考工記の記述を指している。隋唐長安城は、確かに『周礼』そのままではない。しかし同時に、後世これほど『周礼』との関係が取り沙汰されてきた都城もない。例えば、羅城の東・南・西の三面にそれぞれ三つの城門が設けられるのは、考工記の「方九里、旁三門」に部分的に合致する。皇城を「朝」に見立てれば、「面朝後市」の「面朝」に当てはまる。皇城南辺の東に宗廟、西に社稷が置かれるのは、「左祖右社」に一致する。また城内を南北に貫く九本の街路は、「九経九緯」の「九経」に該当するかもしれない、等々。

これら、『周礼』と一致はしないが部分的に符合する点は、隋唐長安城の斬新な平面プランの中に、前述のような『周礼』の都城のコンセプトが、無理のない範囲で消化されたことを示している。これは『周礼』の遵守か逸脱かという倫理的な審判よりも、応用と洗練のデザイン的な問題として考える方が生産的である。この都城のデザインは、新興王朝の権力と秩序の誇示とともに、古風な儒教的折り目正しさを印象づける。むしろ最も『周礼』的な点は、地形的要素を排除するかのように巨大で直線的なデザインを地上に実現してしまう、平面プランの優越そのものにあるように思われる。

文帝の意気込みとは裏腹に、隋唐長安城の全体がいつ完成に至ったのか、その造営過程は明らかでない。文帝が新都に入城した開皇三年（五八三）には、宮殿だけは整えられたかもしれない。しかし遷都の詔の翌月、城郭の範囲にある墳墓の改葬が命ぜられたように（『冊府元亀』巻一三）、造営工事はまず予定地の整地から始まったのであり、羅城や城門、坊里の区画まで完成させるのは容易ではなかっただろう。羅城の造営については、煬帝の大業九年（六一三）に十万人を動員した築城工事が行われたこと（『冊府元亀』巻一三）、下って唐の高宗の永徽五年（六五四）に羅城と九つの城門が建設されたこと（『旧唐書』巻四高宗紀上）が知られるばかりである。

文帝の遷都から煬帝の築城まで三十年、唐の高宗までは実に七十年。この長い期間には、戦乱と王朝交替による混乱が含まれるだけでなく、現場では新造と補修のいたちごっこも始まる。隋唐長安城がいつ完成したのかは、何をもって完成と見なすかによって判断が分かれよう。いずれにせよ文帝の壮大な都城プランは、全貌を現すのに唐代までかかったとしても、計画倒れに終わらなかったことだけは間違いない。

ところで唐の龍朔二年（六六二）、長安城の東北城外、禁苑内の離宮である大明宮を改造して蓬萊宮が築かれ、病弱な高宗が居を移した（『旧唐書』巻四高宗紀上）。宮城内の湿気を避けたのだといわれる。この宮殿は後に「大明宮」の名に戻され、高宗以後歴代皇帝の居所となった。この事実は長安城の宮城が宮殿の建設地として、結果的に必ずしも最上ではなかったことを物語る。一番よい場所に宮殿を築くのが都城建設の鉄則である。隋唐長安城の平面プランの優越が、肝心な宮殿の立地条件を制約したとまで考えるのは酷だろう。いかに周到な計画がなされたとしても、都城はいつまでも造ったままの状態ではあり得ない。隋唐長安城の都としての位置づけも、時期によって同一ではなかった。

3　長安と洛陽

北周末年の大象元年（五七九）、宣帝は詔を下し、洛陽に「東京」を置いた。太祖宇文泰が「命を酆鎬に受け」、武帝が洛陽を拠点として北朝を再統一したことを受けて、旧都を修復することが命ぜられている（『周書』巻七宣帝紀）。翌年に宣帝が死去すると洛陽の造営は停止され、隋の文帝は即位早々に「東京官」を廃止した（『隋書』巻一高祖紀上）。新都大興城は、唯一の都として造営されたことになる。

しかし煬帝は即位と同時に洛陽の造営に取りかかった。文帝の死とともに挙兵した漢王諒の反乱を平定し、洛陽を中心とした防衛線を強化した矢先のことである。

いま漢王諒悖逆し、毒は山東を被い、遂に州県をして或いは非所に淪ましむ。此れ関河懸遠にして、兵急に赴かざるに由る。しかのみならず并州より戸を移して復た河南に在り。周の殷人を遷すこと、意は此れに在り。いわんや復た南服遐遠にして、東夏殷大なり。機に因りて動に順うこと、今やその時なり。（『隋書』巻三煬帝紀）

煬帝は、関中の大興城から出兵したのでは東方の急事に間に合わぬとしただけでなく、武王の死後に殷の余民を平定して洛邑を築いた周公に、自らを重ねている。

周知のように隋唐の洛陽は、洛河を挟んで南北に展開するユニークな形状を持っていた。洛河を天の川に、その北に設けられた宮殿を星辰に見立てる平面プランは、大興城とは全く異なる。しかし洛陽は大地の中央として周公が都を営んだ場所であり、そこが天文と地理を重ね合わせたプランを持つのは自然なことであった。洛陽は天人相関する神聖な都である。大興城と洛陽の造営が、ともに宇文愷によって進められながら、大興城は『周礼』に敬意を表し、洛陽のデザインは『周礼』離れしている。都城のデザインは決して『周礼』だけに束縛されるわけではなかった。

この後、唐の高祖は武徳四年（六二一）に東都を廃止し（『新唐書』巻三八地理志二）、長安を唯一の都としたが、顕慶二年（六五七）には洛陽に再び東都が置かれている（『旧唐書』巻四高宗紀上）。高宗が「両都はこれ朕が東西二宅」（『冊府元亀』巻一四、顕慶五年詔）と呼んだように、煬帝以後の洛陽は、大運河建設によって経済的にも繁栄し、単なる古都以上の都市として、長安とともに重んぜられた。

このように、長安に都した北周・隋・唐は、皇帝が二代め、三代めになると洛陽に東都を置くというパターンを繰り返している。この文脈では、前述の北周宣帝の詔勅にも明らかなように、西方の長安は西周の故地である酆鎬になぞらえられることになる。翻って考えれば、隋の大興城は文帝の受命を契機として造営されたが、その時点ではまだ南朝の陳が存続しており、南北統一は実現していない。これはちょうど、周の武王が天命を受けながら、まだ殷を倒すに至らない時期に築いた鎬京に重なりあう。「命を酆鎬に受け」て新王朝を樹立したこの三朝は、次の段階として周公の洛邑造営をなぞり返すことによって、聖なる周王朝を再演したことになる。国号を「周」とし、『周礼』に基づく官制を布いた北周以来の政治理念が(11)、都の配置としてダイナミックに表現されるのである。則天武后が「神都」洛陽に「周」王朝を開いたのは、その一つの帰結だったともいえる。

武后とその後の混乱を収拾して即位した玄宗は、開元五年（七一七）、東西両都に加えて、高祖の挙兵の地である太原を「北都」とした[12]。殷の湯王が亳に、周が岐山の南に起こった故事を踏まえ、堯が丹陵を、後漢が南陽を顕彰した前例にならうのだとしている（『冊府元亀』巻一四）。父祖の功業を顕彰する北都の設置によって、唐のルーツと復興を示したものといえよう。天宝元年（七四二）には官制の大規模な名称変更が行われ、長安は「西京」、洛陽は「東京」、太原は「北京」となっている。

安史の乱で長安は反乱軍に占領され、玄宗は蜀の成都に逃れて退位、粛宗が即位して鳳翔に落ち着いた。洛陽や長安を奪回した至徳二載（七五七）、粛宗は成都を「南京」、鳳翔を「西京」として、長安を「中京」と改め、東京洛陽と北京太原を合わせて五京とした。後に上元元年（七六〇）には、長安を上都、洛陽を東都、鳳翔を西都、江陵を南都、太原を北都に変更している（以上『旧唐書』巻一〇粛宗紀、『冊府元亀』巻一四）。長安を東西南北の四つの都が護るという形は、戦時体制の都への移行といえよう。この措置は一、二年で終わったとはいえ、都がもはや周公の模倣や、唐のルーツのモニュメントではあり続けられなくなったことを示している。

隋唐長安城は確かに巨大であり、また宗廟と社稷を祭る王朝の中心には違いない。しかし長安だけを特別扱いして、洛陽などは「両都制」や「複都制」といった用語で覆い、のっぺりとした「中国古来の伝統」に解消してしまうとしたら、この時代特有の面白さを見失うことになるだろう。隋唐長安城が周公以来の歴史的空間秩序を表す都であるとすれば、洛陽もまた、周公の定めた大地の中心で天人相関の世界観を表す都である。長安が本質的に北朝の都であるのに対して、洛陽は南北統一後のより新しい都である。前述のような洛陽の「周礼離れ」には、南朝の文化に憧れたという煬帝を通じて、北中国とは全く異質な南朝の都建康のスタイル[13]がどこかで作用していないか、考えてみるのも無駄ではあるまい。長安と洛陽、相次いで造営された二つの都城は互いに違う方を向きながら、背中合わせの一対として、この時代特有の都城を体現している。そしてこの二つの都城を中核とする三都や五都の制度は、唐王朝のアイデンティティの変化を如実に物語っている。

さて、このように隋唐長安城を少し相対化して見た場合、日本を含む東アジア地域の都城はどのように見えてくるだろうか。最後に東アジアへの展望を探ってみよう。

三　東アジアの都城をめぐって

1　渤海の「都城」

中国の周辺地域に位置する諸国の王都のうち古い事例は漢代に遡り、福建崇安県で発掘された、前漢前期の閩越または東越の王城と考えられる遺跡が知られているが、孤立的な例とするほかはない[14]。中国の隋唐時代にあたる時期の王都のうち、日本の事例は本書の他の諸論文に詳しく論ぜられている。ここでは最近明らかになった渤海の都城を紹介しつつ、東アジアの都城の性格を考えてみたい。

吉林省延辺朝鮮族自治州和竜市に、「西古城」と呼ばれる渤海国時代の城郭遺跡がある。日中戦争中に日本の研究者による調査が行われ、渤海国の最初の都城である「中京顕徳府」に比定された。近年小嶋芳孝氏によって、一九四〇年に撮影された航空写真に新旧の調査データを重ね合わせた研究が公表され[15]、次のような概要が明らかになっている。二重の城壁を持つこの城郭は、現在中国と北朝鮮の国境となっている図們江に注ぐ海蘭河の形成した盆地に立地し、外城の外側に方格地割の痕跡が検出されるほか、やや離れた複数の場所に貴人の墓域、またこの城郭を防衛する機能を持った山城の跡も確認されている。城郭の内部では、内城に囲まれた宮殿址のほか、内城と外城の間にいくつかの方形の区画があったこと、内城の南側を東西に貫流する自然河川を利用した苑池が設けられていたことがわかっている（図1）。

二〇〇〇年から二〇〇五年にかけて、吉林省文物考古研究所などによって西古城の発掘が行われ、外城の南門、内城壁と五基の宮殿建築址の発掘報告が公刊された(16)。外城は、東西約六三〇メートル、南北約七三〇メートルの長方形で、南北の中軸線はやや西に傾く。南辺・北辺の中央、西辺の南寄りに各一門、東辺に二門が設けられている。内城は東西約一八七メートル、南北約三一〇メートル、北寄りに隔壁を設け、南辺はやや北側に凹んでいる。隔壁の北の区画は内廷、南の区画は外朝にあたると考えられる。五つの宮殿建築は南北の中軸線上に並び、左右対称に配置されている。出土した瓦類には緑釉を施したものがかなりあり、贅を尽くしたカラフルな建物であったことが推測される。

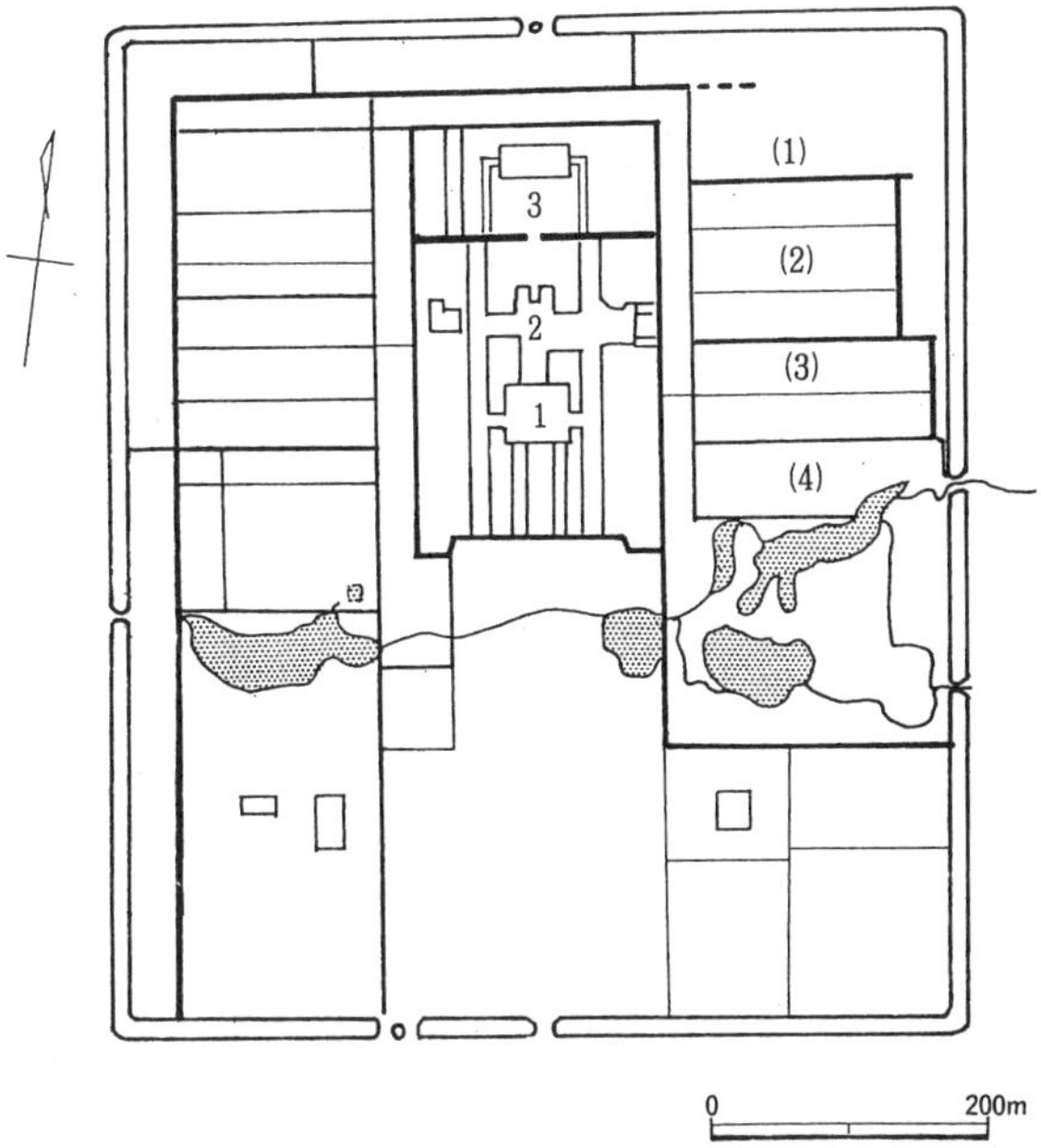

図1　西古城の構造推定図

このような城郭と宮殿の平面プランは、多くの点で他の渤海国の城郭、例えば東京龍原府に比定される八連城や、上京龍泉府に比定される東京城と共通している。この城郭が渤海の五京の一つである中京顕徳府にあたることは、ほぼ確実である。中京顕徳府は唐の天宝年間（七四二～七五六）に渤海国の都が置かれたとされ、五京のうちで最初に造営された都であると考えられる（『新唐書』巻二一九北狄渤海伝、同巻四三地理志七下）。

これら渤海の都城に共通する特色として、外城がやや縦長の長方形を呈すること、内城が北寄りに位置するが外城には接していないこと、中軸線を基準に左右対称をなす建築配置といった点をあげることができる。このような平面プランは、整った方形の城郭の北寄りに宮殿区画を設ける点で、明らかに隋唐長安城の影響下にある。また内城の北端が外城に接していない点は、『周礼』的ともいえるかもしれない。

さらに西古城の独自の特色として、次の二点を加えることができる。まず、発掘報告にも述べられるように、内城の南辺の中央部の門（いわば朱雀門にあたる）が、外城の対角線の交点、すなわち城郭全体の中心点に位置すること。この城郭は南北の中軸線を挟んで左右対称であるだけでなく、全体の中心も意識されたプランを持っていたことになる。このように整ったデザインは、中国の都城にも見られない。第二点は、城内を東西に貫く水流を利用した苑池の存在。これに近い事例を中国の都城に求めるとすれば、洛河が東西に貫流する洛陽を思い浮かべるほかはないだろう。

渤海の中京顕徳府は規模こそ大きくないとしても、このように中国の都城のさまざまな要素を整然とセットして、中国にも見られないほど凝りに凝った平面プランを持っていた。このことは、中国周辺地域の諸国の都が、長安のミニチュアでもなければ、見よう見まねで体裁を整えたものでもなかったことを物語っている。

2　東アジアの「都城」と隋唐長安城

『漢書』巻二四食貨志上は、いにしえの聖王が民を治める手段として、「城郭を築きて以てこれを居らしめ、廬井を制して以てこれを均しうし、市肆を開きて以てこれを通ぜしめ、庠序を設けて以てこれを教えしむ」と述べる。城郭を築いて秩序ある社会生活を営むことは、井田制の時代から続く中国文明の証と考えられていた。匈奴が「水草を逐いて遷徙し、城郭常居耕田の業なし」（『史記』巻一一〇匈奴列伝）と記されるように、農耕を営み、城郭に定住しているか否かは、中国が周辺諸民族の社会を見る重要な規準であった。これは唐代においても同様である。例えば同じ靺鞨系の民族でも、渤海国については「城郭を築いて居る」、黒水靺鞨については「居るに室廬なし」と書き分けられている（『新唐書』巻二一九北狄伝）。

しかし中国歴代の歴史記述は、周辺諸国の王都については、その詳細をほとんど記していない。これは無理からぬことである。そもそも中国の都城は中華の天子の都だけを指す以上、周辺諸国の都を特別に扱う理由がない。特に唐代においては、冊封を受けた朝貢国の王都は、辺境地帯に多数存在した羈縻州と同列に扱われるのが建前である。州クラスの地方都市のプランに、いちいち目くじらを立てるまでもない。

その点から考えれば、「渤海の都城」や「日本の都城」とは本来、それぞれの国内においてのみ意味をなす。冊封された称号の序列や朝貢の義務に代表される、唐を中心とした国際秩序の中では、各国の「都城」の存在をアピールすることが原理的にできない。したがって周辺諸国が中国風の「都城」を造ったことを、単純に東アジア世界の国際性の表れとすることはできない。形容矛盾的だが、それは国それぞれの内向きのベクトルにおける「国際性」なのである。しかしその限りにおいて、各国の「都城」は中国の都城を自在に採り入れることができたともいえる。

例えば前節で紹介した渤海の中京顕徳府は、規模こそ大きくないが、長安、洛陽、周礼まで消化して設計された、都城のテーマパークのようなデザインを持っている。諸生を長安の太学に派遣して「古今の制度を習識」させた「海東の盛国」（『新唐書』巻二一九北狄伝）の思い切りのよさであろうか。しかしその前提として、王宮を開けた平坦地に設けるという、軍事的なリスクを冒すことのできる政治的な安定、官僚機構による財貨と労働力の集中、その頂点として、臣下との間に絶対的な差を持った王の権威が存在しなければならない。

「都城」の造営は、何よりも国家形成が成熟の段階に達したことの証である。要害の地に築いた堅固な城塞に籠もっているようでは、王様として本物ではない。超大国である唐の政治文化を自在に採り入れた都は、力ずくの軍事的支配ではなく、自国の王の権威と徳による政治秩序を見せつけている。単なる長安のまねではなく、いわば自国用に「編集された中国」を通じて、王道を示しているのである。

では、日本の都城はどのように「編集」されているだろうか。中国と比較して、日本の都城の最大の特色は、方形の空間に碁盤の目に区切られた条坊を設けながら、外城郭を持たないことである。さらに、唐の律令制度に基づきながら、州県の地方行政制度は採り入れていない。その結果として日本の都城は、城郭がないのに坊制が布かれ、かつその行政を担当する県の制度は存在しないという、不思議な都となっている(17)。

しかし宮城部分については、君主の生活の場と政務や儀礼の場とが区別されるだけでなく、各種の政庁が集中する点で、隋唐長安城の宮城・皇城の機能を見習っているともいえる。政治的中枢が宮殿を中心に集約されることは、隋唐長安城の画期的新機軸であった。この点では、日本の宮城が都城の北辺に接するか、真ん中に位置するかはあまり重要ではない。前者のよりどころを長安に、後者のよりどころを『周礼』に求めることもできようが、それよりもいかに都合よく見習ったかを問うことの方が有効である。

では国家の政治的中枢が集約された場所と、条坊という都市的空間装置で構成された都城は、いかなる意味を持つだろうか。少なくとも平城京について言えることが二、三ある。方形の空間秩序を自明のものとして、その中で育まれてきた中国とは異なり、日本ではこのような都城の空間に住み着くこと自体、全く新しい社会的集住の形態であった。さまざまな身分の人間が、飛鳥の谷や古墳から離れて、開けた平野部に新しく築かれた「平らな城」に集住することは、律令制下の秩序ある官僚と臣民という新たな生活様式を獲得していくことを意味する。カタチこそが中身である。

飛鳥から藤原京、さらに平城京への遷都は、意識的に新たな時代を演出する「カタチ」の優越として、隋の文帝の新都「創造」と響き合っている。偶然かもしれないが、日本の平城遷都の詔が、文帝の詔勅の文言をばらばらにして再編集したものだったことが、とても興味深く思われる。

おわりに

最後に本稿の論点をまとめておこう。

中国の都城は、県の制度を基盤として成り立つ。県は地方行政の末端であるとともに城郭都市の制度でもあり、城郭内の里などを区画するだけでなく、城外の農地を頃畝の地割に基づく道路で区画する、方形の空間秩序を形成していた。都城はこの基盤の上に立ち、特殊な城郭や宮殿などを備えた別格の県という性格を持つ。このような空間秩序は実際には戦国から秦漢時代、郡県制の形成とともに整えられたが、これに先行して井田と封建の聖制に基づく原初的な空間秩序が存在したと信じられた。

前漢末に登場した『周礼』考工記に見える聖王の都城は、この空間秩序の中心に位置づけられ、「方九里」「九経九緯」など、いくつかの形態的特徴が記される。これらは都城の古典的規範となったが、厳守すべき要件ではなく、「奥ゆかしさ」の範疇における主要コンセプトとして参照された。隋唐長安城はその端的な例である。隋の文帝は、天命による隋王朝の樹立を新時代の始まりとすべく、既存の城郭や宮殿を利用することなく、白紙状態から新都を「創造」することを企てた。巨大な方形の城郭を整然と区画し、宮殿の南に官庁が集中する皇城を設けた大興城のデザインは、斬新であるとともに古典的規範にも敬意が払われた、新たな儒教的都城となった。

北朝末から隋唐時代は、長安を中心としながら、洛陽なども含めた都全体の意味づけがたいへん重んぜられた時代である。東都洛陽は、西周の建国を再演することによって、聖なる王朝として自らを権威づける意味を持った。また唐のルーツを示す北都太原が加えられて、則天武后の時代が乗り越えられる。さらに安史の乱に始まる危機の中で案出された五京と五都は、皇帝が都を捨てて逃げ出すという不面目な事態さえ、新たな都の配置の中に吸収されたことを示す。この時代、中国の都はまさに王朝のアイデンティティが表明される媒体であり、そのためには長安だけでは足りなかったのである。

巨大な都の建設や配置に国家的アイデンティティを表現する、中国のこのような動きは、日本や渤海においても政治的インパクトをもって受け止められ、七世紀末から九世紀の前半まで、各国で都城造営が進められた。しかし各国の都城プランは長安城の単純な模倣ではなく、中国の政治文化が選択的に翻訳、編集された、国内的な意味における王道の表現であったことを重視すべきである。中国の隋唐を中心として、東アジアに広がった都城の造営という政治活動は、中国における数百年ぶりの巨大な統一国家誕生と、それによって加速された周辺地域における古代国家の完成との、それぞれの波動が起こした共振現象だったと考えられる。

註

（1）上田正昭編『都城』（日本古代文化の探求一〇、社会思想社、一九七六年）参照。

（2）斯波義信「社会と経済の環境」（橋本萬太郎編『漢民族と中国社会』民族の世界史五、山川出版社、一九八三年）参照。

（3）宮崎市定「中国における聚落形体の変遷について——邑・国と郷・亭と村とに対する考察——」（『大谷史学』六、一九五七年。『アジア史論考』中巻所収）参照。

（4）佐原康夫「春秋戦国時代の城郭について」（同『漢代都市機構の研究』汲古書院、二〇〇二年）参照。

（5）古代中国の田制に関する最新の研究として、佐竹靖彦『中国古代の田制と邑制』（岩波書店、二〇〇六年）参照。

（6）『周礼』考工記の解釈とその位置づけについては、佐原康夫「周礼と洛陽」（奈良女子大学21世紀ＣＯＥプログラム編『古代都市とその形制』同ＣＯＥプログラム報告集14、二〇〇七年）参照。

（7）『詩経』鄘風、定之方中「定之方中、作于楚宮、揆之以日、作于楚室、樹之榛栗椅桐梓漆、爰伐琴瑟、升彼虚矣、以望楚矣、望楚与堂、景山与京、降観于桑、卜云其吉、終然允臧」疏「正義曰、此追本欲遷之由言、文公将徙、先升彼漕邑之墟矣、以望楚丘之地矣、又望其傍堂邑、及景山与京丘、言其有山林之饒、高丘之阻、可以居處、又下漕墟而往觀於其處之桑、既形勢得宜蚕桑、又茂美可以居民矣、人事既従、乃命亀卜之、云従其吉矣、終然信善、非直当今而巳、乃由地勢美、而卜又吉、故文公徙居楚丘而建国焉。」

(8) 註(6)参照。

(9) 京都文化博物館編『長安――絢爛たる唐の都』(角川選書二六九、角川書店、一九九六年)、妹尾達彦『長安の都市計画』(講談社選書メチエ二二三、講談社、二〇〇一年)参照。

(10) 石刻「長安城図」呂大防題記。ただし原石、拓本とも伝存しない。引用した部分は『類編長安志』巻二、城制度に見える。題記の全体については、平岡武夫編『唐代の長安と洛陽　地図篇』(京都大学人文科学研究所、唐代研究のしおり七、一九五六年)、および本書の妹尾達彦論文に復元されている。

(11) 北周のいわゆる周礼的官制については、王仲犖『北周六典』上下(中華書局、一九七九年)にまとめられている。

(12) 『新唐書』巻三九地理志三によれば、北都は則天武后の天授元年(六九〇)に置かれ、武后の死後神龍元年(七〇五)に廃止されて、玄宗時代に至っている。武后の意図は明らかでないが、玄宗の北都設置は単なる旧制の復活ではなく、新たな意味づけを伴うものだったと考えてよい。

(13) 中村圭爾『六朝江南地域史研究』(汲古書院、二〇〇六年)参照。

(14) 佐原康夫「中国辺境領域における国家形成――「百越」を中心に――」(奈良女子大学21世紀COEプログラム編『古代日本と東アジア世界』同COEプログラム報告集6、二〇〇五年)参照。

(15) 小嶋芳孝「中国吉林省和竜県西古城周辺の航空写真」(『古代学研究』一三八、一九九七年)参照。本稿図1もこの論文から転載した。

(16) 吉林省文物考古研究所ほか『西古城――二〇〇〇～二〇〇五年度渤海国中京顕徳府故址田野考古報告』(文物出版社、二〇〇七年)。

(17) 平城京の都市行政については、本書の舘野和己論文参照。

中国古代都城の形態と機能

齊　東方

序

現代における都城の定義は、一つの国家の政治・経済・文化の中心という性質を有する都市、である。古代中国の人々の解釈は少し異なっていた。甲骨文字の中には「城」の字はない。「城」の意味に相当する字は「邑」「郭」の二字であり（図1）、基本の意味は人の居る場所である。[1] 甲骨文字には「都」の字もない。「城」「都」の二字が最も早く見えるのは西周の金文である（図2）。小篆に至り字体は規範化されはじめた（図3）。中国の最も早い字書の一つである『説文解字』には、「城は以て民を盛るなり」とある。『墨子』七患には「城は自ら守る所以なり」とある。『春秋』荘公二十八年に「冬、郿《び》に築く」とあり、『左傳』はこれについて「『郿に築く』とするは都に非ざるためなり。凡そ邑の宗廟先君の主有るを都と曰い、無きを

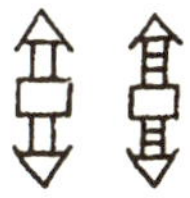

図1　甲骨文の「郭」

図2　西周の金文文字

図3　小篆の「城」と「都」

邑と曰う。邑は築くと曰い、都は城《きず》くと曰う。」と注している。(2)

古文字と早期の文献が、「城」字を解釈する時に強調しているのは人口の集中と軍事の防禦である。「都」は「城」と同じであり、君主の居住する場所を指すに過ぎない。防禦を重視するため、城はふつうは囲いの壁を有する。(3) 中国古代都市の発展は大体は四つの段階に分けられる。先秦・秦漢・魏晋南北朝隋唐・宋元明清の四期である。(4) 都城には単城制から双城制、三城制へ演変現象が見られる。(5)

都城は、神のために建て、君主のために建て、統治者のために建てたものであり、そのため政治的な影響が最も大きく、軍事防禦がそれに次ぎ、商業交通は添え物にすぎない。(6) 宗教の中心という役割も突出してはいない。都城は政治統治と礼儀規範に深く関わり、また社会の発展に伴って変化する。このことが都城の配置構造上の特徴、機能上の改変を決定するのである。

一　早期の都城の変遷

早期の都城としては、新石器龍山時代の城が発見されており、また殷周以後の城の様相が比較的明確になっている。河南省偃師の二里頭遺跡は夏代の都城と認められており、宮殿と宗廟を主要部とし、南、北、東部をそれぞれ青銅鋳造工房区、製陶工房区、整骨工房区とし、西部を一般民の居住区としていた。工房区と居民区とでは未だ城壁は発見されていない（図４）。河南省偃師の商城は殷代の最も早い都城であり、初めて建てられた時には外郭城は比較的小さかったが、後に拡大された。宮城は外郭城の中部の南よりに位置し、外郭城内には居住民区と手工業区があった（図５）。東周の列国では宮城と外郭を組み合わせた都城を営むのが一般的であった（図６）。

前漢の都城長安の城域には未央宮、桂宮、北宮、明光宮、長楽宮などがあり、宮城は城域の三分の二を占めている。

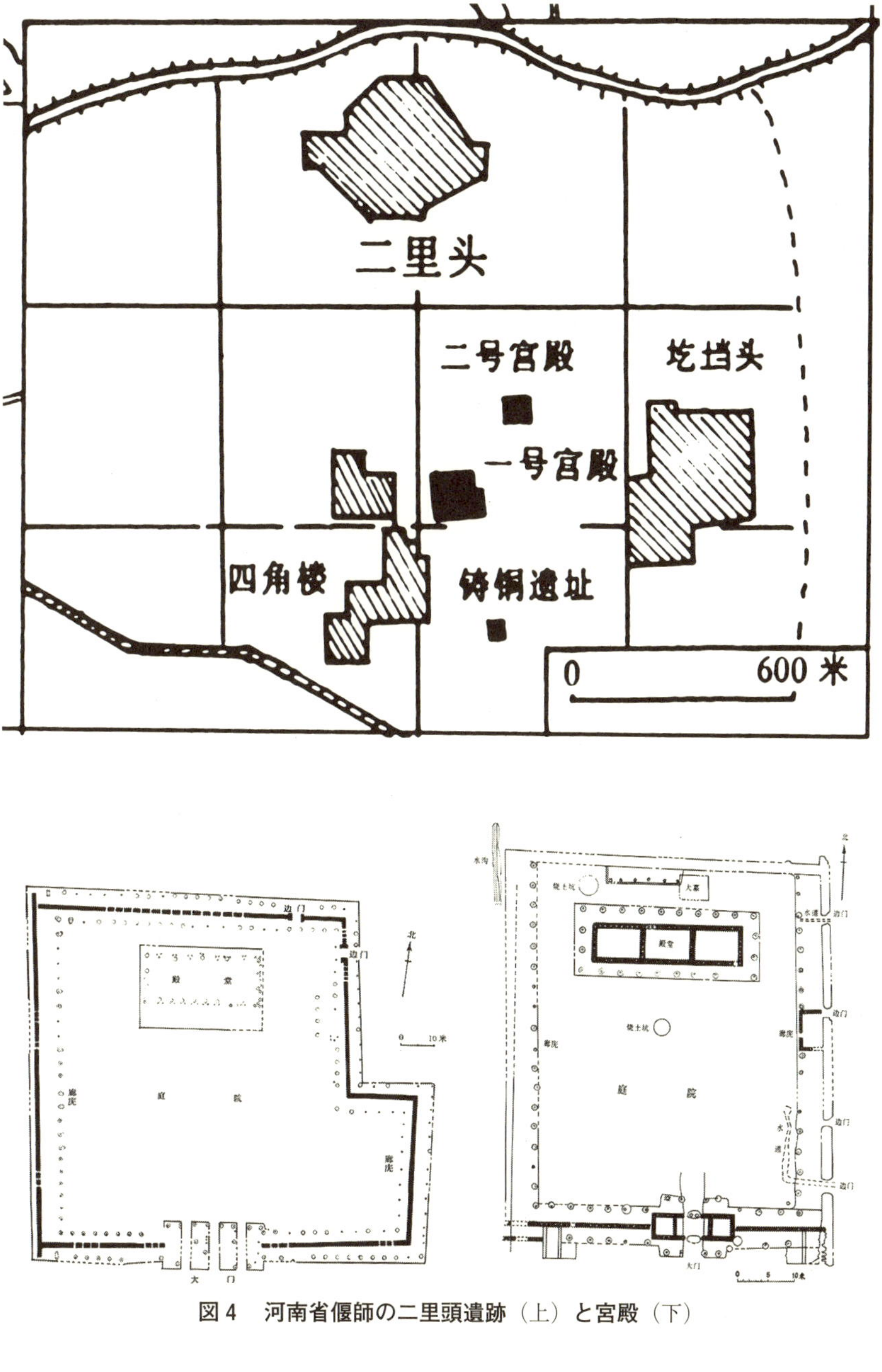

図４　河南省偃師の二里頭遺跡（上）と宮殿（下）

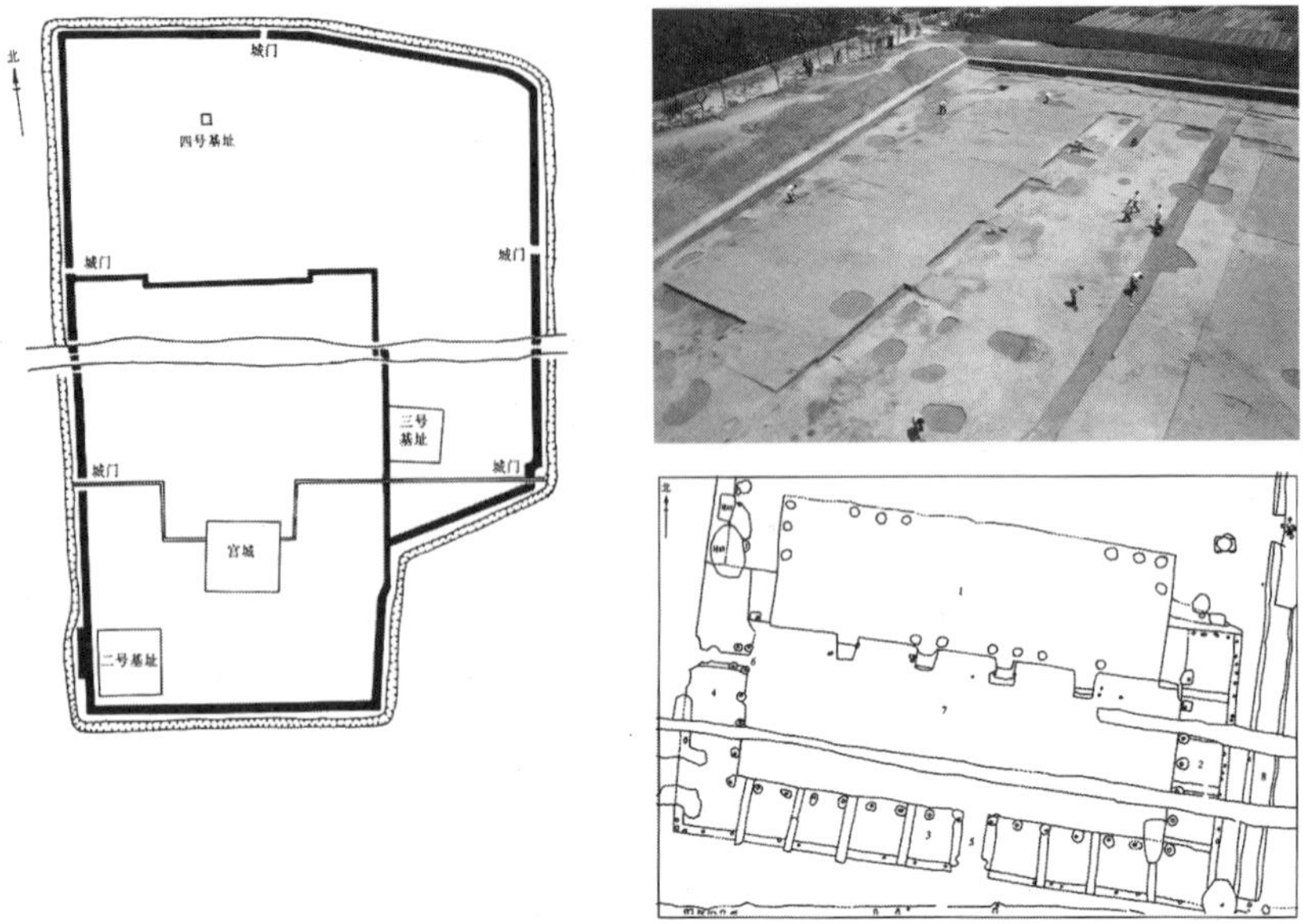

図５　河南省偃師商城の宮殿

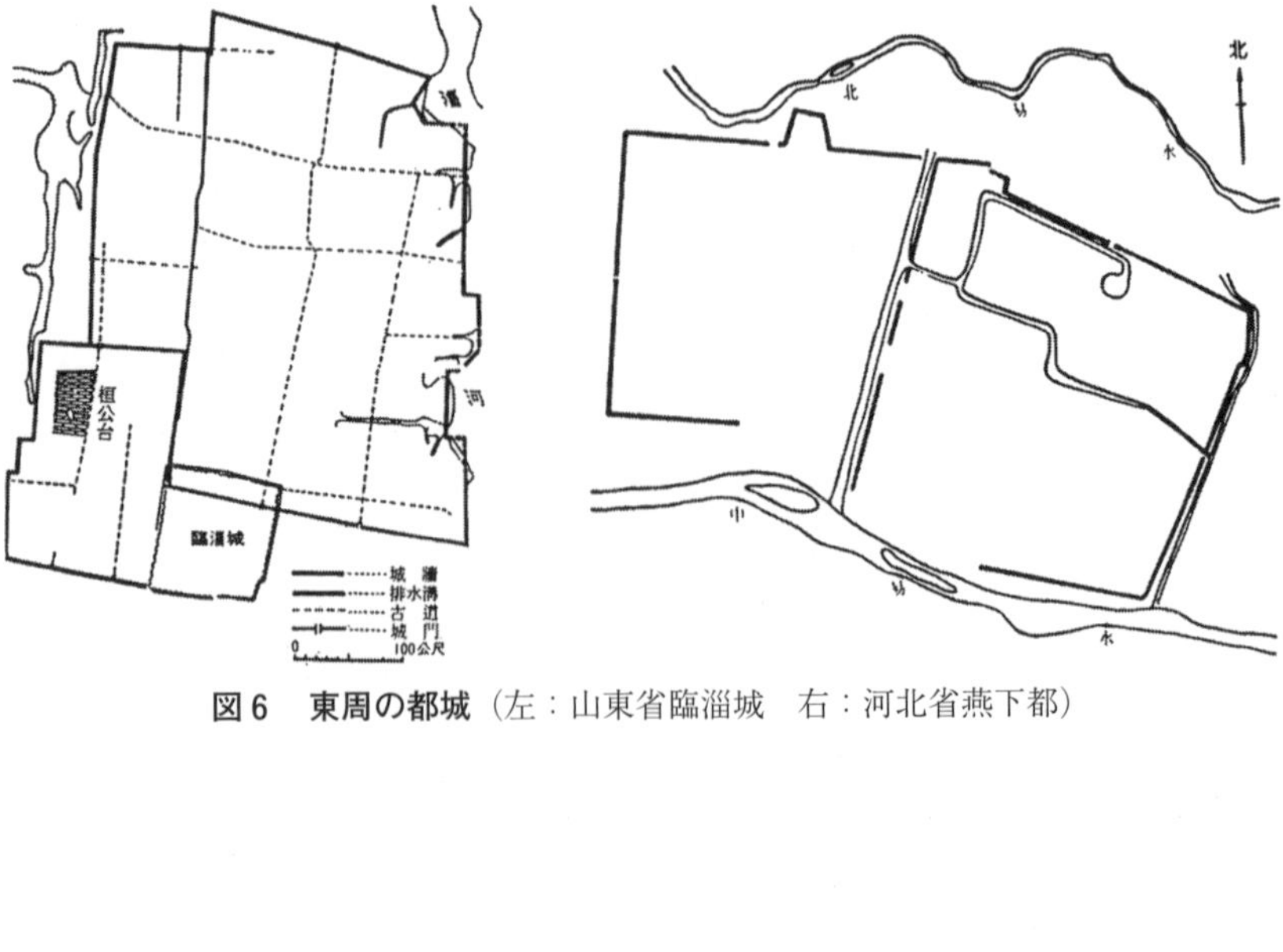

図６　東周の都城（左：山東省臨淄城　右：河北省燕下都）

文献の記載によれば、長安城には閭里が百六十あったが、(7)既に探査で判明している宣平門内の居住民区には、明らかにこれだけの数の閭里を収めきれない（図7）。また、後漢洛陽城の宮城は城域の二分の一を占めており、宮城が主となっていた（図8）。漢代には居住民・工業者・商業者を都城に住まわせるべくきちんと計画されていたが、普通の人々がどこに住んでいたか、その地域の形態がどうであったかは、未だはっきりしない。

河北省臨漳にある曹魏鄴北城の基本配置は、全城の中央に東西に走る大道（建春門から金明門まで）があり、城を二つの部分に分けていた。北半分は主に宮城、官庁、銅爵園などであり、南半分には一般の役所と居住民区が分布していた。(8)漢代の都城と比べると、鄴北城の宮殿区は全城域中に占める比率が減少しており、漢以来の宮殿区が分散した配置を改めている（図9）。宮城内の殿堂門址と南城の中陽門の間は一筋の大道となっており、全城の基軸線の意義を具えており、新しい都城配置のモデルを造りだしている。城内には明確に居住民区―「里」が計画的に作られている。「里」は鄴北城の重要な創出である。(9)しかし、「里」

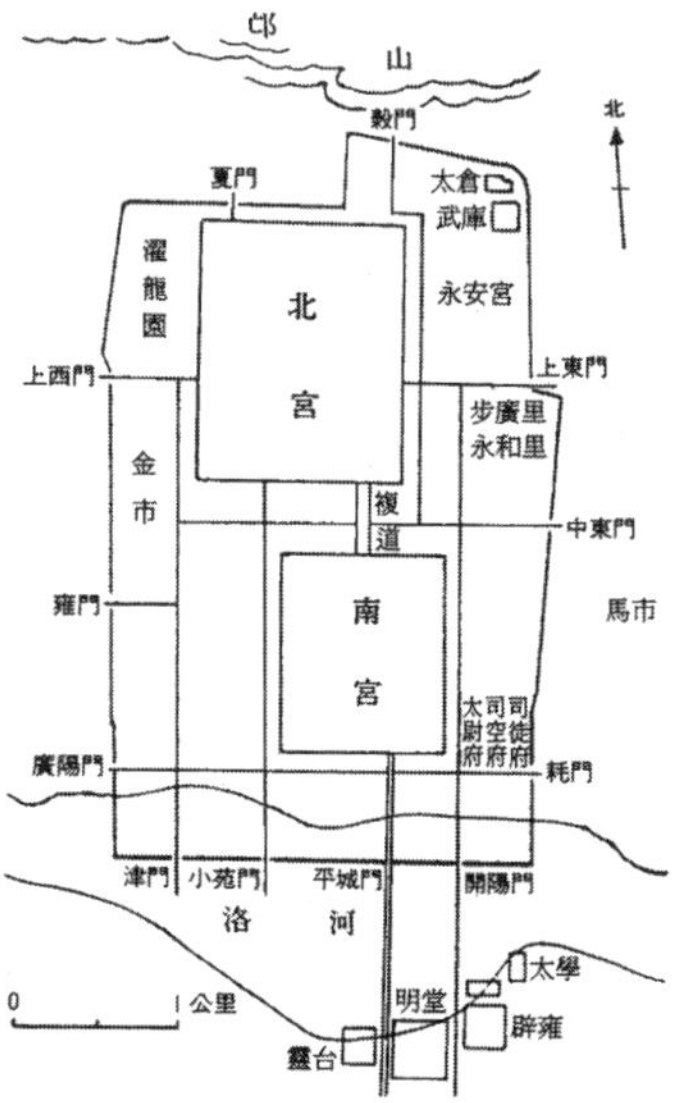

図8　後漢の洛陽城

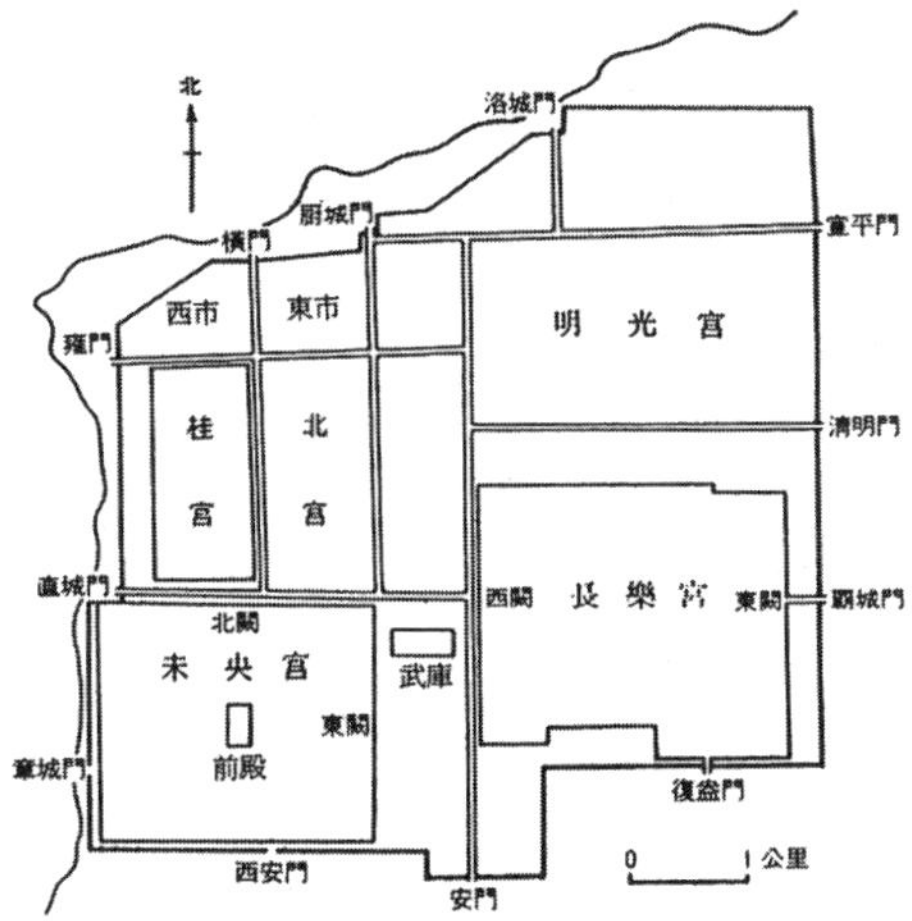

図7　前漢の長安城

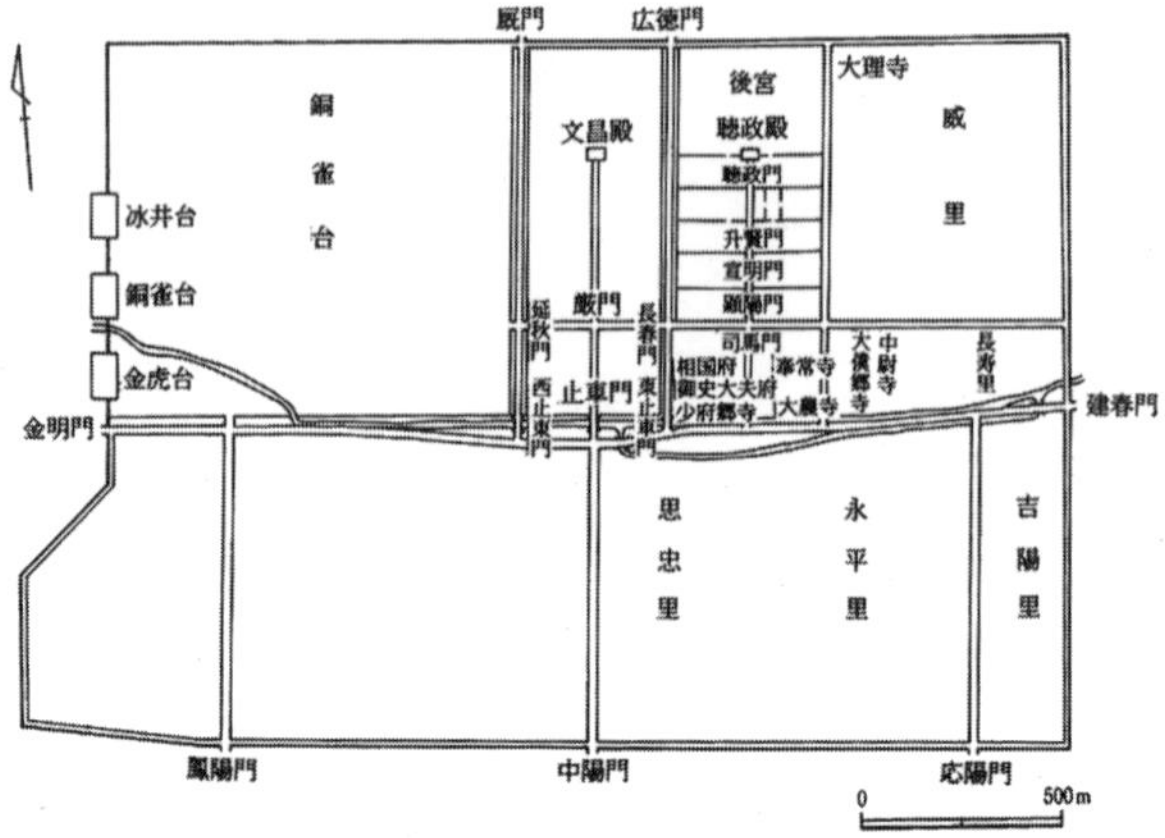

図９　曹魏の鄴北城

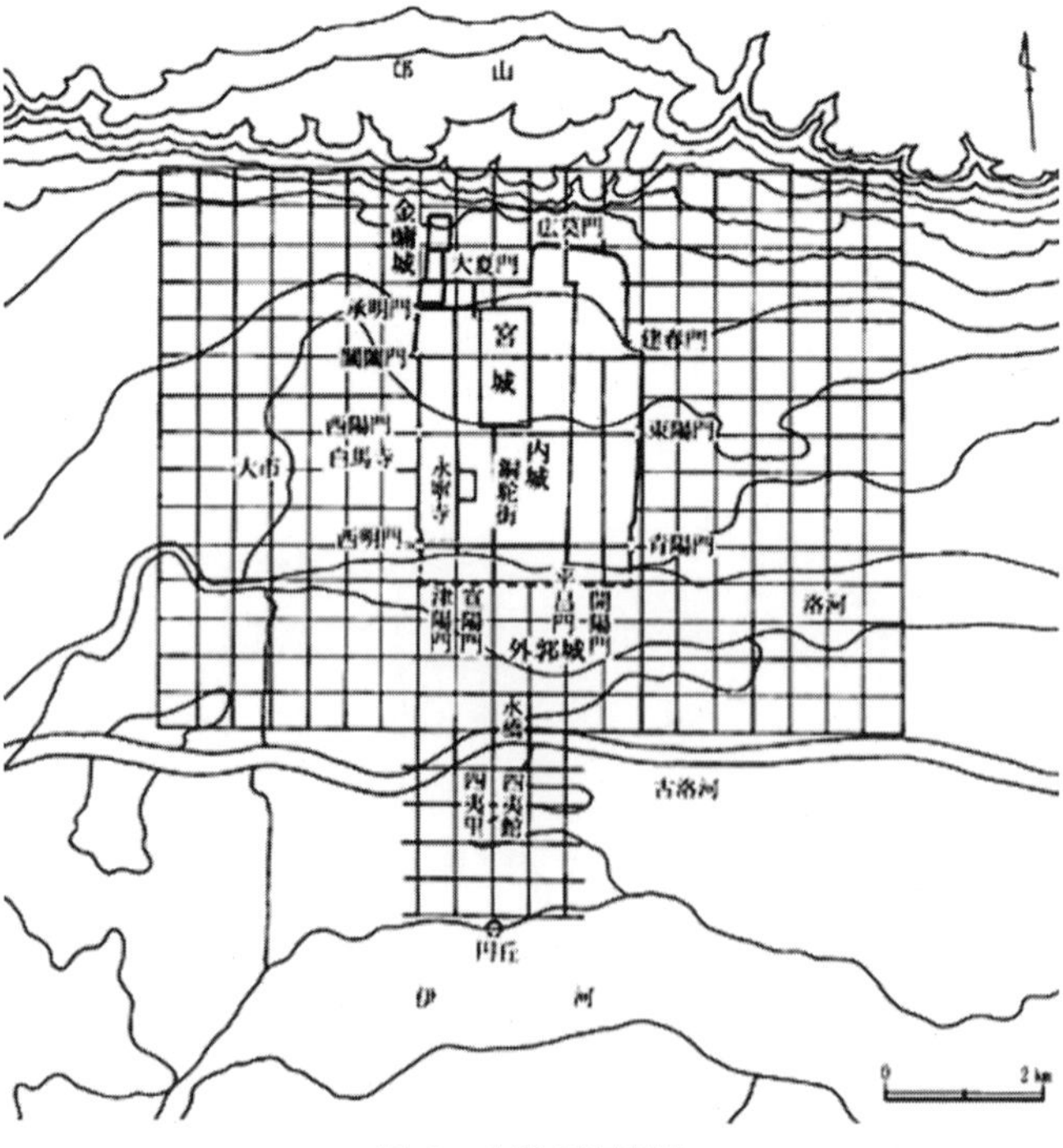

図10　北魏の洛陽城

が整然と画一的であったかどうかということと、その基本形態は知ることができない。

北魏洛陽城は空前の巨大な都城で、「京師は東西二十里、南北十五里」であった。宮城、内城、外郭城の三重の城壁からなり、広大な外郭城は居住民の居住した里坊区であった[10]（図10）。里坊そのものの構造と基本形態は、まっすぐな大道により、方形に近い区域に区画されており、それぞれの区域は約一平方里であり、四周には墻をめぐらし、内に十字街を設け、四面に門が開かれ、内部には専門の行政管理官がいた[11]。里坊は、整然と画一的に置かれ、それぞれが単位となって管理され、居住民は等級により分化されていた、と概括できよう。

北魏洛陽城の都市規画は、東魏・北齊の鄴南城（図11）を経て、後の隋・唐の都市に全面的に受け継がれていく。

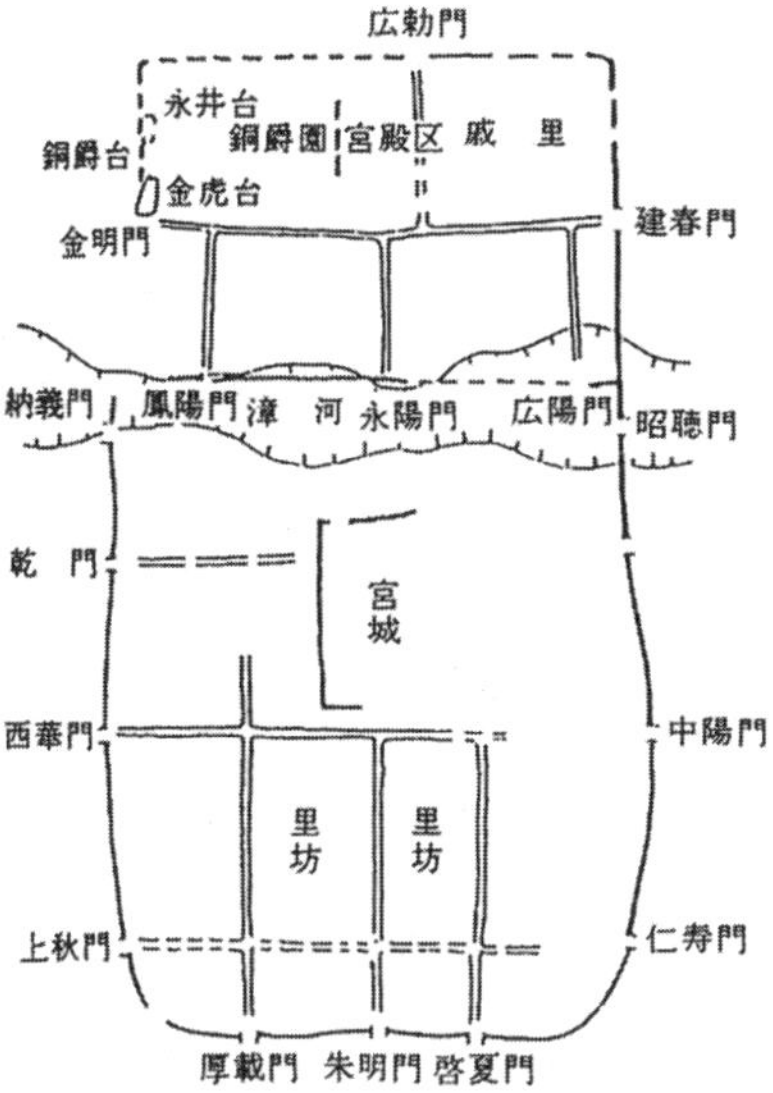

図11　東魏北齊の鄴南城

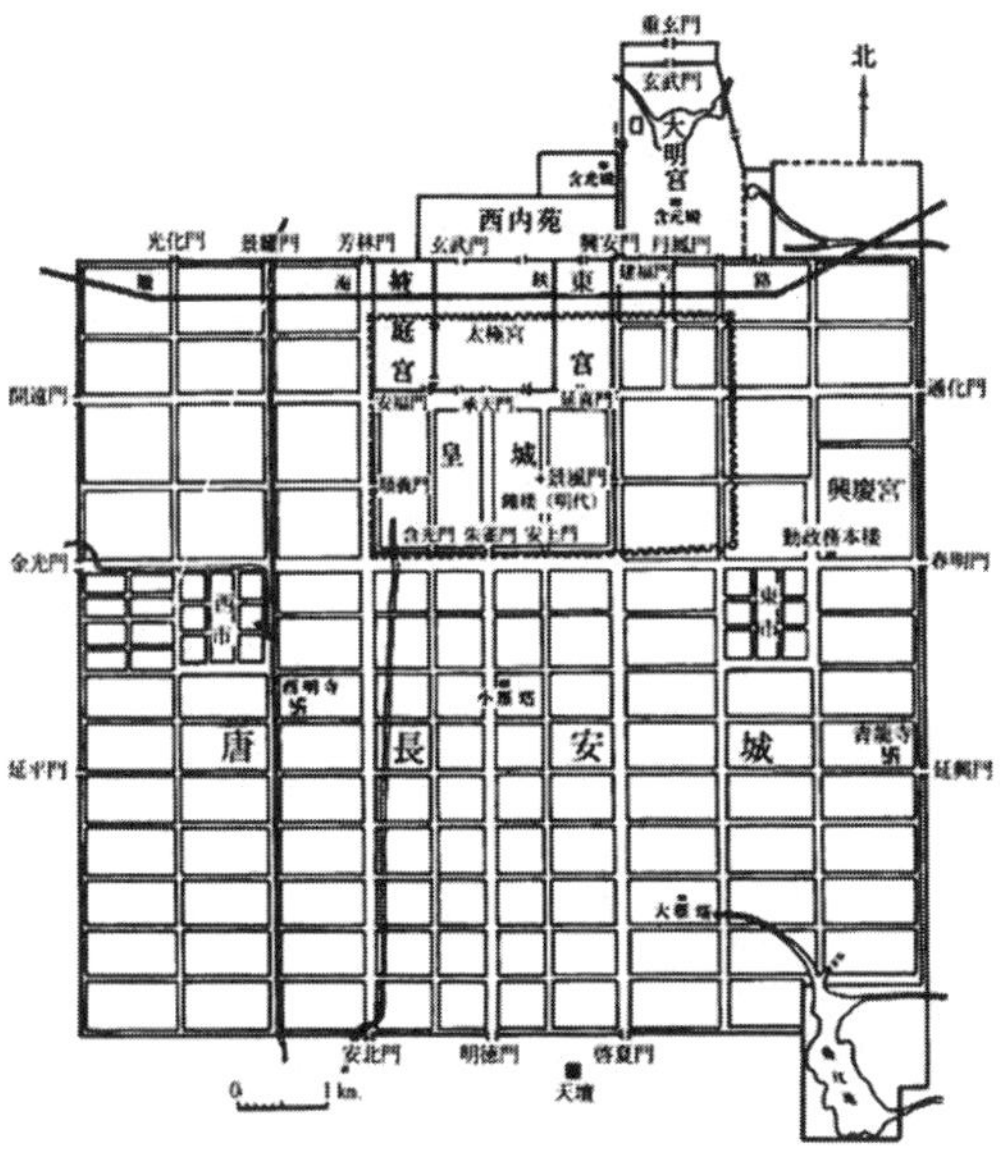

図12　隋唐の長安城

隋唐の長安城の宮城・皇城は北部の中央に置かれ、里坊は宮城・皇城の東・西・南三面の外郭城に設けられ、その面積は全城域の八分の七を占める（図12）。長安に次ぐ唐の東都洛陽は、里坊制度は同じであり、里坊の面積が少し小さいにすぎない（図13）。

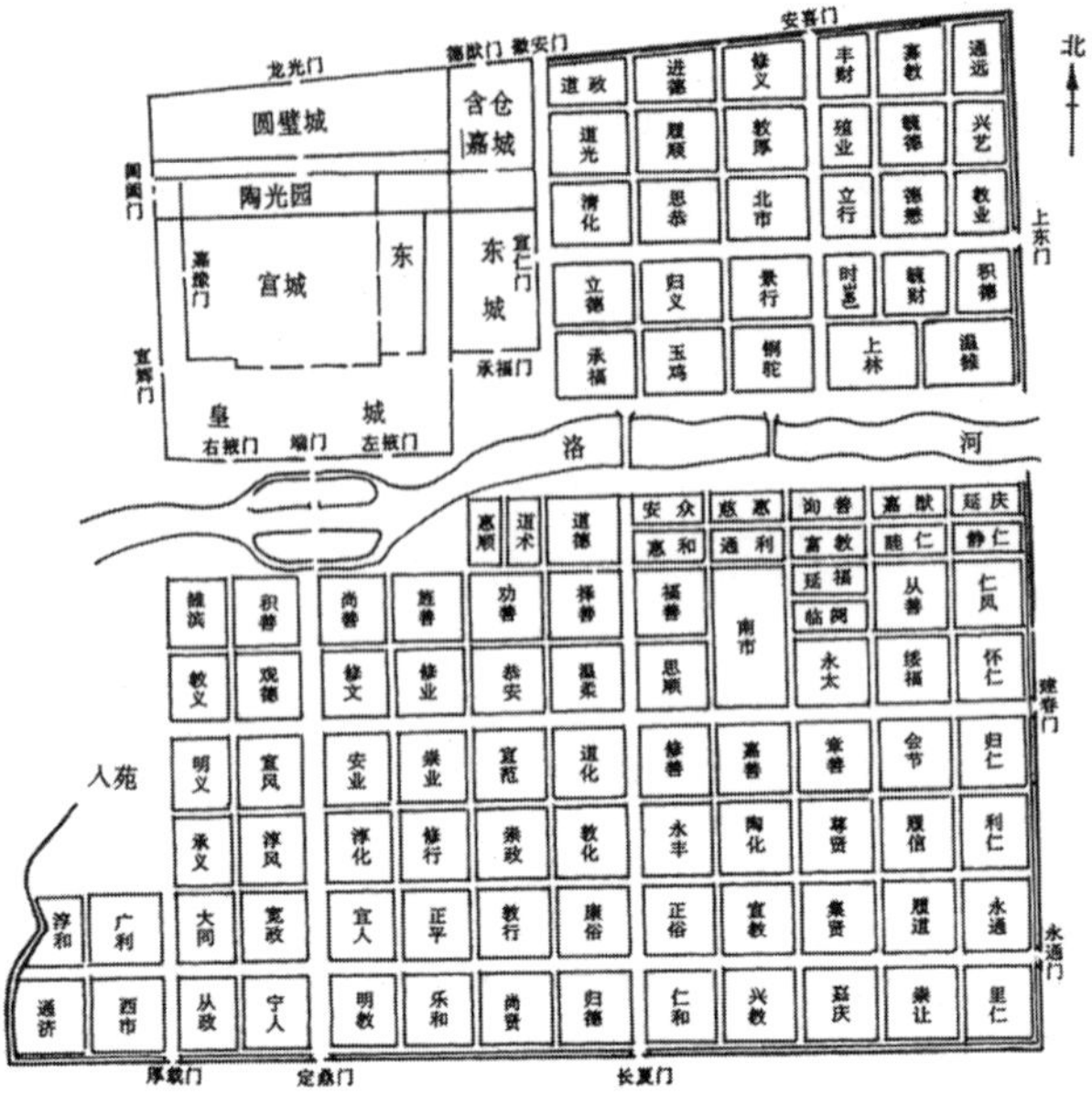

図13　唐の東都洛陽城

図14　唐長安の里坊

隋唐の長安城は「凡そ一百一十坊[12]」であった。里坊の間の道路が一部発見されており、坊墻の残存幅は三・五メートルであり、坊墻の外には約二メートル幅の排水溝があった。[13]「坊ごとに東西南北は各々広さ三百歩、十字街を開き、趨門を四出し」[14]、高く大きな坊墻の内には十字の街道があり、それぞれ東街、南街、西街、北街と称されていた。このように分割された四つの区域の中に、さらに小十字街があり、大小の十字街により、坊は十六の区域に分けられていた。唐代の里坊の内には通常五〇〇戸余りの家があったが、[15]十六分の一の社区の規模は約二五五×二五五メートルであり、基本居住面積としては明らかに大きすぎ、その間をさらに「巷」「曲」で隔てた空間こそが一般人の居住区であった。大小二重の十字路に、「巷」「曲」を加えて、長安の里坊の細部の構造が構成されていた（図14）。

里坊の構造は都城の容貌を大きく変えた。都市の規画管理の中の基本単位として、里坊は都城という巨大な体の中の一個一個の細胞のように、組み合さって都城の生命を動かし、数百年にわたり変わらない安定した構造となった。里坊は世界の古代都市の中で独特のものであり、中国の都市計画に深い影響を与え、中国文化の伝統・人々の観念と行為にすら影響したのである。

二　里坊制出現の要因

「城」はもともと農耕民族が防禦のために建てたものであって、遊牧民族は「水草を逐いて生き」、ふつうは城を造らなかった。北魏は遊牧民族の鮮卑人の建てた政権であり、鮮卑人の起源は東北地方である。彼らは絶え間なく南に遷っていき、その過程の中で、部族の連盟から初期の国家へと次第に変化していき、それと共に他の遊牧民族が自分たちのライバルとなり、そこで城を築き防衛するようになった。平城が最初の都城であり、[16]後に洛陽に遷都した。

平城の建設は中原の鄴城、洛陽、長安などの都城に学び模倣したものであった。[17]洛陽に遷都した際の新たな問題は、皇室と官僚機構だけで後漢・西晋の洛陽城が殆ど埋めつくされてしまったことであり、その他の多くの人々は、新たに外郭城を拡張発展させることによって、ようやく収容することができたのであった。鮮卑人が農耕地域に入り建都するには、大量の部族民を都市住民に変えねばならず、まとまった区域を設定して居住地を分配するのが理想的な方式であった。

なぜ北魏の時期に里坊制が生まれたのか？　それには四つの主要な原因がある。

一、平城、鄴城、洛陽、長安に学び模倣した。

二、部族が基層の組織であり、軍事的編制の性質を有していたので、全体として移住が容易であった。

三、鮮卑人は土地私有という概念をもたず、平均に共有するという習俗を有していたので、統一的に居住場所を分配しやすかった。

四、先に都市を設計し、その後で移住し、全体計画がきちんとあった。しかし建設は比較的短期間の慌しいものであった。

農耕民族とのちがいは、鮮卑人は洛陽に遷都するより前に、部族を基層組織としていたことで[18]、遊牧部族は軍事的編制の性質を具えており、中原に入り支配者となっても土地私有という概念を持っていず、逆に平均に共有するという習俗を有していた。五胡十六国以来の戦乱の中で、漢族もその他の民族の有力者も、それぞれ居住地域に小さな城壁を設けて自己防衛に当った。北魏新政権の支配下に入った後も、その首領はしばしば「戍主」「塢主」に任命されており、一定の軍事的側面を有していたので、まとまって移住することが容易であった。北魏で推し進められた均田制の中にある「計口授田」（家族の人数に応じて田を分配する）がその平等の原則をよく示しており、きちんと画一化された里坊の中に、整然と秩序立って居住区を分配することが、最もよい選択であった。

洛陽遷都は北魏がさらに漢化するための措置であり、最初はすべての人の賛同が得られたわけではなかった[19]。都城に移住したばかりの頃には、貴族豪族が都城の一部を占拠し、里坊を支配しようと企図した。しかし、後に専門の管理機構が設けられ、役人が任命され、いかなる人も里坊中の編戸住民となると、里坊の内部の機能は根本的な変化が起こり、軍事的な性格の部族民から、都市の行政管理下の居住民へと移行し、相対的に独立していた遊牧組織もまた、定住後は都市の統轄下の里坊組織へと変化していった。均田制が農民を土地に束縛したのと同様に、里坊制は都市住民に対する有効な制御であった。

部族制度により中原の支配権を得た北魏の鮮卑人と、戸籍を編成し人民を等しく扱う中華の制度との間には激しい衝突が起こった。北魏は大規模な政治の中心の移転をうまく行い、皇帝権力のまわりに一族から構成された防波堤をめぐらしたのみならず、都市計画の中では宮城、内城、外郭城からなる三重の都城構造が出現したことも、時代の奇妙な一致であった。

城中の居住民の住む「里」は、先秦時代にはすでに存在していたが[20]、単なる居住機能ではなく、厳格な計画と管理の側面を強調するならば、中国の都城における里坊制度は、北魏の平城に雛形ができ、北魏の洛陽城で成熟し、隋・唐に栄えたとするべきである。

里坊制度下の都城は、いずれも先に設計し、後で移住するという前提があった。北魏の孝文帝は太和十七（四九三）年に洛陽建都の命令を下し、外郭城には五万人を動員して築造し[21]、太和十九（四九五）年に北魏は正式に平城から洛陽に遷都した。隋代に新都の大興城（後の唐の長安城）を創建した際にも、周到に考慮し、入念に計画し、五八二年六月から着工し、十ヵ月で基本的に完成した。前もっての計画と比較的短期間の慌しい建設という条件の下で、はじめて平面上に画一的に整えられた里坊が出現したのである。これは政治上軍事上の必要に応じて生まれたものであり、都市計画の中で創造的に選択されたものであった。

三　里坊制の機能とその瓦解

普通の状況下では、都市の出現と変化は、政治上の必要性や経済の発展と密接な関係がある。しかし、先に計画があり、後に移住する都城では、統治と管理の面がより重視された。里坊制度がより完成された隋・唐の都城長安では、各々の坊は太鼓の音を合図に朝夕開閉され、全城統一的に夜間外出禁止が行われていた[22]。もし「夜（夜間外出禁止令）を犯す者が有らば、笞二十」の罰を被った[23]。坊内には専門の役人である「坊正」がおり、坊門の開閉および坊内の治安維持に責任を負った[24]。坊内では、棟を連ねた家屋の建造さえ自由にはできなかったし、「其れ士庶の公私の第宅は、皆楼閣を造りて人の家を臨み視るを得ず[25]」とあるように、他人の家を覗き見できる楼閣を建てることはできなかった。街路に沿って家の門を設けるのは極めて高い特権であり、天宝年間以後になり規定がゆるめられてからも、三品以上の高官でやっと可能であった[26]。坊外の街道及び城全体は高官が軍隊を率いて直接に巡警し護衛した[27]。

坊内と坊外の厳格な管理規定によって都城の安定が実現された。しかし、秩序が正常で経済が繁栄すると、都市の機能と相反する弊害がはっきり現れてきた。毎晩太鼓が鳴らされた後は、大街は殺風景となり、反対に坊内には赤い燈、酒のにぎわいがあった。「六街　鼓絶え　塵埃息《や》み、四座　筵開き　語笑同じくす[28]」といったありさまであった。里坊の内部と外部では鮮やかな対比をなした。長安には東市西市の僅か二市しかなかったので、早くから商工業の発展に適応できなくなり、市に収容しきれない店舗が附近の坊と街道の両側に蔓延するようになり、坊のうちにはそのにぎやかさと繁華が東市、西市を超えるものもあり[29]、都城の里坊の枠組みに動揺が生じた。唐代中後期になると、坊墻を破壊して家屋を建築するという現象が多く現れた[30]。九世紀中頃になると、街路を侵食して家屋を建てることは珍しくなくなり、これに対して政府は全くなすすべがなかった[31]。「昼夜喧しく呼び、燈火絶えざる」夜市[32]は、都市設計の最初の意図に全く違背するものであり、八四〇年に政府は「夜市は宜しく禁断せしむべし」という態度を表明した[33]。しかし、このようなあいまいな口吻では効果は全くなく、後には政府の役人でさえも夜間の娯楽に干渉を加えなくなり、その存在を黙認した[34]。

都市は本来は開放性を具えており、都市の出現は郷村文化の自給自足方式をのりこえ、各種の社会構成員を都市に集中させ、文化交流と商品貿易のための場所と機会を提供した。しかし里坊制度の存在は、このような機能を制限したため、里坊には必然的な変化が次第に起こった。坊墻の破壊や夜市の繁栄といったゆるやかで血を流さぬ闘争に伴い、表面上は城内構造の枠組みの変化にまで及ばないとしても、都市計画の当初の意図は穏やかに変遷していき、都市の機能を根本的に変えた。

四　都市計画としては失敗した発明

里坊制度は都城の構造規格を礼制の中に深く浸透させ、国家が統一されているという意識と社会政治上の要求を体現し、濃厚な軍事管理の性質を有しており、社会を安定させ、統治を維持するという面では大きな役割を果たした。しかし、このような統治管理上の合理性と必要性は、必ずしも将来を見据えて考慮されたものではなく、都市の機能という点からいえば、このような都市計画は「失敗した発明」であった。

文献史料や古代遺跡を参考に、北魏洛陽城、隋・唐長安城の推定される外郭城を復元すると、紙上に描き出された里坊の枠組みが、多くの既知の遺跡と完全に符合し、多くの街路も重なり合い[35]、殆ど幾何学的な精度に達していることに気付き驚かされる。このような画一性は本来は決して巧妙なものではなく、設計上何の独創性も必要としない。単純に縦と横に分割しただけであり、土地、資源、環境の合理的利用を考慮せずに、ただ簡略化した空間形式によっ

図15　唐長安の大明宮麟徳殿

て迅速に平均に分ける原則を選択しただけである。これは専制主義が統治管理を目的として慌しく採用した手っ取り早い方法であり、外部からの侵略を防ぐことと臣民に対する強い制限力という二重の作用を有しており、都市機能の合理性よりも、そうした実用性の方がはるかに大きいのである。

北魏、隋・唐の都城の規模は巨大であったが、大型の公共活動の場所は極めて少なかった[36]。唐代に人々を驚かせた麟徳殿の前庭院（図15）は、数千人を収容するに過ぎず[37]、宮廷内で宴会を催したり、従属国の使者が来朝したり、臣下が上奏したり、法事祭祀を行う場所であって、宮廷内部専用の場所であった。都城内の公共活動の場に近いものは、市と寺院のみであった。長安城の市は周囲に墻をめぐらし、正午に市が開かれ、日没前に閉じられた[38]。政府の厳しい制限と管理の下にある「市」の中では、普通の居住民の交流の規模も深さも大きくなることは不可能であった。城中には多くの寺院が林立しており、一定の公共の活動空間の役割を果たした。正月や節句には民衆は演劇を見たり、元宵節の灯籠を見物でき、平日でも壁画を鑑賞したり、庭園を遊覧することができた。求めに応じ宿を提供したり、勉学の機会を与えることもあった。しかし、寺院は結局の所は仏を礼拝する場所であり、普通の人々に一般的な知識や教養を伝える責任も義務もなかった。娯楽を提供したり、文化を伝えるのは、附属的な機能であり、思いがけない収穫にすぎない。

公共の場所に乏しいことは、文化の保存、伝播、交流、人と人との交流に悪影響を及ぼす。音楽舞踊、文学芸術の発展は奥深い宮殿の中と士大夫達の奥まった広大な邸宅の中に限られ、里坊中の普通の人々とは殆ど無関係であった。都城内の一部の里坊には、旅館や酒店が集まり、歌姫、伎女、街頭芸人などの集まる小規模な交流場所があったが、社会への影響は大きくなかった。公共活動の場所がないので建築の面で巨大な空間を苦心して生みだす必要がなく、このため中国は早くに穹窿（持ち送り式）や拱券（アーチ式）などの技術を発明したにも拘わら

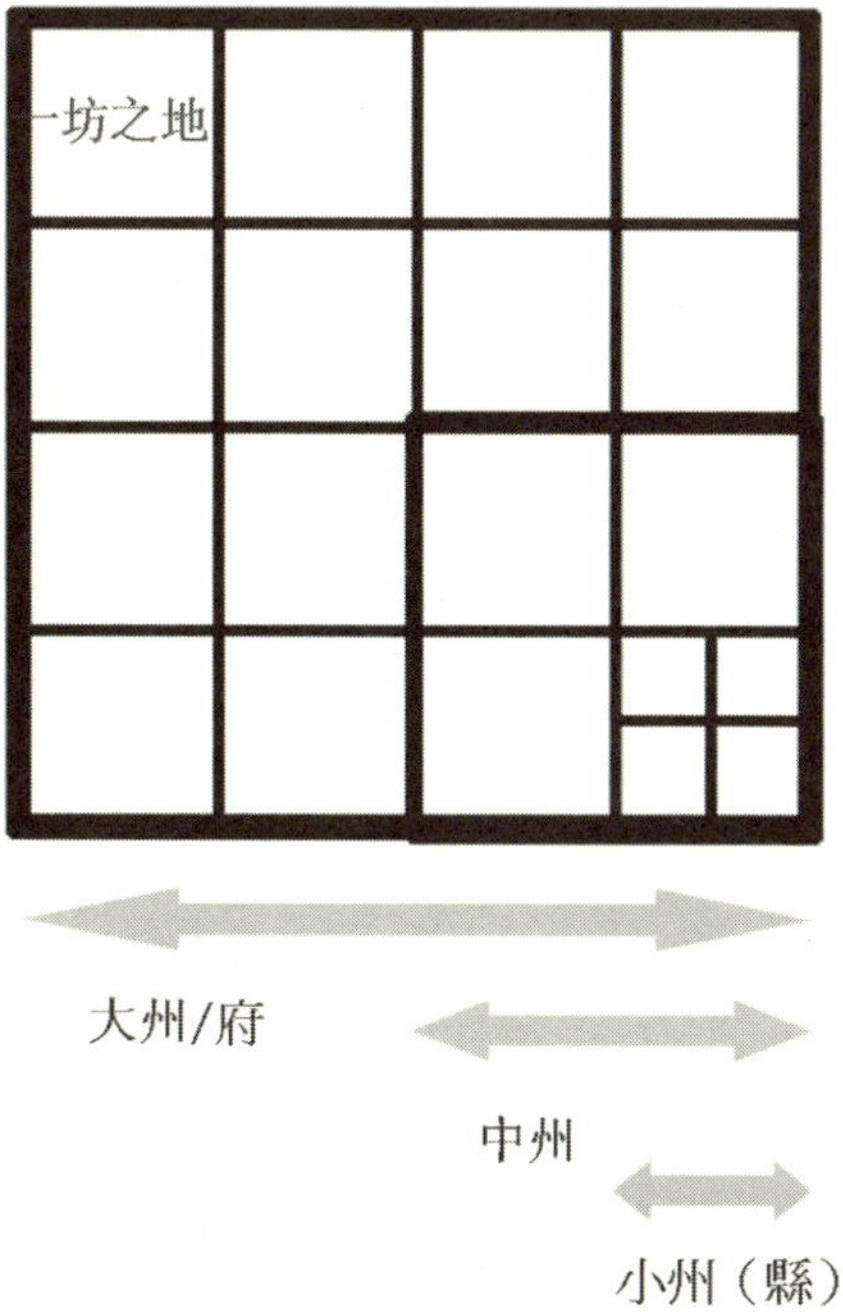

図16　唐代の各級城市の比例

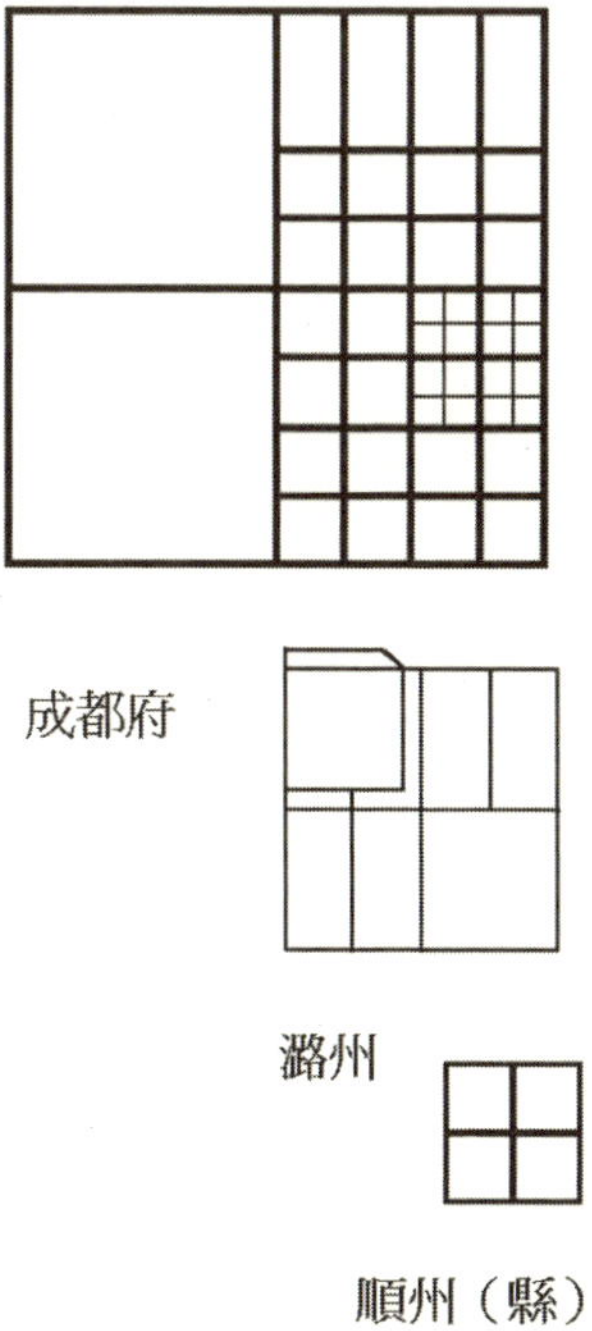

図17　唐代の各級の地方城

ず、家屋建築に普遍的に応用されることはなかった。

中央集権下の都城の市・里坊制度は、一種の普遍的な都市計画の原則となり、その直接の結果として多くの都市が付和雷同した（図16）。隋・唐の時期には下級から上級まで行政の中心となる都市には大小のちがいがあるだけで、構造上の差異はほとんどない[39]。これらの個性を失った都市は、地域性、民俗性の特色を抹殺してしまった（図17）。

居住方式は人類社会が環境に適応するため自然の選択であるべきだが、里坊制度は人為的に造られた環境に人が服従することを要求する。人は都市を創造したが、都市もまた人を形造る。人と環境が一たび結びつくと、必ずや一種の文化現象となり、人の心理と行為に深刻で微妙な影響を及ぼす。人々はそびえたつ坊墻の内に居住し、行動の自由を制限された。このような生活環境の中で、人々は生存のための技術、生存のための知恵を発展させ、精神気質と文化面での消極性が形造られていった[40]。

五　新型都市の誕生

都城は社会精神の中枢であり、都城構造の変化は社会構造及び人の思想観念の変化であり、巨視的に見た社会の変遷の軌跡でもある。唐代以後、封建帝国の「遊食を禁じ、工商を抑える」という観念に動揺が生じ、都市計画の中で方形の里坊を整然と並べるという理念は唯一の選択ではなくなった。北宋の都城開封には里坊制はやはり存在したが、坊は閉鎖的なものではなく、開放式の街巷制になり、都市の景観は一変した（図18）。『清明上河図』には城内の街路と、河の両側の繁華な街市の情景がくり広げられている。元の大都では、閉鎖式の街坊が開放式の胡同に変えられ（図19）、人類の快適さ、自由、快楽を求める天性をますます実現させた。

里坊制度下の都城は、大道はまっすぐ延び、坊墻はそびえ立ち、中国の中古都市特有の壮大な様相を有していたが、商工業の繁栄がこの局面を打破した。里坊の墻壁が開かれ、街道沿いの店舗が出現し、閉鎖式の軍事管理を特徴とする都城はその歴史的使命を終えた。一種の新興都市がひっそりと出現したのは、およそ唐代の中、後期であって、それは楊州城の勃興に他ならない。楊州には前もっての設計も、伝統の束縛もあまりなく、先ず経済が自由に飛躍し、手工業、商業を特徴とする斬新な都市が形成され、経済の繁栄は「楊（州）が一、益（州）が二」と称えられた。後になってやはり城壁を補修し、碁盤目状の里坊の構造を設けたが「先に城あり、後に墻あり」の実例となった。楊州

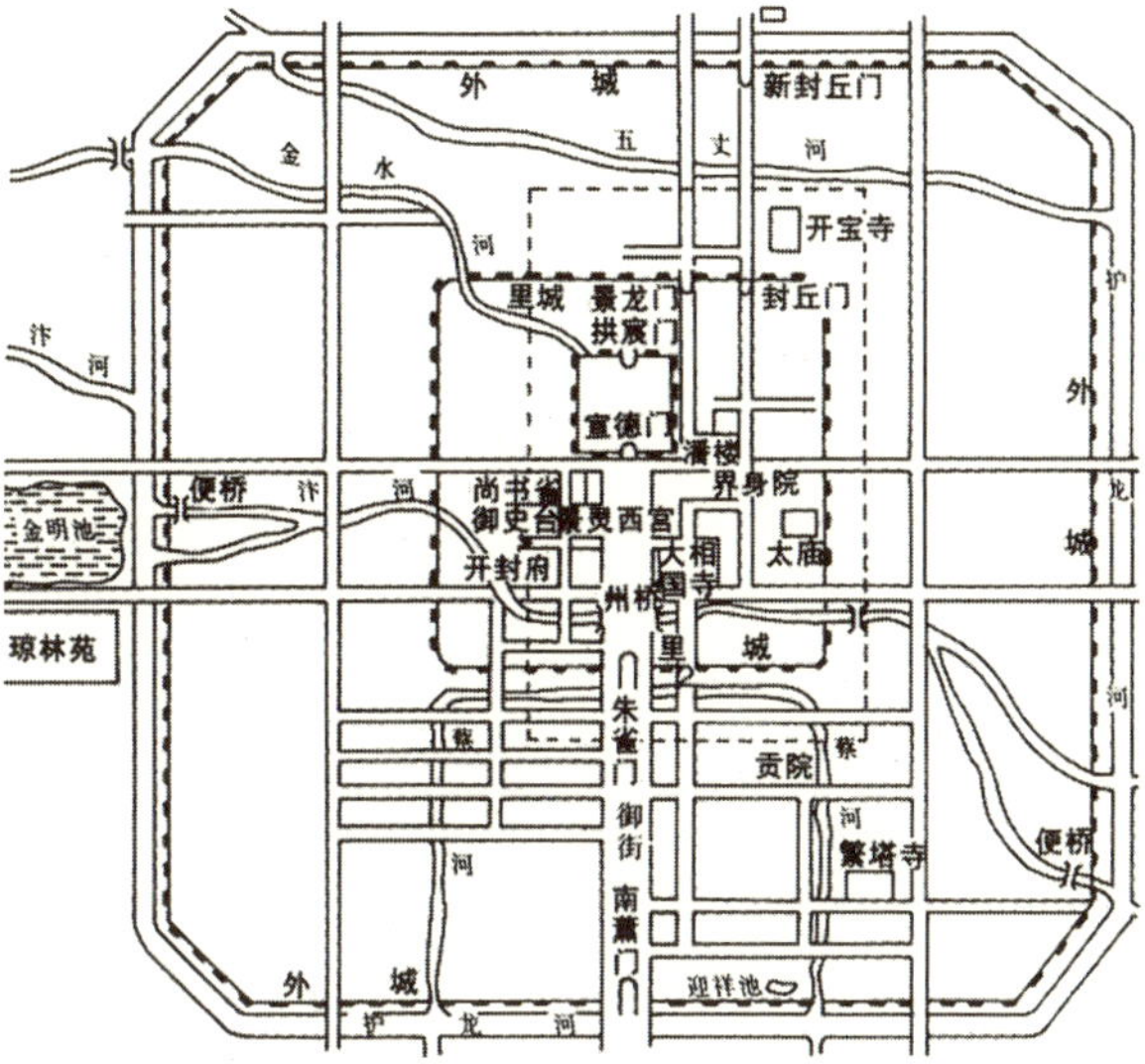

図18　北宋の開封

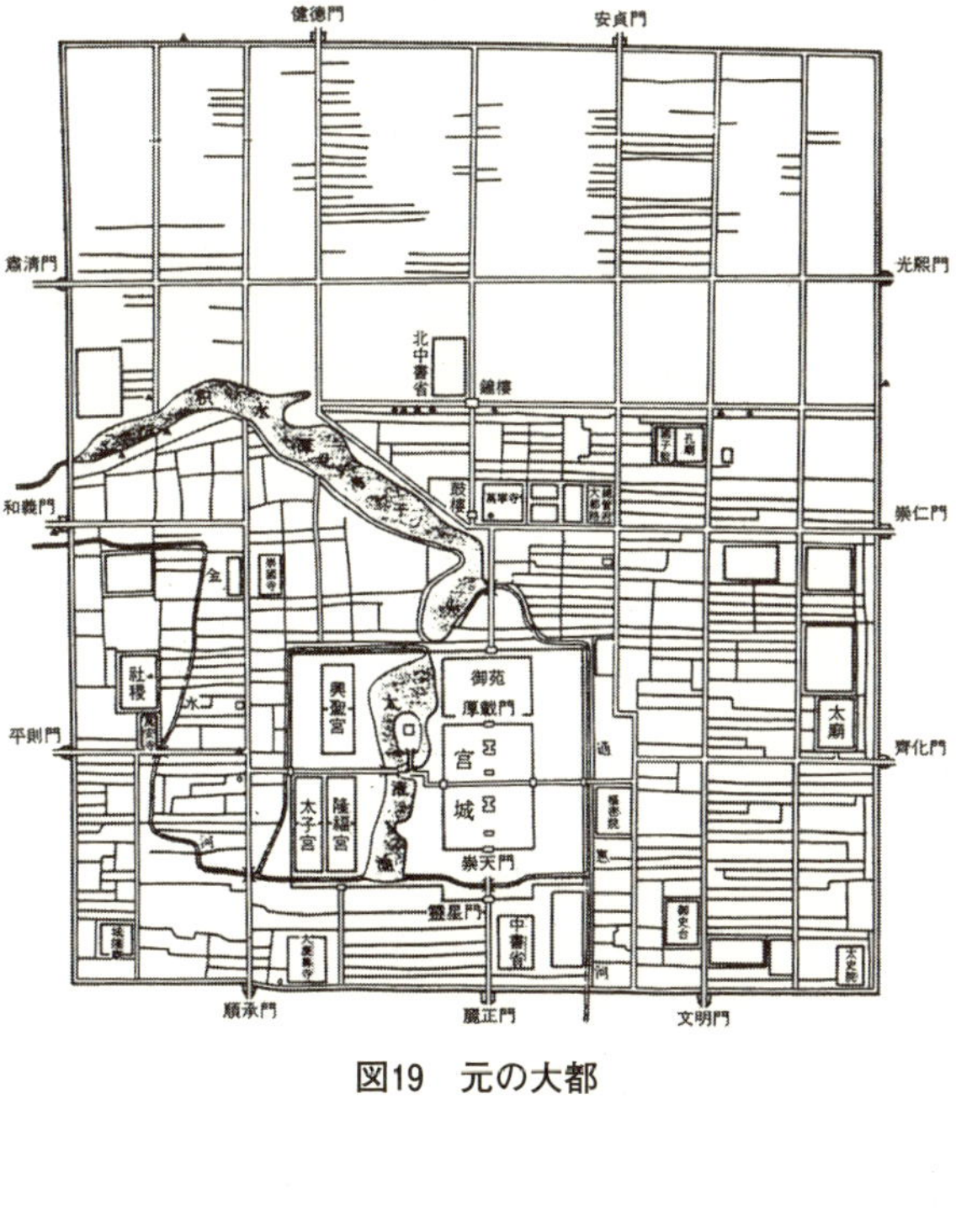

図19　元の大都

城は長江の河口に位置し、大運河に連接した、新型の国際都市である。帝王の風格がみちあふれた軍事堡塁のような構造は薄れており、北宋以後の、都城をも含むさまざまなレベルの都市の新しいモデルを作りだした。

註

（1）『説文解字』に「邑は國なり」、『爾雅』釋地に「邑は里なり」とある。
（2）古文字に関する資料と解釈については古文字の専門家である董珊先生の教示を蒙った。
（3）中国古代都市研究は「城」「聚落」「城堡」「市」「城市」などの概念とも関連する。「聚落」は人類の居住の方式であり、城と村落を包括する。村落も時には防禦施設を構築することがある。「城堡」は主に軍事防禦施設をいう。「市」は物品を交換する場所である。「城市」は政治、経済文化の中心である。
（4）徐蘋芳「中國古代城市考古与古史研究」（同『中國歴史考古學論叢』台北・允晨文化實業股份有限公司、一九九五年）。
（5）劉慶柱「中國古代都城考古學研究的幾個問題」（『考古』二〇〇〇年七月）。
（6）陳正祥『中國文化地理』（北京・三聯書店、一九八三年、七二頁）。
（7）陳直『三輔黄圖校証』（西安・陝西人民出版社、一九八〇年、三二頁）。
（8）中國社會科學院考古研究所、河北省文物研究所鄴城考古工作隊「河北臨漳鄴北城遺址勘探發掘簡報」（『考古』一九九〇年七月）。
（9）「魏都賦」に「其の閭閻は則ち長寿、吉陽、永平、思忠。亦た戚里有りて宮の東に置く」とある。梁・蕭統編、唐・李善注『文選』（上海古籍出版社、一九九四年、第一冊、巻六、二七八頁）。
（10）『魏書』巻二・太祖紀に「外城を規り立て、方は二十里、市里を分置す」とある。「里」と「坊」には少し違いがある。「坊」は区画された居住地域であり、「里」は基層の住民管理組織である。「里」と「坊」の区分は、社会基層の制度ではそれぞれ郷村と城市に属していた。「坊」は城市にのみ適用され、「里」は城市にも郷村にも適用された。それゆえ、後世の人々は「里坊」の二字を連ねて用いるようになった。

(11) 范祥雍『洛陽伽藍記校注』に「方三百歩を一里と為し、里に四門を開き、門に里正二人、吏四人、門士八人を置く」とある（巻第五、三四九頁）。

(12) 唐・李林甫等撰、陳仲點校『唐六典』巻七・尚書工部員外郎の条に見える（北京・中華書局、一九九二年、二一六頁）。一説に百八坊であるというが、大明宮が完成した後、新たに道路を開き二坊を四坊に分けたためにちがいない。

(13) 中国社会科学院考古研究所西安唐城工作隊「唐長安城安定坊發掘記」（『考古』一九八九年四期）。

(14) 清・徐松輯・高敏點校『元河南志』巻一に引く『韋述記』による（北京・中華書局、一九九四年、三頁）。

(15) 『舊唐書』巻三十七・五行志に開元八（七二〇）年六月に関中で大雨の被害のために「京城の興道坊一夜にして陥りて池と為り、一坊五百余家倶に失わる」という事態に至ったことを記す。

(16) 平城は天興二（三九九）年に建てられた。『魏書』巻百五天象志には「八部の人を五百里の内自り発し、都城を修繕す。魏は是に於いて邑居の制度有り」とある（二三九二頁）。『南齊書』巻五十七・魏虜伝には「其の郭城は城南を繞り、悉く築きて坊と為し、坊に巷を開く。坊の大なる者は四五百家を容れ、小なる者は六七十家なり。毎に坊を閉じて捜検し以て奸巧に備う」とある（北京・中華書局、一九五五年、九八五頁）。

(17) 『魏書』巻二十三・莫含伝に附されるその孫の題伝に「太祖宮室を広めんと欲し、平城の四方数十里を規度し、将に鄴、洛、長安の制を模さんとす」とある。

(18) 『隋書』巻三十三・経籍志に「後魏洛に遷り、八氏十姓有り、咸《ことごと》く帝族より出ず。又三十六族有り、則ち諸国の魏に従う者なり、九十二姓は、世《よ》よ部落の大人為りし者にして、並びに河南洛陽の人なり」とある（九九〇頁）。

(19) 『北史』巻八十・賀訥伝に「諸部を離散し、土を分けて居を定め、遷徙するを聴さず」とある（二六七二頁）。このことにより、遊牧を習慣としてきた武人に拠り所となる地盤を失わせ、「国の肺腑」から「役は斯養に同じ」になってしまった。これらの人々は自分の地位の下落に不満を持ち、「往（むかし）代都に在りては武は質にして治安らかなり。中京より以来、文は華にして政乱る」といった（『魏書』巻七十八・孫紹伝、一七二五頁）。

(20) 『管子』巻五・八観・第十三に「大城は以って完からざるべからず。郭周は以って外に通ずるべからず。里域は以って横に通ずるべからず。……明君は其の門を閉じ、其の途を塞ぎ、其の後を弁い、民をして淫非の地に接する毋からしむ。是を以て民の道正しく、善を行うや性の然るが若し。故に罪罰寡く而して民以て治まる矣」（顔昌嶢著『管氏校釋』嶽麓書社、一九九六年、一二二頁）とある。漢代の長安には「閭里一百六十」があり、その形態は「室居は櫛比し、門巷は修直なり」であり、「街衢は相経、廛里は端直なり」であった（張衡「西京賦」、梁・蕭統編、唐・李善注『文選』巻二、上海古籍出版社、一九九四年、第一冊、六一頁）。

(21)『魏書』巻八・世宗紀の記載によれば、景明二（五〇一）年の九月丁酉に、「畿内の夫五万人を発し、京師の三百二十三坊を築き、四旬にして罷む」とある。

(22)『李娃伝』には、鄭生が李娃とともに平康坊に住んでいたこと、鄭生の財産が尽きると李娃が彼を騙して宣陽坊の李姨の所へ連れて行き、借家を返して引越し、鄭生が平康坊に戻ると、家には鍵がかかり人は去っているのを見て、大急ぎで宣陽坊に戻ろうとしたが、この時すでに夕暮れで、坊の門が閉じようとしており、やむを得ず宿屋に一泊したことを述べる（『太平広記』巻八十四引『異聞集』、三九八五―三九九一頁）。

(23)『唐律疏議』巻二十六・雑律上、四八九頁。

(24)『通典』巻三に「邑に在りて居する者を坊と為し、別に正一人を置き、坊門の管鑰を掌り、姦非を督察す、並に其の課役を免ず」とある（北京・中華書局、一九九二年、六三頁）。

(25)『唐會要』巻三十一、五七五頁。

(26)『唐會要』巻八十六・街巷、一五七六頁。

(27)『唐六典』巻二十五に、「凡そ兩京の城内は、則ち之を左右に分かちて巡り、おのおの其の巡る所の内に不法の事有るを察す」「左右金武衛大将軍の職は、宮中及び京城の昼夜巡警の法を掌る」とある（六三九頁）。

(28)姚合「同諸公會太府韓卿宅」（『姚合詩集校考』巻八、一〇九頁）。

(29)『唐兩京城坊考』巻三、『長安志』巻八・崇仁坊に「一街輻湊し、遂に両市を傾け、昼夜喧しく呼び、燈火絶えず、京中の諸坊、之と比ぶる莫し」とある。

（30）『唐會要』巻八十六・街巷に「坊市街曲、打牆を侵し、舊を接して舍を造る」とある。

（31）『唐會要』巻十八・街巷に、太和五（八三一）年に、左右の街使奏して曰く「街に向いて門を開き、各の便宜を逐い、拘限する所無く、因循して既に久しく、約勒すること甚だ難し。或は鼓未だ動かざるに即ち先に開き、或は夜已に深きも猶お閉じず、司を巡検せしむるを致すも、人力周り難し、亦た姦盗の徒をして逃匿を為し易し」とある。

（32）『長安志』巻八。

（33）『唐會要』巻八十六・市（一五三八頁）。

（34）『唐語林』巻二に唐武宗の時の王式の記事を載せ、「初め京兆の少尹と為る…性放率にして、小節に拘わらず、長安坊中に夜街を欄し鋪設して楽を祠る者有り。遅明なるも未だ已まず。式之を過り、馬を駐めて寓目す。巫者喜び、主人の杯を奉じ、跪きて馬前に献ず…式取りて之を飲む」とある。

（35）宿白「北魏洛陽城和北陵墓―鮮卑遺跡輯録之三」（『文物』一九七八年七期）。

（36）ローマ・ポンペイ城内には、街道、広場、神殿、会議堂、劇場、グランド、闘技場、浴場、住宅、工房、店舗などがあった。円形劇場は二万人を収容でき、城内の成年人口の半分をこえていた（ルイス・マンフッド著、倪文彦、宋峻嶺譯『城市発展史』北京中国建築工業出版社、一九八九年、一八〇―一八一頁）。

（37）唐・玄宗は「嘗て三殿に球を打ち、榮王馬より落ちて悶絶す」とあり（『類説』第七・打球墮馬）、また『類説』巻七に『教坊記』を引き、「大暦三（七六八）年…劒南、陳、鄭の神策軍の将士三千五百人を三殿に宴す」とあり、また『冊府元龜』巻百十（一三一二頁下欄）に見える。

（38）『唐六典』巻二十に「凡そ市は、日午を以て鼓三百声を撃ち而して衆以て会し、日の入る前七刻に鉦三百声を撃ち而して衆以て散ず」とある。

（39）宿白「隋唐城址類型初探（提綱）」（北京大学考古系編『紀念北京大学考古専業三十周年論文集』文物出版社、一九九〇年、二七九―二八五頁）。

（40）齊東方「魏晋隋唐城市里坊制度―考古学的印証」（栄新江主編『唐研究』第九巻、北京・北京大学出版社、二〇〇三年）。

（付記）本稿は、二〇〇五年三月一九日に奈良女子大学21世紀ＣＯＥプログラム「古代日本形成の特質解明の研究教育拠点」が開催した国際シンポジウム「東アジアにおける古代都市・宮殿―その形態と機能」の報告用原稿である。同シンポジウムの報告予定者であった齊東方氏が中国語で原文を執筆、奈良女子大学の松尾良樹氏・徐志紅氏が日本語に翻訳し、奈良女子大学21世紀ＣＯＥプログラム編『東アジアにおける古代都市と宮殿』（同ＣＯＥプログラム報告集5、二〇〇五年）に掲載された。本書への再録に際しては、編集側で誤字の訂正や書式の統一等を施した。なお、齊氏はこの国際シンポジウムには病気のため出席できなかったが、同年一〇月にあらためて来日され、同八日に同ＣＯＥプログラムが開催した国際講演会「中国・日本の古代都城を考える」において本稿の内容に沿った研究報告を行われた。（以上、編者）

中国都城の沿革と中国都市図の変遷
――呂大防「唐長安城図碑」の分析を中心にして――

妹尾達彦

はじめに――中国都城と都市図の沿革――

本稿の目的は、中国都城の沿革を、中国都市図の変遷の中にうかがうことである。とくに、都市図を作図したものの認識と都市の現実の建築構造との関係を、北宋・元豊三年（一〇八〇）に石に刻まれた呂大防「唐長安城図碑」を事例に分析することである。呂大防「唐長安城図碑」は、元豊（一〇七八～八五）初に、かつての唐長安城の地を治める知永興軍京兆府事に就いた呂大防（一〇二七～九七）が、当時の資料にもとづいて唐長安城内外の景観を石工に描かせた平面図であり、唐長安城を復元する際の最重要史料の一つとして知られる。

呂大防「唐長安城図碑」の特色は、それまでは存在しなかった精密を極める都城図であることである。図6のように、呂大防「唐長安城図碑」は、太極宮・大明宮・興慶宮の長安三大内の大規模な諸宮殿や、広大な禁苑の偉容、秩序だって整然と区画された官庁街の建築群、坊牆に囲まれた外郭城の居住地区、坊内の建築景観を描くと同時に、住民の生活に密着する儒教・仏教・道教の三教の宗教建築やその立地状況、坊の中に住む多数の官人の邸宅や庭園、東西二つの巨大な専用市場、水渠等の住民の生活空間も、同じ平面に描いている。

都城を構成する建築景観の全体を描きだすこの描写方法によって、呂大防「唐長安城図碑」は、八世紀前半の中国の都城に初めて誕生した大都市の生活空間の成熟を、あたかも目の前の風景のように再現することに成功した。「唐長安城図碑」は、宮城・禁苑から儒仏道の宗教施設や城内の一般居住地等に至る多様で世俗的な空間を、同じ平面に並列することで、都城の宮殿に御す天子-皇帝の威光が、都城内の空間の隅々にまで達するように描いている。結論を先にのべれば、「唐長安城図碑」は、政治権力が住民の個々の心の中に均質に浸透するようになる、近代的な国家の誕生を物語っていると思われる。「唐長安城図碑」は、都城の社会に世俗化が進展していく様を詳細に描くことで、天子-皇帝の権威が、住民の個々の心の中に浸透し始める近代社会の到来を表現していると考えられるのである。このような、皇帝から庶民にいたる生活空間を図の中に描くことで、都市空間における政治権力の偏在を可視化する「唐長安城図碑」の描写方法は、後代の都市図に継承されていくことになる。

呂大防が「唐長安城図碑」を作成した十一世紀後半の時期は、元豊の官制改革（元豊三年、一〇八〇）に代表される、唐朝の文物制度への復古運動が高まる時期である。この復古運動の背景には、呂大防の赴任した永興軍（唐長安）のすぐ西北の黄土高原で、宋軍との軍事衝突を繰り返す党項族の西夏の台頭や、中国大陸東北部に覇を唱えた契丹族の遼の強大化に即して醸成される、当時の華夷意識が存在する。同時に、宋朝と異なる大帝国を創造した唐王朝への強い憧憬もあった。呂大防の「唐長安城図碑」は、偉大な唐王朝の復活をはかる当時の政治状況と密接に関連しながら作成されている。そのために、八世紀前半を中心とする唐都長安の繁栄を描く「唐長安城図碑」には、十一世紀後半の宋朝の独特の世界観が投影されているのである。

一　中国都市図史研究の現状と呂大防「唐長安城図碑」

現実の都市の建築構造の変遷と、都市に対する認識の変遷の相関は、中国の歴代の都市図の変遷の中に具体的に表現されている。中国大陸の都市を描いた都市図の変遷を概観すると、他の地域と同様に中国においても、都市の歴史と都市図の歴史とは密接に関連していることに気づく。

ただし、都市図は、都市に対する人間の認識の表れであるために、実際の都市の建築構造の変遷とは必ずしも一致しない面が生じる。たとえば、中国の方位認識が南北軸と方形を重んじるために、実際は自然地形にそった複雑な外形をもつ都市であるのに、都市図に描く際には、南北軸に沿った真北を向く方形の城郭都市として描かれやすい。また、都城を描く都市図では、『周礼』考工記等に記述された中国伝統の理想都市のイメージに引きずられて、現実の都市構造と異なる場合がしばしば生じる。そして、このような都市図に表された空間認識も、都市の建築構造の変遷と同じく時期によって変化しており、その認識の変化が都市図の中に投影されている。

本稿は、このように、現実の都市の建築構造の変遷と都市に対する認識の変遷とが、中国大陸の都市図の変遷の中で、どのように併存・調和しており、また、乖離・反発しあっているのかという点を、北宋元豊三年（一〇八〇）に、知永興軍の呂大防（一〇二七〜一〇九七）が唐王朝の都城を描いた「唐長安城図碑」を事例に論じるものである。

都城は、政権の所在地として一般都市とは異なる位置づけがなされているので、都城の都市図の分析によって、中国の都市図一般の特色を明らかにすることはできない。しかし、都城を描いた都市図には、為政者による政権正統化の主張が直接に表現されるので、空間認識に映し出される政治権力のあり方を窺う重要な手がかりになる。

また、都城を描く図は、一般都市の都市図に比べると比較的豊富に残存しており、都市図の変遷を系統的に調べる際に有力な資料を提供する。一般都市の都市図と慎重に比較しながら都城の都市図の特色を探ることで、中国の都市図の歴史的特徴が浮かび上がってくるだろう。このような課題に立ち向かうとき、唐長安城の城内外をえがく北宋の呂大防「唐長安城図碑」は、貴重な情報を与えてくれるのである(1)。

中国都市図の変遷を考える際に、とくに呂大防「唐長安城図碑」が重要となる理由は、呂大防「唐長安城図碑」が現存する中国最古の都市図碑であるとともに、中国史上最初の詳細な都市図であり、中国の都市図の歴史を考える際に鍵をなす作品の一つであるからである。また、「唐長安城図碑」は、北宋に勃興する新たな地図学の水準を示す作品でもある。呂大防「唐長安城図碑」をてがかりに、八世紀から十一世紀にかけての中国都市図史の革新を明らかにすることができるのである。

呂大防「唐長安城図碑」を中国都市図史の中に位置づけるためには、中国都市図史の研究史を整理する必要がある。中国の都市図の変遷については、近年、歴史地図の変遷の一分野として研究が急速に進展している。画期的な地図史の研究論集として著名な J. B. Harley and David Woodward (eds.) *The History of Cartography, Volume Two, Book Two, Cartography in the traditional East and Southeast Asian societies*, Chicago & London: The University of Chicago Press, 1994. では、余定国（Cordell D. K. Yee）氏が中国地図学史を系統的に整理している。同書は、長い間、中国地理学・地図学の代表的な概論として名を馳せた、ジョセフ・ニーダム（Joseph Needham）、*Science and Civilisation in China, vol. 3, Mathematics and the sciences of the heavens and the earth*, Cambridge: Cambridge University Press, 1959. とともに、中国地図学史研究の基本書となっている。

ここ一〇年ほどの間に、中国歴代の地図や都市図を収録する書物の刊行が相ついでいる。すなわち、中国の歴代地図の代表的なものを収録する、曹婉如他編『中国古代地図集　戦国―元』（北京・文物出版社、一九九〇年）、同編『中国古代地図集　明代』（北京・文物出版社、一九九四年）、同編『中国古代地図集　清代』（北京・文物出版社、一九九七年）が刊行され、ここに、前近代の中国地図研究の基礎資料が提供された。また、李孝聡氏の『美国国会図書館蔵中文古地図叙録』（北京・文物出版社、二〇〇四年）を始めとする、中国内外の諸機関に所蔵されている古地図の系統的研究は、都市図史研究にも画期的な影響を与えている。(2)

歴代都城の図を収録する、葉驍軍編『中国都城歴史図録』第一集～第四集（蘭州・蘭州大学出版社、一九八六～一九八七年）や、上記の曹婉如編書とは異なる地図も収録する、鄭錫煌編『中国古代地図集―城市地図』（西安・西安地図出版社、二〇〇五年）、現代都市の沿革を図示する、中国城市地図集編輯委員会編集『中国城市地図集』上・下冊（北京・中国地図出版社、一九九四年、一九九六年）等も続けて刊行された。

個別都市の都市図集に関しても、西安については、史念海主編『西安歴史地図集』（西安・地図出版社、一九九六年）、北京に関しては、侯仁之主編『北京歴史地図集』（北京・北京出版社、一九八八年）、同編『北京歴史地図集』二集（北京・北京出版社、一九九七年）が刊行された。長安・北京とともに中国を代表する歴代都城である洛陽や開封、南京についても、同様の地図集が刊行予定であり、歴代の代表的都城の都市図が集成されつつある。近代都市に関しては、地図資料編纂会編『近代中国都市地図集成』（東京・柏書房、一九八六年）が刊行され、戦前における代表的な都市の都市図を網羅している。

上記の鄭錫煌編『中国古代地図集』では、代表的な都城の都市図の変遷を概論する論考が付されている。すなわち、北京については閻崇年「北京城市的歴史演進」（同上書二三〇～二四〇頁）と孫果清「彩色道光北京内外城全図」（二四一～二四四頁）、南京については、王煦檉「南京考略」（二六九～二七五頁）、杭州（臨安）については、闕維民「杭州城市発展与杭州城池地図概略」（二七六～二八四頁）、開封については呉海涛・韓茂莉「開封」（二九二～二九九頁）、洛陽については史為楽「洛陽城的歴史発展及其変遷」（三〇〇～三〇五頁）、西安（長安）については、任雲英・朱士光「古城西安的発展変遷」（三四一～三四八頁）等の都市と都市図の変遷を論じる専門論文が付されており、現時点における研究の水準を知ることができる。

日本の都市図の変遷に関しては、高橋康夫・吉田伸之・宮本雅明・伊藤毅編『図集 日本都市史』（東京大学出版会、一九九三年）や、都市史図集編集委員会編『都市史図集』（東京・彰国社、一九九九年）等が存在し、都市図の変遷と実際の都市の建築構造の変遷の相関性が分析されており、研究者に大きな便宜が与えられているが、中国の歴代都市図についても、以上のように、近年、同種の図録の作成が進み、一挙に研究環境が整えられつつあるといえよう。

このように、中国の歴代都市図については、近年になって整理が進展し、今後の研究の基礎が提供されるようになった。しかし、中国都市史の変遷と都市図の変遷の相関を系統的に分析する研究は、まだ始まったばかりの状況であり、今後の実証的・理論的研究の進展をまつ状況であることも確かである。

かつて、地理学者である矢守一彦氏が、同著『都市図の歴史 世界編』（東京・講談社、一九七五年）や、同著『都市図の歴史 日本編』（東京・講談社、一九七五年）で分析した、日本における都市図の変遷を通して、都市をめぐる認識の変遷や都市社会の変遷を浮かび上がらせていく分析は、中国史においてまだ十分には展開されていないと思われる。その意味においても、上記のように、近年における中国都市図に関する資料と研究の蓄積は、都市図史研究を新たな段階に押し上げる基礎となるだろう。

筆者は、中国都市史を専門としており、特に、今まで、隋唐の長安・洛陽城や、明清西安府、現代北京の都市構造の変遷の一端を分析してきたに過ぎない。中国都市図の歴史を概観する知識も力量も備えていないことを自覚しているが、本稿では、上記の近年における都市図の研究の蓄積を吸収した上で、筆者自身による今までの都市史研究を加味し、呂大防「唐長安城図碑」の分析をもとに、中国における都市図の変遷の特色の初歩的な分析を試みてみたい。

呂大防「唐長安城図碑」については、すでに、何士驥[(3)]、福山敏男[(4)]、平岡武夫[(5)]、李健超[(6)]、周錚[(7)]、辛徳勇[(8)]、宿白[(9)]等氏による優れた分析がなされており、研究の基礎が整っている。ただ、呂大防「唐長安城図碑」がもつ豊かな情報についての詳細な分析が、今後の課題として残されていることも確かである。本稿では、これらの先学の成果を基礎に、呂大防「唐長安城図碑」が表現しようとした唐都長安の情景と、実際に存在したであろう長安の情景との関係を分析することで、新たに、呂大防「唐長安城図碑」を中国都市図史の中に位置づけてみたい。

二　呂大防「唐長安城図碑」とは何か

呂大防「唐長安城図碑」の誕生

都市の社会誌にあたる書物としては、既に、北魏洛陽の繁栄を描く楊衒之『洛陽伽藍記』や、隋洛陽城の華麗さを描く杜宝『大業雑記』等が存在したが、都城の内部を詳細に描写する都市図は、都市文化の爛熟する八世紀の盛唐期に入って初めて誕生した。

唐代の都城・長安は、武則天の周王朝（六九〇～七〇五）による唐王朝の短期的な断絶を経て、八世紀に入ると、対外的には、吐蕃とウイグルの台頭に対する軍事的対応の必要性の高まり、対内的には、大運河と陸路の交通改革の成功による長安都市網の充実化が重なって、政治・軍事・経済上の集権体制の舞台となり、その重要性を増していった。

八世紀半ばにかけて、長安は、中国史で従来存在しなかった集権的な都城に変身していき、隋唐初においては東都の洛陽と分掌していた種々の都城機能も、しだいに長安に集中していくようになった。このような行政の集権度を高めていく八世紀前半の長安の都市構造と、武則天時期の神都として繁栄を極めた洛陽の武則天後の両京の都市構造の変化の状況を克明に描くのが、韋述『両京新記』五巻である。(10)

北宋・呂大防（一〇二七～一〇九七）の「唐長安城図碑」は、この韋述『両京新記』の記述に主拠し、韋述『両京新記』以後の資料も加えて描かれた図碑である。「唐長安城図碑」が、都城の都市景観を詳細に活写する中国史上最初の都市図となったのも、『両京新記』の描く長安という都城が、八世紀前半に王権の拠点としてかつてない輝きを増してきたことが歴史的背景にある。

このように、北宋の呂大防「唐長安城図碑」は、元豊三年（一〇八〇）に、その当時は存在した「旧長安図」（呂大防の題記には「旧図」と略称されている）と、韋述『両京新記』の西京・長安の記載を基礎とし、その他の関連文献と遺跡も調査して石に刻まれた唐代長安の都市図である。

呂大防「唐長安城図碑」は、龍図閣待制知永興軍府事の呂大防が、戸曹劉景陽、汾州観察推官呂大臨（一〇四四〜九一、呂大防の弟）等に命じて、隋唐長安城遺址を実測させ、関連文献を参照して描かせ、呂大防自ら校正して、知永興軍の官庁内に立碑したものである。呂大防「唐長安城図碑」の題記には、図の一里（約五五〇メートル）を二寸（約六センチ）に描くとし（比例尺約一：九〇〇〇）、城外の図は、この縮尺ではすべてを描ききれないので、この縮尺は用いないと述べている。この刻制は、晋・裴秀（二二四〜二七一）の「分率」法に淵源をもつと言われており、考古発掘の実測図と照合しても、呂大防「唐長安城図碑」の正確さが判明している。[11]

残念ながら、呂大防「唐長安城図碑」の原石は、太極宮・皇城の一部分しか残っていない（図3参照）。現存するのは、呂大防「唐長安城図碑」の三分の一程度であり、それも、原石ではなく拓本によって知ることができるだけの状況である（図6）。北宋・呂大坊「唐長安城図碑」が基づいた「旧長安図」は、おそらく、唐代の原図にもとづく北宋初期の長安図と考えられる。

また、呂大防は、「唐長安城図碑」作成と並行して「太極宮図」「大明宮図」「興慶宮図」を別途作成し、唐長安の三つの宮を一つの図碑に刻んでおり、唐代長安城の全貌を図化することを試みている。唐長安城に対する呂大防の深い愛着を感ぜざるを得ない。

十一世紀の開封では、唐代文化に対する憧憬の念が高まり、各方面において唐文化への復古運動が生じている。唐長安城と洛陽城の都市社会誌として著名な、北宋・宋敏求『長安志』（一〇七六年）と同著『河南志』（一〇八三年）が編纂された時期も、呂大防の「唐長安城図碑」作成（一〇八〇年）と同じ時期である。

呂大防「唐長安城図碑」は、図6のように、唐長安城の城内のみならず、長安の近郊（特に南郊）の景観も詳しく刻んでおり、八世紀前半の玄宗・開元年間の唐代長安城内外の情景を復元する際の第一級の資料である。

呂大防「唐長安城図碑」は、もともと石に刻まれ、北宋の永興軍路京兆府公署（唐長安城皇城部分に立地）の前に立てられていたが、平岡武夫氏の考証によれば、遅くとも十三世紀末以前に、戦乱で破壊され拓本のみ流布する状況であった（同編『長安と洛陽　地図』解説篇、四七頁）。破壊された「唐長安城図碑」石刻の残石が、清末に発見されていたが、その後、残石は散逸して拓本のみが残される状況であった。残石の一部が西安城内から再発見されたのは、約三〇年後の中華民国二三年（一九三四）のことである。なお、清末に発見された「唐長安城図碑」残石の最良の拓本は、現在、北京大学図書館に収蔵されている。

図6に掲げた平岡武夫編『長安と洛陽　地図』（京都大学人文科学研究所、一九五六年）所載の「唐長安城図碑」は、前田直典氏が一九三六年夏に西安を訪れた際に入手した拓本（清末に発見された残石の拓本）をもとに、京都大学人文科学研究所の平岡武夫・今井清両氏の綿密な考証を経て、貝塚みよ氏（貝塚茂樹氏夫人）が作図されたものである（以下「平岡模写唐長安城図」と称す[12]）。

この「平岡模写唐長安城図」のもととなった前田氏旧蔵拓本は、前田氏が西安を訪れた中華民国二五年（一九三六）に出版された排印本『咸寧長安両県続志』巻一、唐南内興慶宮図の按語に「呂氏唐宮原刻、有總・分圖、倶爲保經堂夏氏所蔵拓本。總圖石刻斷裂凡七段、僅前圖太極宮較完好」とある、保経堂の夏氏の所蔵していた拓本の「総図」と同類の拓本ではないかと考えられる[13]。

現存する呂大防「唐長安城図碑」の原石断片は、前田直典氏が西安を訪問する二年前の中華民国二三年（一九三四）三月、西安城南門内小湘子廟街から、再発見されたものである。この時に出土した石塊は、何士驥氏によって「石刻太極宮曁府寺坊市残図」と命名された。同じ頃に、呂大防「唐長安城図」の石碑が建てられた宋・金両代の京兆府の官庁の址にある陝西民政庁二門内院の発掘現場からも、「唐大明・興慶両宮図残石」と命名されることになる原石断片が再発見された。「石刻太極宮曁府寺坊市残図」と「唐大明・興慶両宮図残石」は、現在、西安の碑林博物館第四室において、それぞれ「唐太極宮残図」と「唐興慶宮図」と題し並べて展示されている。[14] この「唐太極宮残図」は、呂大防「唐長安城図」（いわゆる「総図」）の一部、「興慶宮図」は、上記の「総図」と別に作製した唐長安の三つの宮城の図碑（「三宮図碑」）の一部である（註（7）周錚論文）。

一九三四年に出土した「石刻太極宮曁府寺坊市残図」（すなわち碑林博物館第四室に現在展示されている「唐太極宮残図」、図3）と、清末に出土の残石の拓本にもとづく「平岡模写唐長安城図」（図6）の該当箇所を比べると、全く同じ大きさという訳ではなく、「平岡模写唐長安城図」の方が、出土の原石断片よりもやや大きい。清末の発見時から一九三四年の再発見までの約三〇年間に、原石が摩滅したことがわかる。以下、主に、平岡武夫氏と福山敏男氏の題記復元文と、傅根清氏の『雲麓漫鈔』点校本にもとづき、呂大防「唐長安城図碑」に刻まれていた題記を記す。

呂大防題記復元文（平岡武夫編『唐代の長安と洛陽　地図』解説編、京都大学人文科学研究所、一九五六年、五〇～五二頁。福山敏男「唐長安城の東南部」同著『中国建築と金石文の研究　同著作集六』一九一～一九四頁。宋・趙彦衛撰、傅根清点校『雲麓漫鈔』唐宋史料筆記叢刊、北京・中華書局、一九九六年、一四〇～一四二頁を主に、周錚、楊曉春氏の録文も参照。）

○『雲麓漫鈔』巻二引用の呂大防題記　※小文字の注は、福山敏男・平岡武夫同上書が復原した箇所をしめす。

長安圖。

隋都城・大明宮並以二寸折一里、城外取容、不用折法。大率以舊圖及韋述西京記為本、参以諸書及遺迹考定。太極・大明・興慶三宮、用折地法不能盡容諸殿、又為別圖。漢都城、縱廣各十五里、周六十五里、十二門、八街、九陌、城之南北曲折、有南斗・北斗之象、未央・長樂宮在其中。未央在西、直便門、長樂在東、直社門。隋都城、外郭、縱十五里一百七十五歩、廣十八里一百十五歩、周六十七里、高一丈八尺、東西南北各三門、縱十一街、横十四街。當皇城朱雀門曰朱雀街、亦曰天門街、南直明德門「朱雀門」至「明德門」十四字據長安志圖巻上補、南北九里一百七十五歩。縱十一街、各廣百歩。皇城之南横街十、各廣四十七歩。皇城左右各横街四、三街各六十歩、一街直安福・延喜門、廣百歩。朱雀街之東、市一・坊五十五、萬年治之。街之西、市一・坊五十五、長安治之。坊之制、皇城之南三十六坊、各東西二門、縱各三百五十歩。中十八坊、廣各三百五十歩、外十八坊、廣各四百五十歩。皇城之左右共七十四坊、各四門、廣各六百五十歩。皇城左右之南六坊、縱各五百五十歩。北六坊、縱各四百歩。市居二坊之地、方各六百歩、四面街各廣百歩、面各二門。

皇城、縱三里一百四十歩、廣五里一百一十五歩、周十七里一百五十歩、縱五街、横七街、百司居之。北附宮城、南直朱雀門、皆有大街、各廣百歩。東西各二門、南三門。

※この後の文字と、呂大防題記残石上段の以下の文字が接合する。以下の残石文字には、破損箇所を『雲麓漫鈔』他の史料で補った箇所がある（福山敏男・平岡武夫同上書の呂大防題記の録文を参照）。

太極宮城、廣四里、縱二里二百四十

歩、周十三里一百八十歩、高三

丈五尺、東一門、西二門、南六門、北三門。宮城之西有大安宮。

唐大明宮城、在苑內、廣二里一百四十八歩、縱四里九十五歩、東・北各一門、南五門、西二門。

禁苑、廣二十七里、縱三十里、東一門、南二門、北五門。

西內苑、廣四里、縱二里、四面各一門。東內苑、廣二百五十歩、縱四里九十五歩、東一門。

以渠導水入城者三。一曰龍首渠、自城東南導滻至長樂坡、釃為二渠、一北流入苑、一經通化門・興慶宮、由皇城入太極宮。二曰永安渠、導交水自大安坊西街入城、北流入苑、注渭。三曰清明渠、導交水自大安坊東街入城、由皇城入太極宮。

※この後の文字と、『雲麓漫鈔』巻二の以下の文字が接合する。

城內有六高崗、横列如乾之六爻。初隋建都、以九二置宮室、九三處百司、九五不欲令民居、乃置玄都觀・興善寺。

右漢・隋・唐宮禁城邑之制。而西京記云、「街東西各五十四坊。」六典注、「兩市居其中四坊之地。凡一百一十坊。」

今除市居二坊外、各五十五坊、當以六典注為正。又六典注、「土闍之西延英。」李庾賦、「東則延英耽耽。」當以庾賦為正。又西京記、「大興城南直子午谷。」今據子午谷乃漢城所直、隋城南直石鼈谷、則已微西不正、與子午谷對也。古今水道有移改、山無移改也（「則已」至「改也」二十四字據雍録巻三補）。又唐志、「大明宮縱一千八百歩、廣一千八十歩。」今實計縱一千一百一十八歩、廣一千五百三十五歩。此舊説之誤也。

唐高宗始營大明宮、於丹鳳後南開翊善・永昌二坊各為二。外郭東北隅永福一坊築入苑、先天以後為十六王内宅。又高（高當作玄）宗以隆慶坊為興慶宮、附外郭為複道、自大明宮經過通化門、磴道潜通以達此宮、謂之夾城。又制永嘉坊、西（西當作南）百歩入宮。外郭東南隅一坊、始建都城、以地高不便、隔在郭外、為芙蓉園、引黄渠水注之、號曲江、明皇増築興慶宮夾城直至芙蓉園。又武宗於宣政殿東北築臺曰望仙、今人誤以為蓬萊山。武宗又修未央宮為通光亭。

※この後の文字と、呂大防題記残石下段の以下の文字が接合する。以下の残石文字には、破損箇所を『雲麓漫鈔』他の史料で補った箇所がある（福山敏男・平岡武夫同上書の呂大防題記の録文を参照）。

宣宗修憲宗遺迹、於夾城中開便
門、自芙蓉園北入至青龍寺、俗號
「新開門」、自門至寺、開敦化以北四
坊各為二。

此遷改之異。

隋氏設都、雖不能盡循先王之法、然
畦分棋布、閭巷皆中繩墨、坊有墉、墉
有門、逋亡姦偽、無所容足、而朝廷官

寺、民居市區、不復相參。亦一代之精制也。唐人蒙之、以為治更數百年間、不能增大別宮觀游之美者矣。至其規模之正、則不能有改、其功亦豈小哉。噫隋文之有國纔二十二年而已、其剗除不廷者非一、國興利後世者非一。事大趣皆以惠民為本、躬決庶務、未嘗逸豫。雖古聖人夙興待旦、殆無以過此。惜其不學無術、故不能追三代之盛。予因考正長安故圖、愛其制度之密、而勇於敢為、且傷唐人冒疾、史氏沒其實、聊記於後。元豐三年五月五日、龍圖閣待制知永興軍府事汲郡 呂大防題。

京兆府戶曹參軍劉景陽按視

邠州觀察推官呂大臨檢定

鄜州觀察支使石蒼舒書

工張佑畫、李甫・安師民・武德誠鐫

以上の呂大防の題記において、とくに興味ぶかいのは、題記残石下段の叙述である。すなわち、隋大興城の画期性は、隋王朝を倒し否定することで正統性を得た唐王朝では認められず、宋王朝にいたって初めて、適切な評価があたえられるようになったのである。該当箇所を訳すと、以下のようになる。

隋朝は、新都の造営に際し、従前の王朝の都城の方式にすべて従うことはできなかったが、城内の街道を区画された畦《あぜ》や直角に交わる碁盤のようにつくり、街中の小路もすべて縄と墨を用いて直交させた。各坊には壁をつくり、壁には門を

図１　呂大防「唐長安城図碑」拓本写真

出典：東方考古学叢刊　甲種第五冊『東京城 ―渤海国上京龍泉府址の発掘調査―』（東京・東亜考古学会、1939年）挿図４「宋刻唐長安城図」

※唐長安城における a～o の拓本の位置は図２・５・６を参照。

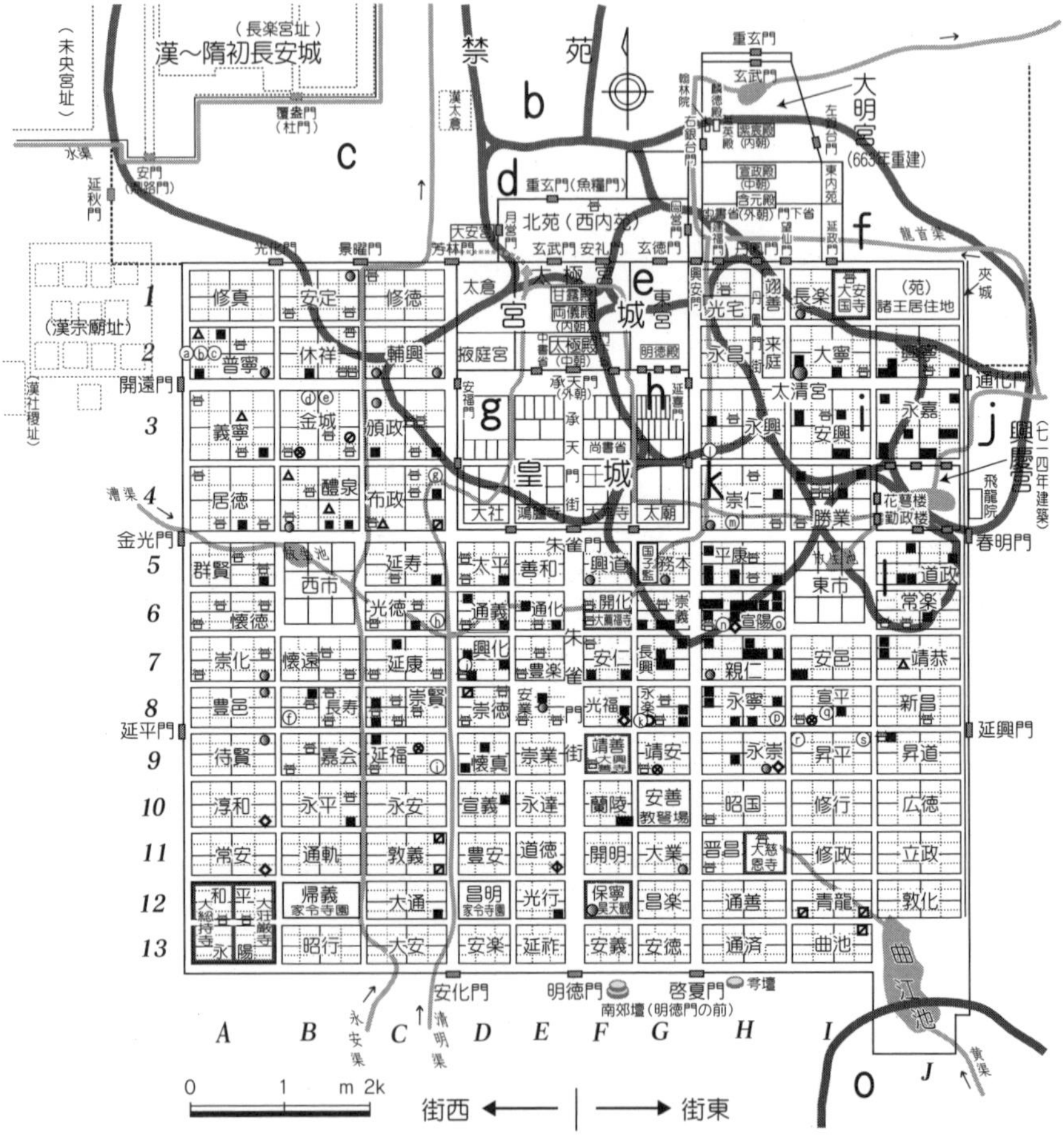

■ 官人邸宅

（■■は複数の邸宅の隣接を表す）

卍 仏教寺院（☒ 廃寺）

☐ 敷地面積の判明する主要大寺院

● 道観（⊘ 廃観）

◙ 敷地面積の判明する主要道観

◆ 廟（◈ 廃廟）

▲ 祆祠

⊗ 折衝府

※坊内で立地区画の判明する建物のみ記す

ⓐ漢大学遺址（普寧（A2）西街）

ⓑ漢辟雍遺址（大学遺址次東）

ⓒ漢明堂遺址（辟雍遺址次東）

ⓓ漢戻園遺址（金城坊1（B3）北門）

ⓔ漢博望苑遺址（戻園東南）

ⓕ長安県廨（長寿坊（B8）西南隅）

ⓖ右金吾衛（布政坊（C4）東北隅）

ⓗ京兆府廨（光徳坊（C6）東南隅）

ⓘ郯王府（玄宗長子・李琮王府，延福坊（C9）東南隅）

ⓙ邠王府（高宗第6子 章懐太子の子・李守礼王府，興化坊（D7）邠王守礼宅南隔街）

ⓚ廃明堂県廨（永楽坊（G8）西南隅）

ⓛ左金吾衛（永興坊（H3）西南隅）

ⓜ礼会院（崇仁坊（H4）南門之西）

ⓝ皇后帰寧院（宣陽坊（H6）竇毅宅西）

ⓞ万年県廨（宣陽坊（H6）東南隅）

ⓟ京兆府籍坊（永寧坊（H8）東南隅）

ⓠ鼓吹局（宣平坊（I8）街南の西）

ⓡ東宮薬園（昇平坊（I9）西北隅）

ⓢ漢楽遊廟（昇平坊（I9）東北隅）

図2　唐長安城復原図と呂大防「唐長安城図碑」拓本残存部分の対応箇所（妹尾　2009）—図5・図6も参照—

図 3　中華民國23年（1934）発見の「太極宮残圖」拓本写真

出典：曹婉如等編『中国古代地図集　戦国—元』北京・文物出版社、1990年、図47「長安城図残碑拓片（太極宮部分）」

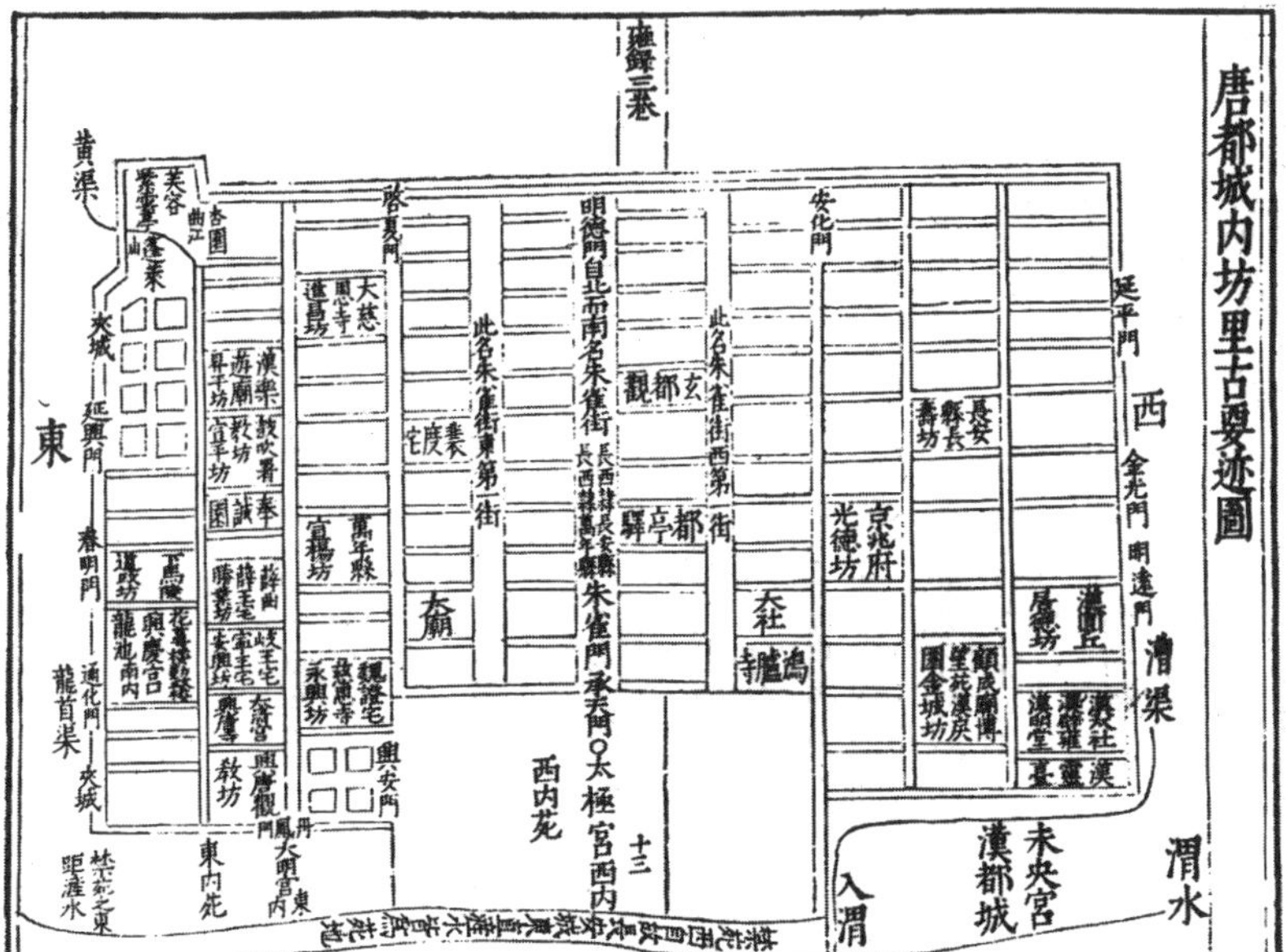

図 4　『雍録』巻 3「唐都城内坊裡古要跡図」と呂大防「唐長安城図碑」

出典：宋・程大昌『雍録』巻 3、唐都城内坊里古要迹図（宋元地方史叢書 1 所収　明・古今逸史本）

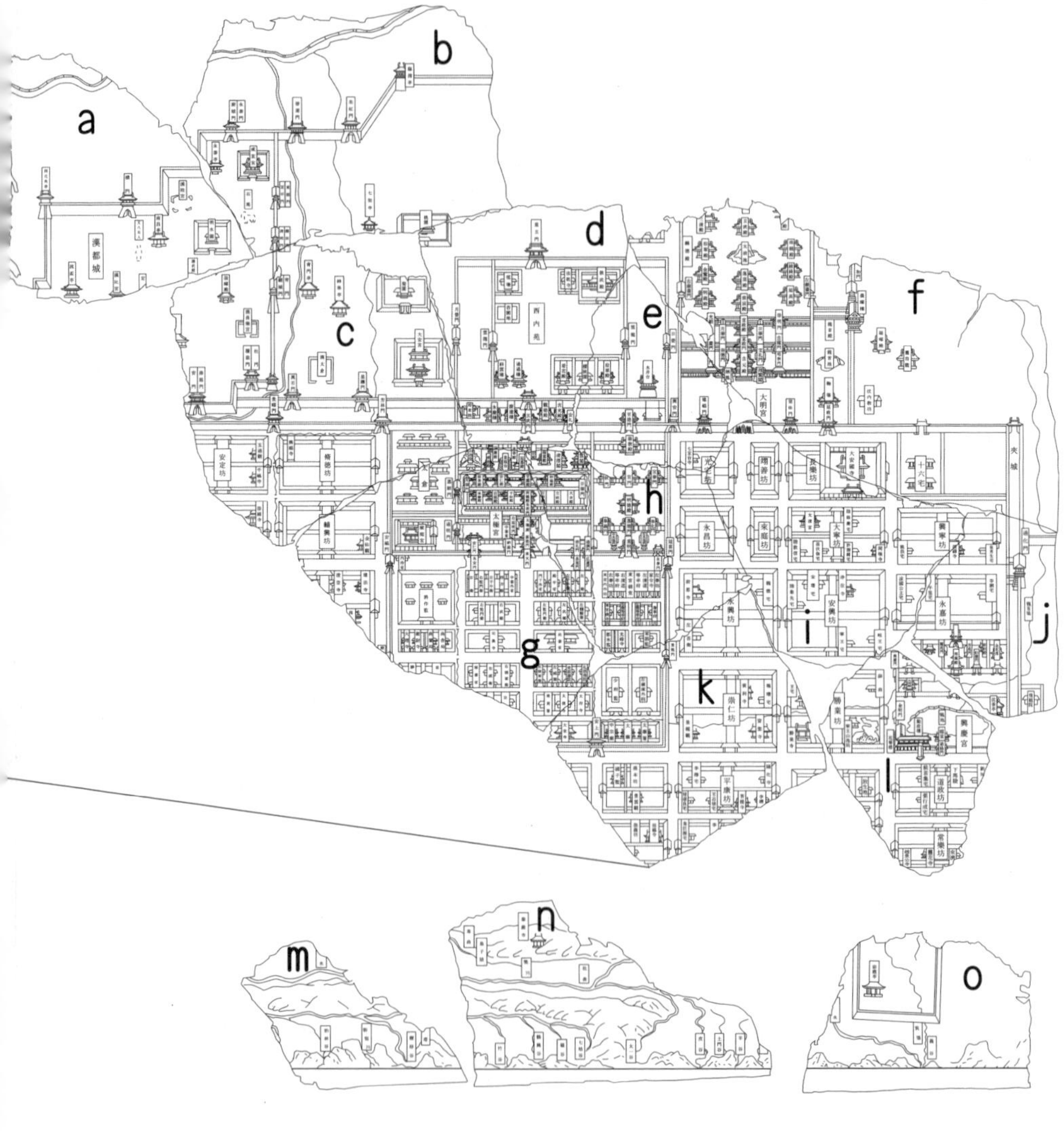

図６　呂大防「唐長安城図碑」拓本残存部分（ａ〜ｏ）

※本図は、平岡武夫編『唐代研究のしおり 第七 唐代の長安と洛陽 地図篇』（京都・京都大学人文学研究所、1956年）所掲図版二・第二図「長安城図」〔呂大防〕（本稿でいう「平岡模写唐長安城図」）を底図に、新たに筆者が描き直したものである。呂大防本図の禁苑部分（ａ・ｂ・ｃ・ｄ・ｅ・ｆ）と郊外部分（ｍ・ｎ・ｏ）は、石碑の大きさの制限を受けて実際よりも小さく描かれており、城内部分（ｇ・ｈ・ｉ・ｊ・ｋ・ｌ）の縮尺比率が、約１：9000で描かれているのと異なる。本図に対応する左の図５の残石箇所（ａ〜ｏ）は、図５の縮尺に合わせて描いているので、該当部分の大きさは本図とは異なる。

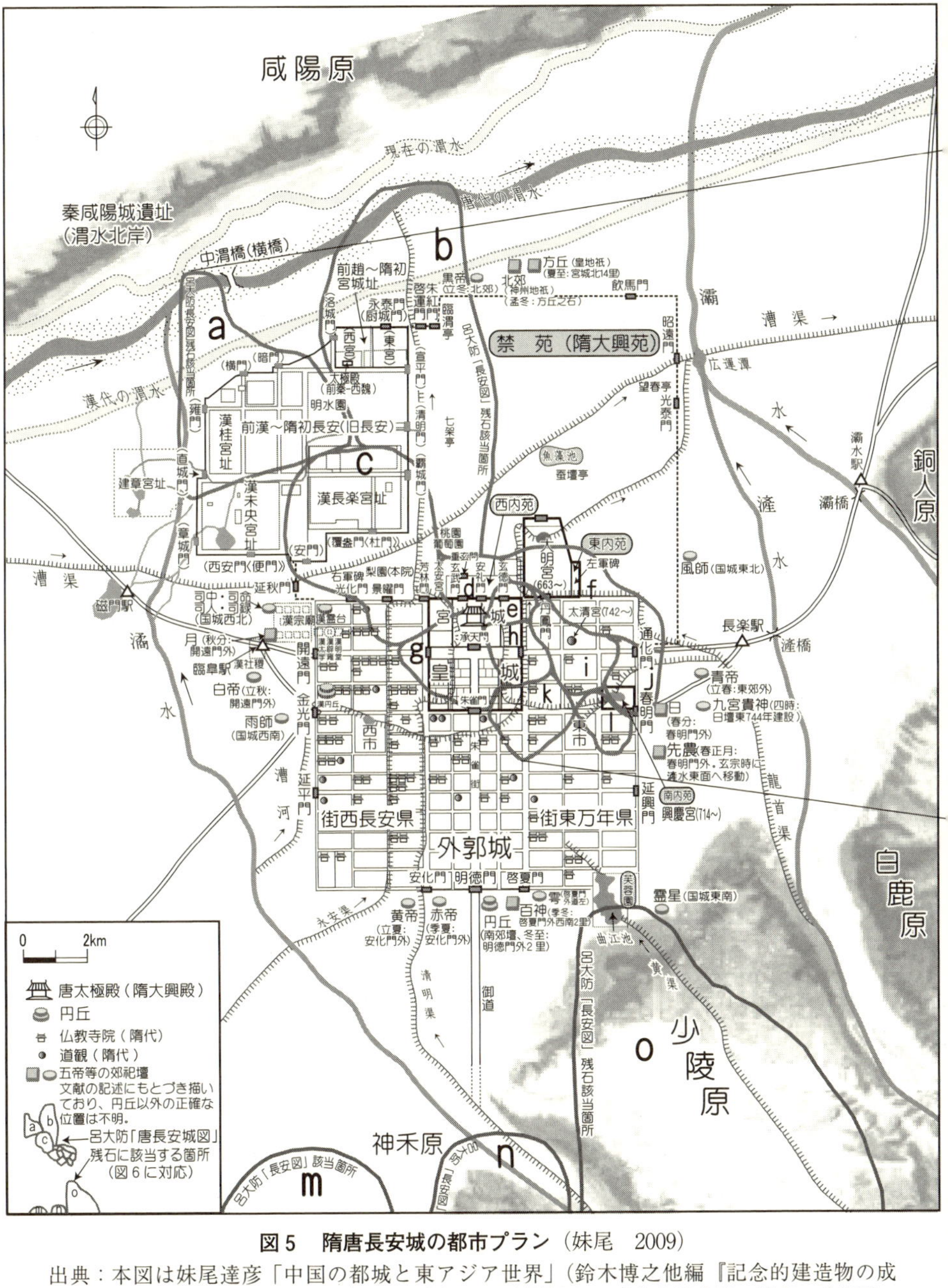

図5　隋唐長安城の都市プラン（妹尾　2009）

出典：本図は妹尾達彦「中国の都城と東アジア世界」（鈴木博之他編『記念的建造物の成立』東京・東京大学出版会、2006年）180頁所載図3-9「唐代長安城の近郊―交通路・灌漑施設・別荘・行楽地・墓域」を底図に、関連文献にもとづき修改。禁苑の建築構成と円丘を除く国家儀礼の祭地は文献による推測。漢代と唐代の渭水の流路は、史念海編『西安歴史地図集』（西安地図出版社、1996年）による。現在の渭水の流路は、Google2008年の航空写真による。

設け、犯罪者の逃亡や悪事の発生を防いだ。宮殿や官庁、民居、市区も、混在せずにそれぞれ別個につくられている。かつて無い最高の都城造営といえよう。唐の人たちは、隋の都城をうけつぎ、さらに数百年の間、唐の都城としてもちいたが、新たな宮殿や遊楽地の美観を大きく増加することはできず、ととのった都城プランにいたっては改める必要もなかった。隋の功績は少なくない。

おもうに隋文帝の統治期間はわずか二二年間にすぎないのに、朝廷にしたがわない国の平定は一つにとどまらず、後世にもたらした利益も一つにとどまらない。（文帝は）いつも民をおもいやり、皇帝みずから庶務を決して、遊ぶひまもなかった。古の聖人が朝早くから夜遅くまで仕事にはげんだことと比べても、文帝をこえるほどの聖人はほとんどいない。ただおしむらくは、（文帝は）無学で機略の才がなかったために、三代（夏・殷・周）の隆盛をつぐことができなかった。私（呂大防）は、長安城の古図を校訂した際に、長安の建築制度が精密で、（隋の人たちが）勇気をふるって造営にあたった点を愛し、また（その一方で）、唐の人たちが隋をねたんで、歴史家がその真実を無視することをうれいたので、ここに書き加えた。元豊三年（一〇八〇）五月五日、龍図閣待制・知永興軍府事・汲郡呂大防が題す。

拓本として残る清末に発見された「唐長安城図碑」の残石部分から推測すると、「唐長安城図碑」原石は、高さ二メートル、幅一・五メートルほどもある大きな石刻であったと考えられている。現存する「唐長安城図」原石は、残念ながら、現在のところ、一九三四年に再発見された太極宮の箇所の残石一片が存在するのみである（図3参照）。同時に発見された「唐大明・興慶両宮図残石」は、「唐長安城図碑」と同時に別に作成されて、「唐長安城図」の横に立石した「唐太極・大明・興慶三宮図碑」の一部と考えられる（註（7）周錚論文参照）。

韋述『両京新記』は、八世紀前半の盛唐の長安と洛陽を叙述する無比の同時代史料であり、唐両京研究の最重要書であるにもかかわらず、現在、長安城の街西を記す巻三部分のみしか残存していない。そのため、呂大防の「唐長安

城図碑」をてがかりに、『両京新記』の復元が可能になることも、呂大防「唐長安城図碑」のもつ価値である。(15)

三　呂大防「唐長安城図」が表現するもの——近代的な権力の浸透——

清末に発見された「唐長安城図碑」残石の拓本は、図5・図6のように、長安城の全体ではなく北の部分と郊外・題記にすぎない。しかしながら、現存する呂大防「唐長安城図」の石刻と拓本や「唐大明宮・興慶両宮図残石」に依拠するだけでも、他の文献資料ではうかがうことのできない、多くの貴重な情報を知ることができるのである。すなわち、各種の宮殿・官庁や囲郭居住区（坊）、寺院・道観等の立地・規模・建築構造、官人邸宅の場所、城内の水渠の流路、池の分布などの都の生活空間が、手にとるようにわかる。これは、みな、呂大防の図の残石や拓本が残存していなければ、ここまで具体的には知ることができなかったものである。幸いだったことは、現存する「唐長安城図碑」拓本の主要部分が、太極宮・大明宮・興慶宮の三大宮殿をふくむ長安城の街東北部の箇所であり、長安城内の政治・経済の中枢地区と重なっていた点である。そのために、この拓本から、八世紀前半を主とする唐朝の中央官庁の立地の詳細と、城内で最も地価の高かった、大明宮と太極宮・興慶宮に挟まれた外郭城内東北部の高級邸宅街の景観を復元することが可能となる。

つまり、呂大防「唐長安城図碑」残石箇所から、太極宮の全容と皇城の整然とした建築配置、太極宮・大明宮・興慶宮等の宮殿を囲む城壁、外郭城の城壁、夾城（二重の城壁）、外郭城の坊の壁と坊門、坊内の十字街、長安城東北部分に展開する仏教寺院や道観、政府高官の邸宅、庭園、水渠、国子監や左金吾衛等の各種の官庁の分布が、あたかも目の前に広がっているかのように一挙に把握することができる。本図から、漢長安城を禁苑の中につつみこんだ隋唐長安城の巨大さも強く印象づけられる。

太極宮と大明宮、興慶宮という三つの広大で華麗な宮殿と禁苑、広大で整然とした外郭城の内部構造から、天子＝皇帝の都である長安の偉容が立ち上がり、八世紀前半期を中心とする長安の繁栄ぶりと、生活空間の質の高さが浮き彫りにされるのである。まさしく天子の都にふさわしい、秩序と活気をともに備えた都市空間が眼前に浮かび上がる。見る者にこのような印象を与えることこそが、この大きな石刻を立石させた為政者の動機となるだろう。

このことは、呂大防「唐長安城図碑」と韋述『両京新記』巻三西京街西、『両京新記』を増補した宋敏求『長安志』などの文献にもとづいて筆者が描いた、八世紀前半の長安の復原図（図2）と、呂大防「唐長安城図碑」（図6）を比べた際に、より明瞭となる。

呂大防は、「唐長安城図碑」の上部に刻んだ「題記」の中で、唐長安城の石刻図の作成に際して、当時存在していた「旧長安図」と、唐の韋述（?～七五七）が開元一〇年（七二二）ごろに完成した『両京新記』巻一～巻三に当たる西京・長安の叙述を参照し、さらに、当時の遺跡調査にもとづいて作成したことをのべている[16]。呂大防は、京兆・藍田県の出身で、長安の位置する関中平野の地方官を繰り返し、「唐長安城図碑」を作図した元豊年間（一〇七八～一〇八五）の初頭には、かつての唐都・長安の地の長官である知永興軍府事となっている。十一世紀末において、長安の歴史地理に最も習熟した学者の一人であった。

依拠した文献史料が、主に韋述『両京新記』の西京・長安の記述箇所であったために、呂大防「唐長安城図碑」の描いた城内の建築物は、韋述の描いた八世紀前半の盛唐期のものが多い。

平岡武夫氏は、本図中の建築物が開元二〇年（七三二）頃の状況を示していることを指摘している（同編『長安と洛陽　地図』解説篇、五三～五四頁）。ただし、現存する図中の二五例の官人宅は、確かに開元年間の事例が最も多いが、開元年間以前の隋代から唐中期にかけて城内で居住した高官の邸宅も含んでいる。また、題記がしめすように、九世紀の城内の改造の様子も描いている。呂大防は、唐初から九世紀に至る長安の都市社会の成熟の過程を、一つの図に描こうとしたのであろう。

呂大防が、一〇八〇年に唐長安城図を作成した時期は、元豊の官制改革（同年の一〇八〇年にはじまる）に代表される、唐王朝の文物制度への復古運動が高まる時期である。この復古運動の背景には、中国大陸西北に台頭した党項族の西夏や、中国大陸東北部に覇を唱えた契丹族の遼の強大化への対抗意識と、宋と異なり大帝国をなした唐王朝への憧憬があった。呂大防の「唐長安城図碑」が、唐王朝の文化の復活をはかる、当時の政治状況と密接に関連しながら作成されたことも、忘れてはならない。

このように、呂大防「唐長安城図碑」は、太極宮・大明宮・興慶宮の長安三大内や禁苑の遊戯性に満ちた圧倒的な偉容、秩序だって整然と区画された官庁街、城壁に囲まれた街並み等を描くと同時に、住民の生活に密着する儒教・仏教・道教三教の宗教建築の立地や、壁に囲まれた坊の中の多数の官人の邸宅や庭園、巨大な東西の市場、水渠等の住民の生活空間も、同じ平面で一緒に描いている。

この描き方によって、呂大防「唐長安城図碑」は、八世紀前半の唐長安城に誕生した都市の生活空間の成熟を、都市図という形に初めてまとめあげた。同時に、「唐長安城図碑」は、社会の世俗化の進展に即応した題材を描くことで、天子‐皇帝の権威が、個々人の心に浸透し始める社会の到来を表現してもいる。

「唐長安城図碑」では、宮城・禁苑から儒仏道の宗教施設や城内の一般居住地等に至る多様な空間を、同じ平面に並列することで、天子‐皇帝の威光が、空間の隅々に至るまで浸透するように描かれている。要するに、「唐長安城図碑」は、個人にまで政治権力が及ぶようになる、近代的で均質的な権力の生成を表現する、中国最初期の都市図と思われるのである。このような「唐長安城図碑」に見られる都城の都市図の描写法と機能は、前近代を通して後代の都市図に継承されていく。

おわりに――呂大防「唐長安城図碑」の影響――

このように、呂大防「唐長安城図碑」は、都市図の世界に新しい視角をもたらした。宋代以後に立碑された南宋蘇州の「平江図」、桂林の「静江府」等の図碑は、呂大防「唐長安城図碑」の作図法の影響を直接に受けている。また、呂大防「唐長安城図碑」の前身として、唐代の賈耽「海内華夷図」があげられ、同時代の作品として、「華夷図」(一一三六年刻石)や「禹跡図」(同上)があげられよう。また、多くの地方志に記載の都市図は、呂大防「唐長安城図碑」と同じように、八、九世紀以後の中国都市の成熟を背景に描かれている。さらに、呂大防「唐長安城図碑」の流れの中から、北宋末になると、都城の繁栄を描く都市繁盛記や都市風俗図に類する書画も生まれるようになるのである。

北宋の都城・開封を描いた南宋の百科全書である『事林広記』に所載の「開封外城図」は、汴河を始め水路が縦横に走る都城の情景を描く。この図と、実際の開封城の復原図を比べると、方位や水路、形状に違いがあるが、『事林広記』「開封外城図」が、水路を活用する機能的な都城の特色をよく捉えている点に注目されるのである。この点にも、都市の行政機能と生活空間とを重ねて描くことで、一般社会への王権の権威の浸透を可視化する、宋代以後の都市図のもつ特色を窺うことができるのである。

隋大興城(唐長安城)は、漢代以来の長安城の東南の丘陵地帯に新たに造営された。その画期性は、北宋の著名な政治家・呂大防による、長安史の最重要史料の一つとされる呂大防「唐長安城図」の内容から明かである。本稿は、このような隋唐長安史研究に決定的ともいえる重要性をもつ呂大防「唐長安城図碑」を題材に、中国都城史と中国都市図の変遷を探ったものである。ただ、本稿は、呂大防「唐長安城図」の紹介に終始しており、内容の詳細な分析にもとづく歴史的意義については、別稿を期したいと思う。

註

（1）本稿は、妹尾達彦「唐長安図碑」（『月刊しにか』二〇〇一年九月号、東京・大修館書店）五二～五五頁と、同「中国歴史都市図の変遷―イメージと現実―」（国際学術大会「東北アジア歴史地図の現状と課題」韓国ソウル大学奎章閣、二〇〇七年一一月三〇日での報告原稿）の内容を、近年における研究成果をふまえて全面的に増補したものである。

（2）李孝聡氏は、近著『歴史城市地理』（済南・山東教育出版社、二〇〇七年）において、中国都市歴史地理についての研究を体系化され、都市図の変遷についても随処で示唆に富む叙述をしている。

（3）何士驥「石刻太極宮暨府寺坊市残図大明宮残図興慶宮図之研究」（『考古専報』一‐一、北平・国立北平研究院、一九三五年）。

（4）福山敏男「唐長安城の東南部」（同『福山敏男著作集　六　中国建築と金石文の研究』（東京・中央公論美術出版、一九八三年、初出一九五三年）。

（5）平岡武夫編『唐代の長安と洛陽　地図』の解説篇（京都大学人文科学研究所、一九五六年）。なお、平岡氏の本編著に所掲の呂大防「長安図」の復原図（平岡「長安図」と記す）の誤植と欠落部分の考証が、陝西省文物管理委員会「唐長安城地基初歩探測」（『考古学報』一九五八年第三期）九一頁に所掲の「『唐代の長安と洛陽』模絵唐長安城図勘訂表」に掲載されている。

（6）李健超「宋、呂大防「長安図」的科学価値」（同『漢唐両京及絲綢之路歴史地理論集』西安・三秦出版社、二〇〇七年、初出一九八四年）二〇一～三〇〇頁。

（7）周錚「呂大防長安図碑和三宮図碑」（曹婉如他編『中国古代地図集　戦国―元』北京・文物出版社、一九九〇年）二五～二九頁。

（8）辛徳勇「考『長安志』『長安志図』的版本―兼論呂大防『長安図』」（同『古代交通与地理文献研究』北京・中華書局、一九九六年）。

（9）宿白「現代城市中古代城址的初歩考査」（『文物』二〇〇一年第一期）六二頁注9。

（10）韋述『両京新記』については、妹尾達彦「韋述的『両京新記』与八世紀前葉的長安」（栄新江主編『唐研究』第九巻、北京・北京大学出版社、二〇〇三年）九～五二頁を参照。

（11）李健超、註（6）前掲「宋、呂大防「長安図」的科学価値」二九五～二九七頁。

（12）より正確に言えば、拓本自体は第二次世界大戦の東京空襲で焼失したので、同拓本を撮影した先頁掲載の『東京城　渤海国上京龍泉府址の発掘調査』所収の拓本写真と、岸辺成雄氏が別個に所蔵していた前田直典氏蔵拓本の写真にもとづいて模写された。

（13）福山敏男、註（4）前掲「唐長安城の東南部」、および、平岡武夫編、註（5）前掲『唐代の長安と洛陽　地図』の解説篇四九頁を参照。

（14）発掘時の状況と出土した長安城図碑断片の考証は、何士驥、註（3）前掲「石刻太極宮曁府寺坊市残図大明宮残図興慶宮図之研究」を参照。

（15）より詳しくは、辛徳勇、註（8）前掲「考『長安志』、『長安志図』的版本――兼論呂大防『長安図』」、妹尾達彦「唐開元長安城図作製試論」（『歴史人類』第二六号、筑波大学歴史・人類学系、一九九八年）を参照。

（16）『雲麓漫鈔』に引く呂大防「長安図」題記を参照。宋・趙彦衛撰、傅根清点校『雲麓漫鈔』一四〇頁、平岡武夫編、註（5）前掲『唐代の長安と洛陽　地図』解説編、五一頁参照。

中国古代都城の園林配置に関する基礎的考察
――都城外苑を中心として――

北田裕行

はじめに――朴漢済氏の胡漢体制論とその批判――

中国古代都城の系譜を考えるうえで、都城に付属し広大な面積を占める園林の配置は、重要な意味をもつと考えられるが、これまでその問題について言及された論文は決して多いとは言えない。そうした中で最も影響を与えたのは朴漢済氏の論考である(1)。朴漢済氏は宮闕が内城最北端中央に位置し、北に園林が置かれる形式を「北宮後庭」形式と呼び、坊制の布置とともに遊牧民族国家であった北魏平城から始まり、隋唐長安城で完成したとする。そして五胡北朝から隋唐に至るまでを「胡漢体制」の時代として把握している。

このような朴漢済氏の説に対し、外村中氏から異論が出された(2)。外村氏は朴氏のいう「北宮後庭」の庭が園林ではなく後宮を指すものであることを指摘し、さらに後漢洛陽城の北西に濯龍園が存在したこと、魏晋時代の洛陽城にすでに華林園が存在したことなどから、北に園林を置くのは、北魏以前に漢族の制度として存在していたことを指摘した。北に園林を置くのが漢族に由来するという外村氏の見解に筆者も基本的に賛成である。ただし華林園は都城内北に置かれた、内園に属するもので、北魏平城の鹿苑のように、都城外に置かれた大規模な外苑とは分けて考えるべきであろう。なお中国の都城は宮城、内郭（皇城）、外郭の三重で構成されるが、本稿でいう内園とは内郭内にあって宮城に接し、主として人工的自然景観の鑑賞を目的とする園林であり、本稿でいう外苑とは都城の外側に隣接する、広大な苑囿を指す。

本稿では、園林を内園と外苑とに分けたうえで、改めて各都城とそれに付属する代表的園林との配置関係について基礎的な検討を行い、外苑が北に位置するに至った経緯や背景、および外苑の機能の変化について検討したい。

一　東西軸の内園と都城外西の外苑

1　前漢長安城の建章宮と上林苑

秦都咸陽および前漢長安城における代表的な外苑は上林苑であった。上林苑は咸陽および前漢長安城の西から南にかけて広がっており、漢の武帝のときに拡大された。その規模は周囲三百里（約一二一・五km）とも数百里ともいわれる広大な園林で、(3)七十カ所もの離宮別館が建てられ、多くの馬車や騎兵を収容できたといい、(4)苑中には百獣が養われ、秋冬に軍事訓練を兼ねた大規模な狩猟が行われた。(5)

前漢では、「園」といえば城外にある御宿園や梨園などの果樹園か(6)もしくは陵墓近くにもうけられた祭祀を行う陵園（寝廟園。陵廟の廟園と寝殿・使殿の寝園を含む）を指しており、後の華林園のように宮城に隣接し、苑池をそなえた空間は「園」と称されなかった。ただし、実質的な内園は存在していた。前漢長安城の中心的な宮殿であり、長安城の西南に位置する未央宮前殿の西南には滄池があり、滄池中には漸台があった(7)（図1）。さらに未央宮の西には建章宮があり、建章宮には太（泰）液池があって、池中には漸台とともに瀛洲、蓬莱、方丈、壺梁を象った神山が造られていた(8)。そして建章宮の西南には武帝が開鑿した昆明池を中心とする苑池空間があり、長安の南の南山から西の長楊宮にかけて広がっていた広大な上林苑の一部であった。一方、これらの苑池から反対側にあたる長安城の北と東には外郭の存在が想定されている(9)。楊寛氏によれば、都城の配置構造について、前漢までは西南を尊位とする礼制のもとに「座西朝東」の構造をもつ都城が造られたという(10)。前漢長安城の園林の配置についても、この「座西朝東」の構造に対応している。つまり、外苑(上林苑)―内園(建章宮)―宮城(未央宮)―内郭(長安城内)―外郭、という西南―東北方向の軸線がうかがえる。宮城からみて外郭と外苑が反対の方向にあり、後方にあたる西に園林を配置するという構造であった。

2　後漢洛陽(雒陽)城の濯龍園・芳林園と上林苑

後漢洛陽(雒陽)城(二五～二二〇)の城内(内郭内)には、濯龍園や芳林園、直里園などの内園があった

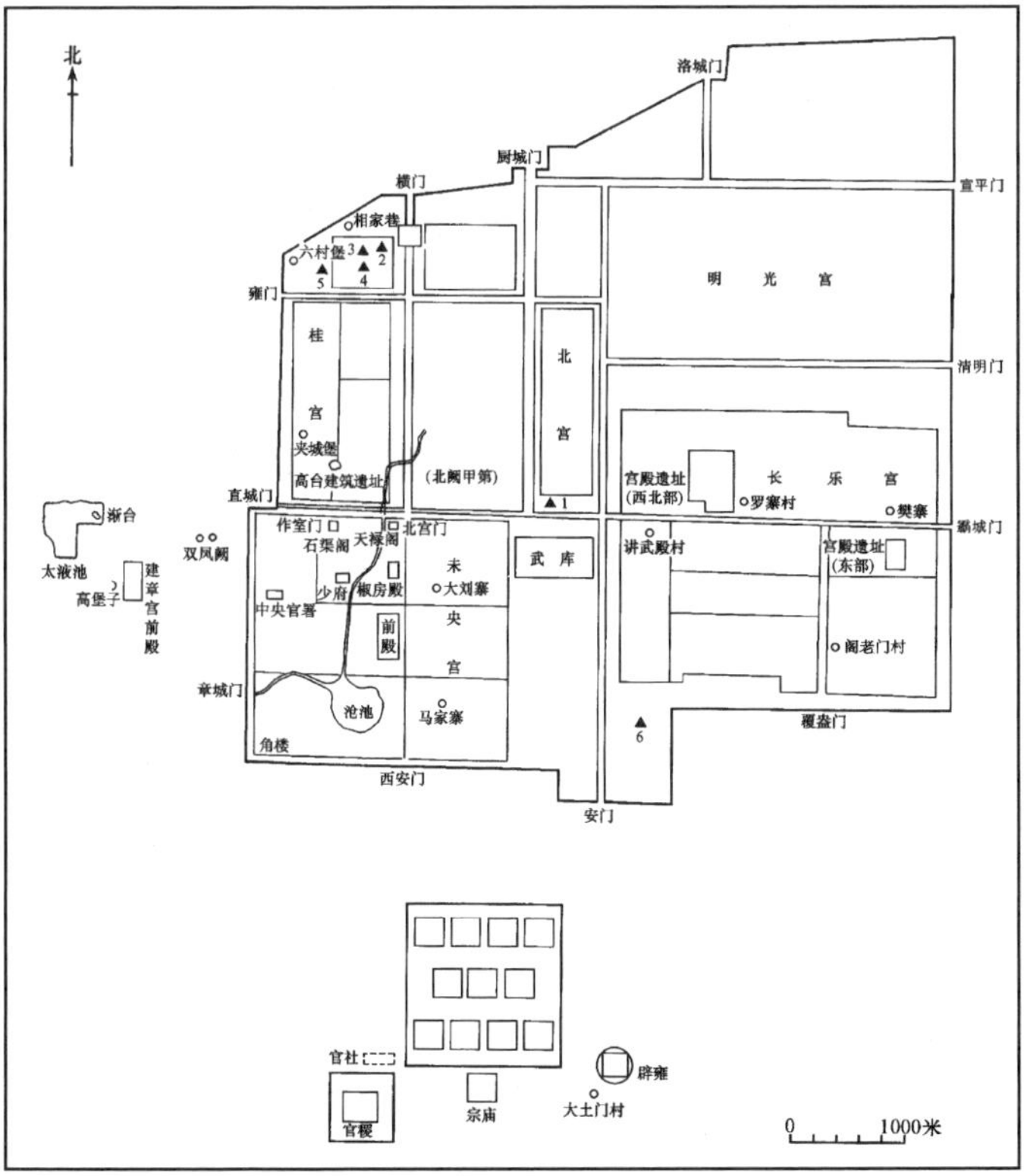

図1　前漢長安城(劉慶柱『考古』1996-10を一部改変)

（図2）。

濯龍園の位置について『徳陽殿賦』は北宮内にあった徳陽殿の北とするが、[11]『続漢書』百官志の李賢注には北宮に近いとみえ、[12]北宮の外側に位置したと思われる。『元河南志』の引く『続漢書』佚文には西北角とあり、[13]その場合徳陽殿からは北にあたるので、洛陽城の西北角に位置したと思われる。

芳林園については『元河南志』に歩広里にあったと見え、その歩広里は上東門内にあり、翟泉があったと伝える。[14]翟泉は春秋時代からある古い池で、おそらくその周辺を芳林園として整備したのであろう。銭国祥氏の後漢洛陽城復原図は濯龍園と芳林園をともに北宮内に比定しているが、[15]以上のように北宮の東西にそれぞれあったと思われるので、問題があろう。

また直里園が洛陽城の西南角にあり、直里監の管轄であった。[16]

そのほか、城内には西園もあった。『続漢書』五行志には「靈帝は何度も西園中で遊び戯れ、後宮の采女を客舎の主人とし、自らは商売の服を着た」とあり、[17]『後漢書』霊帝紀にも同様に「この年（一八一）、霊帝は後宮で市を作り、采女たちを使って販売させた」とあるので、[18]西園が後宮内にあることが明らかである。西園の位置は確定し難いが、

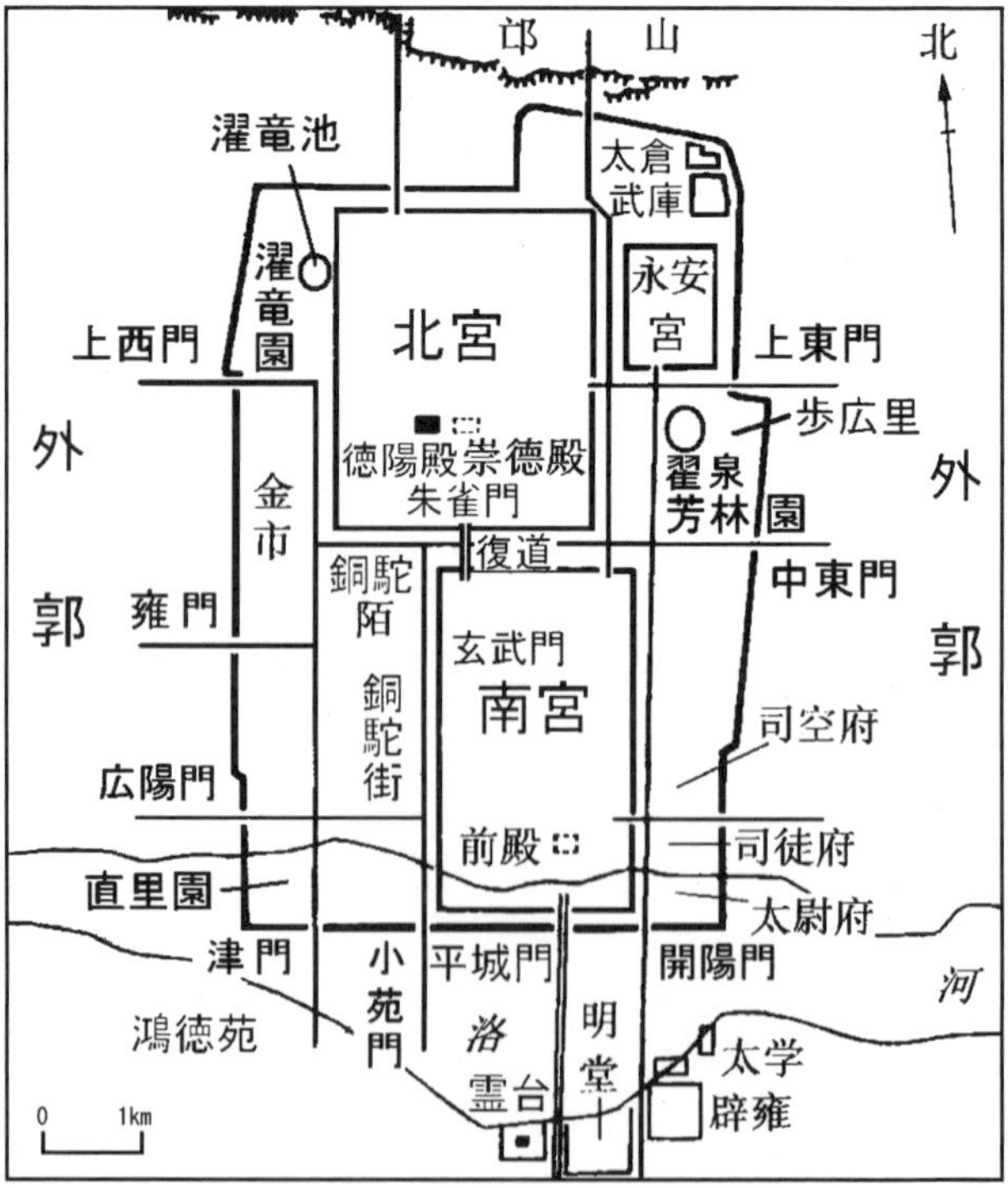

図2　後漢洛陽城（銭国祥『考古』2003-7を改変）

いずれにせよ、主要な宮殿の西側にあったのは間違いなかろう。

次に外苑については、後漢洛陽城の東・西・南に外郭があり、[19]その外郭外にいくつかの外苑があった。中でも最初に設置された、代表的な外苑は上林苑であった。班固の『東都賦』には「永平（五八―七五）の際に至りて、…外は則ち原野に因りて以て苑を作り、流泉を填《うず》めて沼と為す」とあり、[20]『後漢書』楊賜伝には「先帝の制で、左に鴻池を開き、右に上林を作った」とあるので、[21]後漢明帝の永平年間、洛陽の東に鴻池、西に上林苑を造ったことがわかる。『東京賦』には上林苑で行われた狩猟の様子がうたわれ、上林苑の重要さがうかがえる。上林苑は長安城西南の上林苑に倣ったものである。

後漢の明帝は長安の上林苑だけではなく、そこにあった施設も模倣した。元封六年（前一〇五）に長安の住民が角抵を上林苑の平楽館で見物し、[22]『西京賦』にも平楽館の百戯の様子が詠まれていて、前漢長安の上林苑には平楽館が存在したことが知られるが、後漢の明帝も永平五年（六二）、長安の飛廉館にあった飛廉（神獣）及び銅馬を迎え取り、西門外の上に置き、平楽館と名づけている。[23]なおその辺りは後に平楽苑と呼ばれるようになったらしい。[24]前漢の平楽館も後漢のそれも、百戯の演場・議武場であった。[25]

以上のように、後漢洛陽城の代表的外苑である上林苑は前漢長安城を受け継いだもので、長安城と同じく西郊にある。内園も宮城の北ではなく東西に位置している。楊寛氏は前漢から後漢へ移る時、都城の中枢部が西南に位置しなくなったことから、都城の配置が「座西朝東」から「座北朝南」へと変化したことを指摘し、後漢洛陽城を都城構造の転換点とみているが、[26]内園がまだ宮城の北にないという点からみると、六朝期の都城内郭に典型的にみられる形式は未だ完成していないといえる。この点は次の曹魏鄴北城にもいえることで、六朝期の都城構造に至る過渡期といえよう。

3　曹魏鄴北城の銅爵園と玄武苑

曹魏鄴北城は後漢末の建安九（二〇四）年に鄴を攻略した曹操が宗廟や宮殿を築き、以後曹丕が黄初元年（二二〇）に洛陽（洛陽）に遷都するまで、事実上の都であった。その代表的な園林は銅爵園で、鄴北城内の西北部にあり、考古学的にもその範囲が明らかになっている(27)（図3）。銅爵園の西には城壁を土台として北から氷井台・銅爵台・金虎台の三台が並んでいた(28)。

そして鄴北城の西には玄武苑が設けられていた(29)。『魏都賦』には、垣が繞らされ、葡萄などが植えられ、誰でも鹿を捕まえることができたとうたわれている(30)。その玄武苑には建安十三（二〇八）年に曹操が開鑿した玄武池があり、水軍の訓練が行なわれていた(31)。

鄴北城では宮城の正殿である文昌殿や聴政殿は北部中央の宮殿区に位置し、中央官署は宮殿区の南に位置しており、楊寛氏のいう「座北朝南」の構造になっている。その一方園林の配置をみると、内園である銅爵園は依然として宮城の西にあり、外苑である玄武苑も都城外西にあった。つまり依然として前漢長安城と同じく外苑―内園―宮城の東西軸がうかが

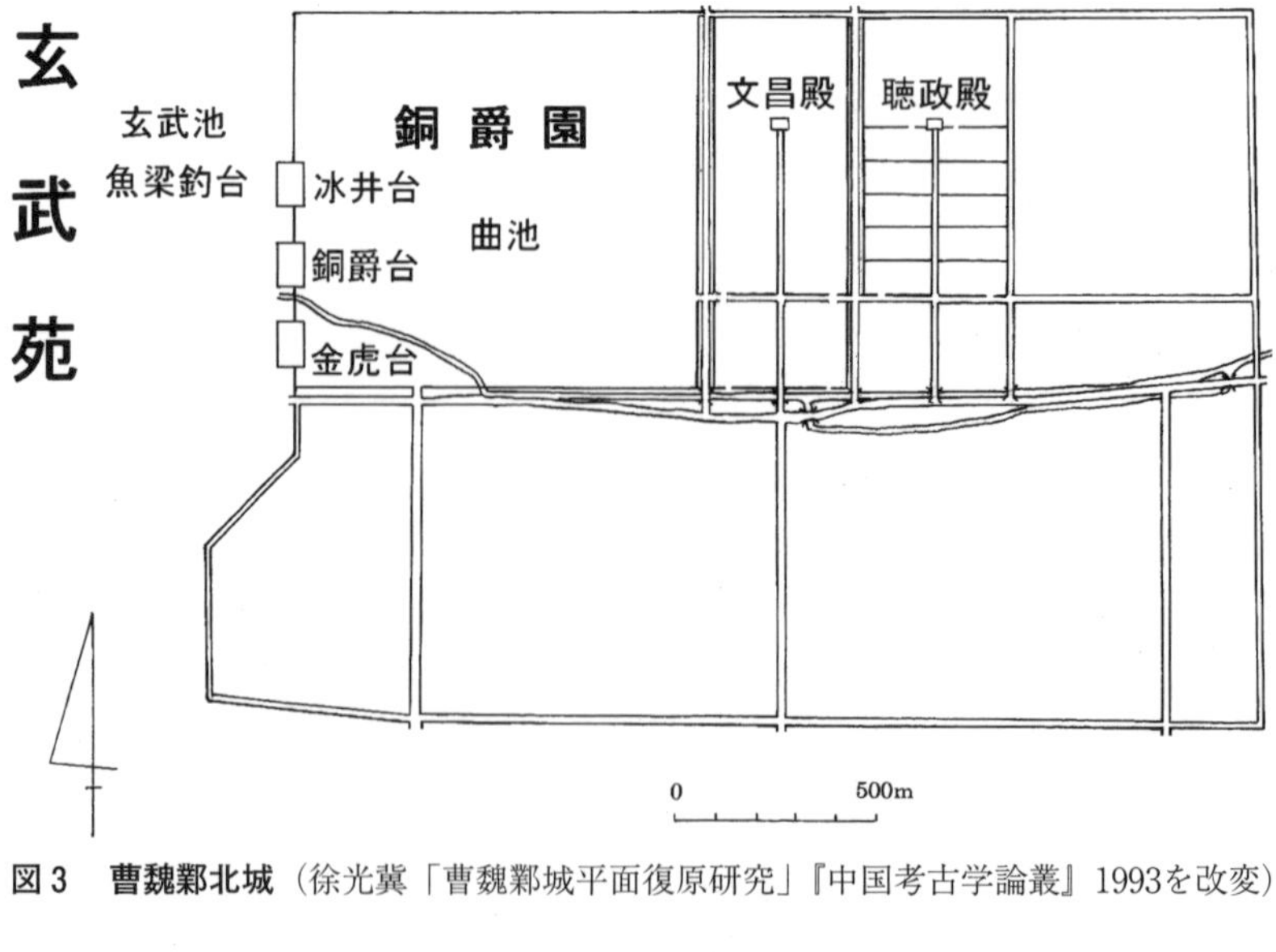

図3　**曹魏鄴北城**（徐光冀「曹魏鄴城平面復原研究」『中国考古学論叢』1993を改変）

え、やはり六朝期の都城構造に至る過渡期といえよう。

二　宮城北の内園の出現——曹魏洛陽城の桐園・芳林園（華林園）——

魏の曹丕は黄初元年（二二〇）、洛陽で後漢王朝の禅譲をうけて曹魏の最初の皇帝、文帝（在位二二〇～二二六）となった。曹魏文帝は後漢末の戦乱で灰燼に帰した洛陽宮の再建を始めた（図４）。黄初二年（二二一）に凌雲台（陵雲台）を築き[32]、さらに黄初三年（二二二）、凌雲台の東に霊芝池を穿った[33]。この霊芝池には石組みの水渠によって水が注がれていた。『水経注』によれば、後に北魏が洛陽に遷都した際、街路や水渠を修復したが、霊芝九竜池に注ぐ水渠の上面の石版を開けてみると、石組みがよくできていて破損がなかったので、そのまま利用したという[34]。凌雲台には高楼が建てられ、高さは二三丈あったといわれる[35]。おそらく凌雲台から霊芝池が一望でき、凌雲台自体も借景として、一体となった苑池空間を形成していたことであろう。霊芝池の一帯は曹魏時代には桐園と呼ばれ[36]、西晋時代には霊芝園[37]、北魏時代には西遊園と呼ばれた。なお現在、洛陽宮城遺跡に羊塚と呼ばれる土台があり、すでに発掘調査が行われて円形の磚済み構造物が発見されており[38]、これは氷室跡で羊塚は凌雲台にあたると推定されている[39]。

文帝の桐園造営で注目されるのは、宮城の正殿である徳陽殿（後の太極殿）の北に造ったということである[40]。後世に続く、宮城北に位置する内園の嚆矢であった。

その後、文帝は黄初五年（二二四）に天淵池を穿ち、同七年に九華台を築いた[41]。天淵池や九華台は芳林園（後の華林園）内の池台であり、文帝の時に芳林園も造られたことがわかる。

文帝に続く明帝（在位二二六～二三九）は青龍五年（二三七）、芳林園に景陽山を築いた[42]。『水経注』によれば、明帝が築いた景陽山は都城北壁の大夏門（元の夏門）内の東側にあった[43]。景陽山も芳林園内の築山なので、曹魏時代の芳林園は北魏時代と同じく宮城の北に位置したと考えられる。考古学的な研究によっても、例えば後漢の南宮に再建された痕跡がないことから、魏晋時代には南宮は再建されておらず、魏晋洛陽城は全く新しいプランで再建されたもので、北魏洛陽城は基本的に魏晋洛陽城を受け継いでいると考えられている(44)。曹魏洛陽城の芳林園は後漢洛陽城の芳林園の名称を用いているものの、実質的に新たに造営されたもので、北魏洛陽城に受け継がれるものである。なお芳林園は斉王芳の時に、諱をさけて華林園と改称されている(45)。

明帝は青龍三年（二三五）に洛陽宮を大いに整備し、太極殿や皇后の正殿である昭陽殿などを建設しているが(46)、渡辺信一郎氏によれば、明帝の時に完成した太極宮を中心とする宮城内の配置は太極宮型宮城と呼ぶべきもので、天の星象配置に擬して造られたものという。そして明帝が芳林園の東に聴訟観を設置し、以後華林園で裁判を行うようになったのは、陰陽思想では刑獄・裁判にかかわる事象は陰に属し、北方に配置されたためであり、宮城南面の闕門の陽と陰陽対峙したとされる(47)。

また吉田歓氏の研究によれば、曹魏鄴北城の正殿である文昌殿の文昌は貴臣の星座を意味し、献帝がいる許昌の紫微宮が天子の星座を表すのに対応するものであった(48)。

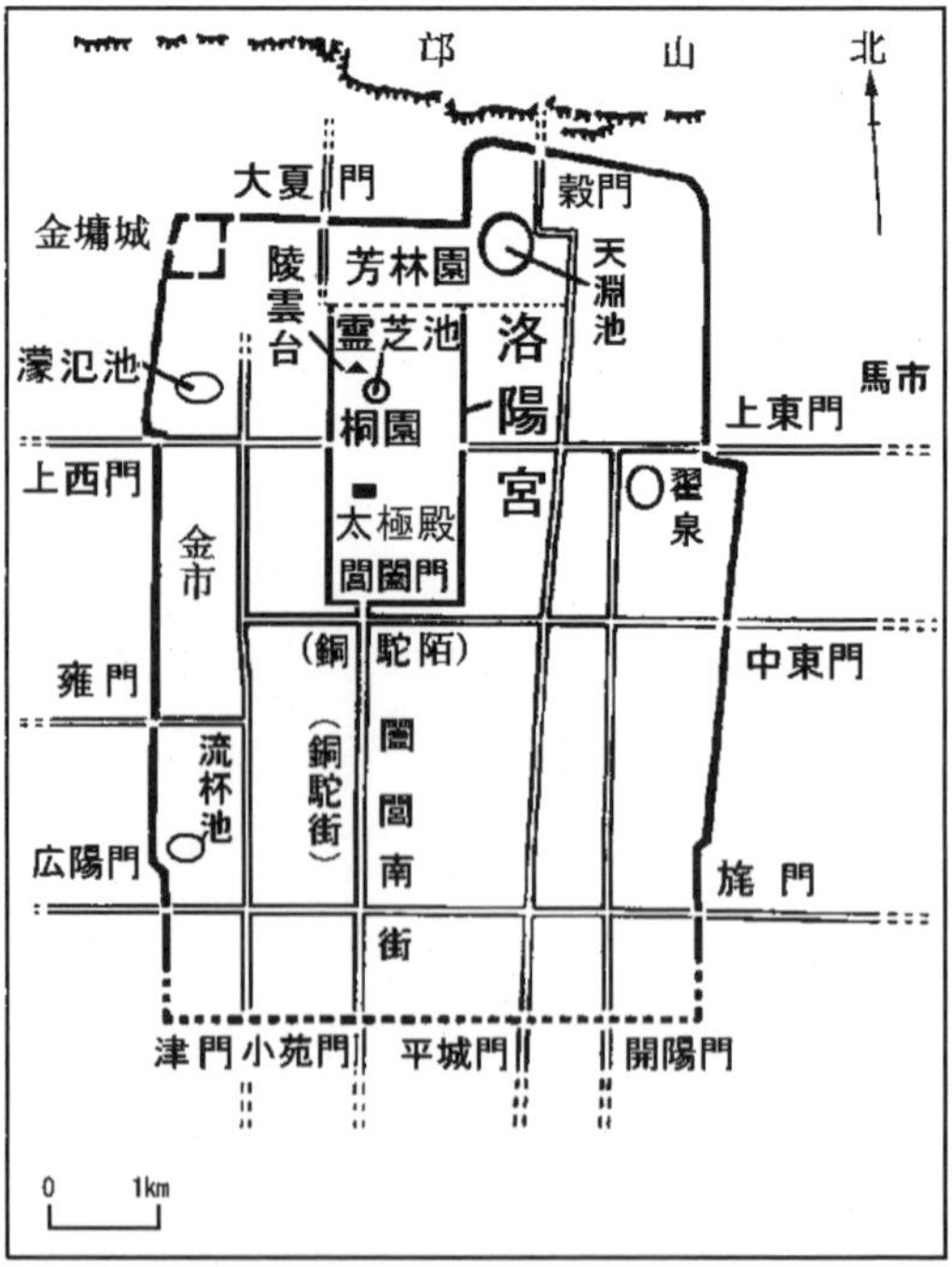

図4　曹魏洛陽城（銭国祥『考古』2003-7を改変）

すなわち、太極宮型宮城は明帝期に完成したものの、曹操の時代からすでに皇帝を北極星になぞらえる思想が存在したのであり、献帝から禅譲を受けて即位した文帝期において太極宮型宮城がすでに構想・計画されていた可能性があろう。桐園（後の霊芝園・西遊園）や芳林園（後の華林園）など、文帝期に宮城正殿の北に造られた内園は後漢時代までの園林配置とは異なるもので、新たに太極宮型宮城の計画の一環として配置されたと思われる。都城内郭内における内園の配置から見た場合、曹魏の文帝期が重要な転換期であったといえよう。

以後内園は華林園として、洛陽や建康、鄴南城など南北朝の各都城で、宮城中枢の北に位置することとなったが、それについては既に村上嘉実氏(49)や渡辺信一郎氏によって詳しく論じられているので、本稿では省略することとし、次から外苑を中心に検討したい。

三　都城外西の外苑と都城外北の外苑の出現

1　西晋洛陽城・後趙襄国の桑梓苑

泰始元年（二六五）、司馬炎は魏の元帝より禅譲を受け、西晋（二六五～三一六）が成立した。西晋は基本的に曹魏時代の城門や宮殿をそのまま継承した。太極宮型宮城も引き継がれ、霊芝園や華林園などの内園が宮城の北にあったが、洛陽城の西の郊外には桑梓苑という外苑が設けられ(50)、外苑は依然として都城の外西であった。

西晋滅亡後の三一九年、石勒（在位三一九～三三三）は大単于・趙王を自称し、襄国（現在の河北省邢台）を都として後趙を建国した。石勒は趙王七年（三二五）、襄国に桑梓苑を立てた(51)。この桑梓苑は西晋洛陽城の桑梓苑を模したものと思われる。なぜなら、これに先立つ趙王二年（三二〇、太興三年）、前趙の劉曜の配下にあった洛陽の四軍が石勒に帰順した年に、石勒は洛陽の太極殿を模して建徳殿を建て、翌年には洛陽にあった銅馬・翁仲の二つを襄国に移し、永豊門に陳列しており、[52]洛陽に対する羨望が濃厚にうかがえるからである。桑梓苑を立てた趙王七年にも、「畧影」を洛陽から襄国に移し、石勒の「庭」に列するよう命じている。[53]

襄国の桑梓苑の位置は明確でないが、模範とした西晋洛陽城の桑梓苑が城外西にあったことや、次に述べる後趙鄴城の桑梓苑も城外西に存在したことから、襄国のそれも城外西に置かれたのであろう。

2　後趙鄴城外西の桑梓苑と外北の華林苑

石勒の死（三三三年）の翌年、石虎（在位三三四～三四九）は太子を廃して天王を称し、その翌年に襄国から鄴（鄴北城）に遷都した。そして鄴北城にも襄国に倣って城西に桑梓苑が設けられ、それは城外西にあった。『鄴中記』によれば鄴城の西三里に桑梓苑があり、諸宮があって夫人や侍婢を住まわせ、禽獣を養って石虎が何度も遊んだという。[54]桑梓苑では親耕や籍田、桑を摘む儀礼も行われた。[55]また鄴城の西には曹魏時代に穿たれた玄武池が依然として利用されていた。揚州から長さ一丈の首をもつ黄鵠《こうこく》（つるに似た黄色の大鳥）が送られ、玄武池に浮かべ、その鳴き声は十里以上も届いたという。[56]桑梓苑や玄武池の存在が示すように、石虎の時代には外苑を西に置く伝統が依然として存続していたといえる。

一方で石虎の時代には、都城と外苑との配置において注目すべき出来事があった。永和三年（三四七）、石虎は沙門の「胡族の運勢は衰退し、晋の勢力が復興しようとしています。晋人を使役して、その気をはらうべきです」との言を信じ、近郡の男女十六万、車十万乗を発し、土を運ばせて華林苑および長墻を鄴城の北に築いた。数十里もの長さがあったとされる。[57]初めて都城の北に外苑が置かれることとなった。

ではなぜ鄴城の華林苑は都城の北に置かれたのであろうか。洛陽では宮城の北に華林園が置かれ、さらにその北の都城外壁の北には邙山が連なっていたのに対し、鄴城では宮城が都城北辺中央に位置し、宮城の北は一枚の城壁のみであった。華林苑と同時に長墻を築くところからみて、防衛上の意味があったと思われる。またその華林苑という名称から、魏晋洛陽城の都城内北にあった華林園に因んだものと推測される。つまり本来内園である華林園を外苑として、位置と名称に於いて継承したものといえよう。したがって、北に外苑を置くのが胡族の特徴とはいえないであろう。

3　北魏平城の北苑・西苑

天興元年春（三九八）、北魏は鄴を占領した。太祖道武帝（在位三八六～四〇九）はその台榭を巡査し宮殿を遍く覧、都をここに定めようとして、行台を置いたが[58]、同年七月、平城（現在の大同）に遷都し、宮室の造営を始め、宗廟・社稷を建てた[59]。翌年の天興二（三九九）年、道武帝は高車族を動員して平城の北に鹿苑を設けた。南は台陰に拠り、北は長城を距て、東は白登山を包み、西は西山を取り込み、広さは鄴北城の華林苑と同じ数十里であった。苑中に川を三本引き、分流宮城の内外に分流させ、また鴻雁池を穿ったという[60]。天興四年（四〇一）五月には鹿苑台が築かれているが、この後、鹿苑の記事はみえない。

次の太宗期（在位四〇九～四二三）になると、鹿苑に代わって北苑が見えるようになる。『魏書』には翌年の永興五年（四一三）二月、北苑に魚池を穿ったという記事や、泰常元年（四一六）十一月に蓬台を北苑に築いたという記事がみえるので[61]、この頃北苑が整備されたと思われる。さらに泰常六年（四二一）三月には京師の六千人を発して苑を築いた。もとの旧苑から、東の白登までを包み、周回三十里余りという。規模からみて旧苑とはおそらく鹿苑のことであり、北苑をもとの鹿苑並の規模に拡張したということであろう。

また、平城の西郊には西苑が存在した。泰常三年（四一八）十月、西苑に宮が築かれたといい、少なくともこの頃までには西苑が存在したことがわかる。泰常八年（四二三）十月、西宮を増築し、周回二十里に及ぶ外垣墻を築いている。[62] 高宗期（在位四七一～四九九）には西苑がしばしば利用された。太安元年（四五五）三月には詔して遍く群神を秩序づけて西苑にまつり、翌太安二年（四五六）十月には、白鹿が西苑で発見されたという。和平四年（四六三）四月には、高宗が西苑に行幸し、自ら虎を三頭射殺している。

なお太宗の泰常七年（四二二）九月には東苑で狩猟が行われており、東苑の存在もうかがえる。しかしながら、苑池や外牆の築造記事がみえず、東苑での狩猟も他にみえないので、北苑や西苑ほど重要ではなかったと思われる。

佐川英治氏が指摘しているように、五世紀後半の献文帝・孝文帝の頃になると、苑の利用に変化がみられる。[63] 延興三年（四七三）には関外の苑囿でたきぎを採るのが許され、[64] 苑が開放されている。また高祖孝文帝は子どもの頃から狩猟が得意であったが、十五歳になると（四八一年）、殺生を自戒して狩猟をやめている。佐川氏は外苑が使われなくなった理由を動物の減少や平城の人口増加によるものとしている。後述するように、この後の都城外苑ではあまり狩猟が行なわれていない。五世紀後半が外苑の機能の転換点といえよう。

都城の北に広大な外苑を設けるのはこの北魏平城に始まると見なされたことがあったが、平城を建設する前に鄴城を皇帝自ら巡査し、一時は鄴に遷都しようとした、という点は重要である。また近年の瓦当の研究によれば、平城の初期の瓦当（西冊田遺跡出土瓦当）は鄴城の瓦当の流れを引いており、[65] 考古学的にも鄴城と平城との関連が想定されている。これらの事実は、北魏平城の北に設けられた鹿苑が、同じく鄴北城の北にあった華林苑の影響を受けた可能性が高いことを示している。

4　宋建康城の外苑 ―上林苑―

南朝の建康では、概して狩猟の機能を担った大規模な外苑は置かれなかったが、例外と思われるのが宋の孝武帝（在位四五三～四六四）の時に造られた上林苑である（図5）。上林苑は先帝の文帝（在位四二四～四五三）が設けた

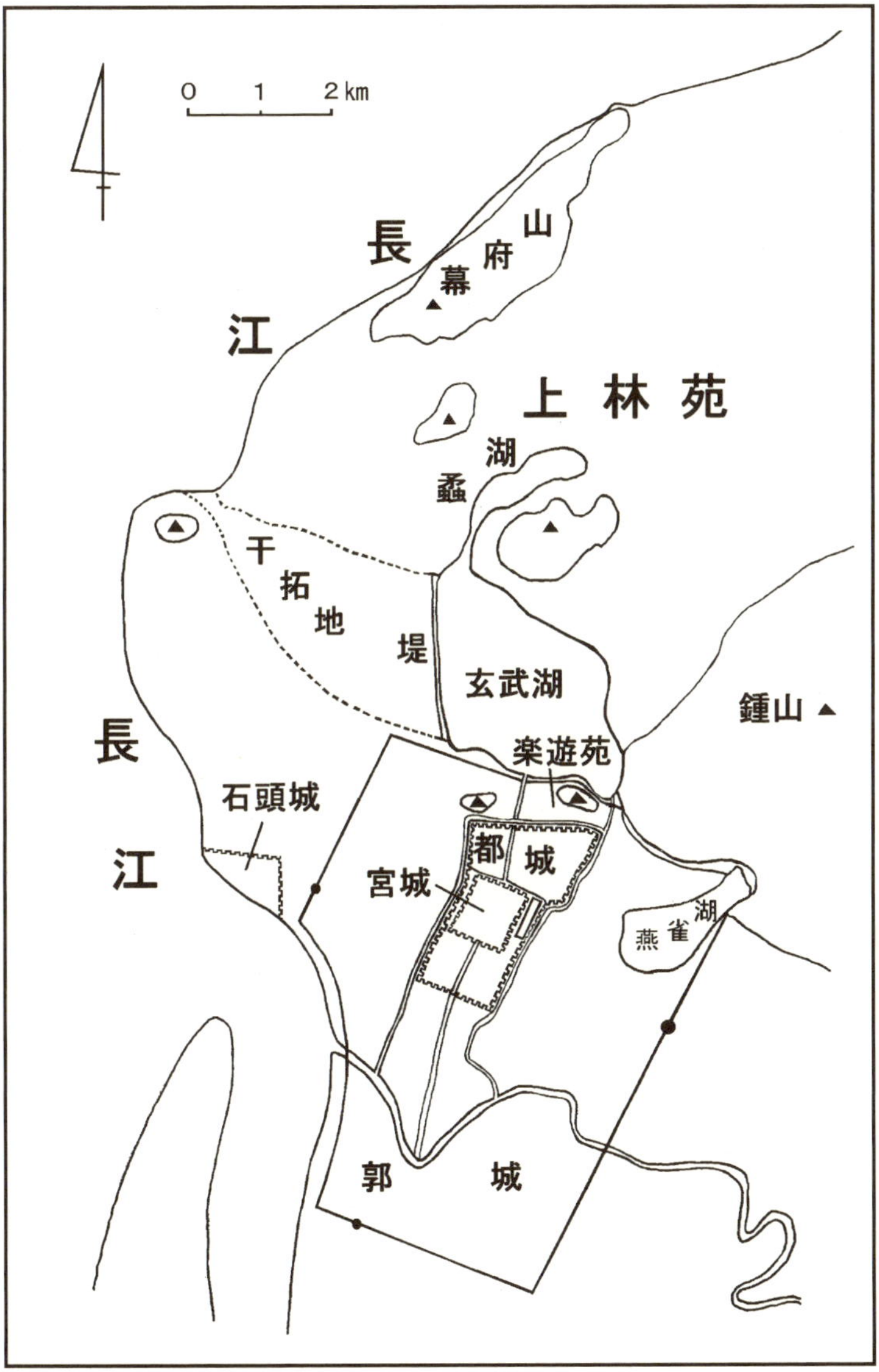

図5　宋建康城（賀雲翱『六朝瓦当与六朝都城』文物出版社、2005年を改変）

宣武場が前身と考えられる。文帝は北魏との戦争に備えて、元嘉二十五年（四四八）に練兵場である宣武場を設け、軍事演習を兼ねた狩猟を行った。[66] 狩猟を行なったことから大規模であったと考えられる。『宋書』礼志に宣武場での狩猟にあたり、長江南岸の幕府山南に仮設の宮殿や宮室、武庫を設けたとみえるので[67]、宣武場は玄武湖からその北の幕府山にかけて存在したと思われる。西晋洛陽城では都城の北門である大夏門の東北に宣武場があったので[68]、建康城の北に置かれたのは、『資治通鑑』胡三省注が指摘するように、西晋洛陽城に倣ったものであろう[69]。

その後孝武帝は大明三年（四五九）、玄武湖の北に上林苑を設置し[70]、上林苑令の官も置いた[71]。玄武湖の北は狩猟を行った宣武場があった所であり、狩猟は漢代では上林苑で行われていたので、それに因んだものであろう。明帝の泰始二年（四六六）四月には甘露が上林苑に降ったとして、苑令の徐承道が献じた記事がみえ、少なくとも形式的にはこの頃まで上林苑が存在したことがわかるが、上林苑の記事はこれ以後みえない。上林苑には外牆や施設を築造した記事はみえず、園林としての整備はあまり行われなかったと思われる。

以上より上林苑は建康城の北に位置するが、その前身と思われる宣武場は西晋洛陽城の配置に倣ったものであり、遊牧政権であった北魏平城の北苑とは無関係である。

その後、陳の禎明二年（五八八）十月に後主（在位五八二～五八九）が莫府山（幕府山）に行幸し、狩猟を行った記事がみえるが[72]、特に外苑は設けられていない。この頃にはすでに狩猟の場として外苑を設けなくなっていたのである。

四　狩猟機能喪失後の外苑

1　北魏洛陽城

孝文帝（在位四七一～四七九）は太和十七年（四九三）九月に洛陽に行幸し、翌年二月に洛陽への遷都を発布した[73]。北魏の洛陽城は基本的に魏晋洛陽城を改修したものであり、曹魏時代の構造を受け継いでいる。華林園も魏晋時代と同じく、都城内北に設けられた。

北魏洛陽城の外苑については、正始元年（五〇四）六月、京師（洛陽）の西苑の二本の木が、幹や枝のところでつながって一つになっていた、との記事が見えるだけで[74]、他の史料にはみえず、実体として西苑が存在したのかは疑わしい。

北魏洛陽城に外苑の形跡がほとんどないのは、都城の四方に方形の坊で区分けした外郭城を設け、宮城に対する防衛的機能を果たしていたことや、鄴城や平城と違い、北に邙山があったことなどがその要因として考えられるが、特に北魏平城において献文帝・孝文帝期以降、次第に外苑が利用されなくなったことが、大いに関係すると思われる。また洛陽城で外苑を北に置く形式が途切れたことになり、北魏平城の外苑が後の都城に与えた影響は限定的といえる。

2　北斉鄴城の仙都苑（華林園）

北魏の分裂後、天平元年（五三四）に東魏が鄴に都を置いた。そして間もなくして「華林園」での裁判記事がみえる[75]。鄴南城の造営が開始されたのは翌年のことであり[76]、当時はまだ北城しかなかったので、おそらく城北にあった元の華林苑の一部を修復して華林園が造られたのであろう。武定三年（五四五）、鄴南城が完成し、鄴に入朝した実力者・高歓を、百官は紫陌に迎え、帝は華林園で宴を催した[77]。紫陌は北城の西北にあったので、経路からみても、やはり華林園は城北にあったとみられる。

その後、『鄴中記』によると北斉の武成帝（在位五六一～五六五）は華林園を増飾して神仙の居る所の如くし、遂に改めて仙都苑とした[78]。「行く処、二十五里に達すべし[79]」という、外苑と呼ぶにふさわしい大規模なものであった。苑中には土を盛って五嶽が造られ、水がその間を流れて四海をなし、それが一つの大きな池となっていた[80]。仙都苑の位置については、『河朔訪古記』が南鄴城の西とするため[81]、朱岩石氏や外村中氏は鄴南城の西とみるが[82]、それでは仙都苑が華林園（華林苑）を増飾したものという『鄴中記』の記載と合わない。村田治郎氏は武成帝や後主の時に北城の再利用が進んでおり、北城外の苑が復活されたとしても不思議ではないとして、南鄴城の西とする説に疑問を示している。(83)

また、鄴北城の三台の一つである銅雀台の西、漳水の南には文宣帝（在位五五〇～五五九）が射馬の場所として造った遊予園があった。(84)文宣帝は三台の修復・改名をしており、遊予園の設置はこれと一体となった計画のもとに実行された。(85)その後、後主（在位五六五～五六九）が遊予園に池を穿ち、周りに館を列ね、中に三山を起こして臺を構え、滄海を象ったという。(86)三台の西に外苑が付属するのは曹魏鄴城の玄武苑以来の伝統であった。ただし遊予園の規模は周回十二里といい、仙都苑よりは小さかったと思われる。

また鄴城の東には文襄帝（在位五四一～五四九）が起こした山池があり、人々の目を眩ますほど豪華であった。のち文襄帝の第6子、高孝瑜が水堂や龍舟を造っている。(87)しかし「苑」や「園」と称されなかったのは、規模が小さかったためであろう。

さらに鄴城の南には清風園があったが、宮中に野菜を供給する蔬圃であったと考えられ、(88)鄴城の他の園林とは性格が異なる。

鄴城で最大の外苑であった仙都苑の位置について、北城の北か南城の西かで問題が残るものの、少なくとも東に大規模な外苑が造られていないのは、これまで検討してきた都城とも共通する点である。仙都苑が仮に北にあったのであれば、後に隋唐長安城北の禁苑の配置に影響を与えた可能性もあろう。拙稿で指摘したように北斉と隋との苑池意匠には共通する要素があり、(89)その背景には北斉の技術者の存在があげられる。北斉の後主に才能を見込まれて三爵台を修復した劉竜という人物がいたが、隋の文帝にも信任されて将作大匠として大興城（長安城）建設に関与している。(90)劉竜のような北斉の技術者によって長安城の禁苑が設計・施行された可能性もあろう。

隋煬帝・唐高祖狩猟一覧表

皇帝	年	場所	史料
煬帝	大業三年（607）六月、辛巳	連谷	北、隋、冊
	大業五年（609）四月、己亥	隴西	北、隋、冊
	大業五年（609）五月、乙亥	拔延山	北、隋、鑑
高祖	武徳元年（618）十二月、乙酉	周氏陂	鑑、冊
	武徳二年（619）十二月、丙申	華山	旧、新、鑑、冊
	武徳三年（620）正月、己巳	渭濱（渭汭）	旧、新、冊
	武徳三年（620）十二月、甲辰	渭北	冊
	武徳四年（621）七月、庚申	高陵	鑑
	武徳四年（621）閏月、壬戌	好畤	新、鑑、冊
	武徳四年（621）閏月、乙丑	九嵕	新、鑑、冊
	武徳四年（621）閏月、丁卯	仲山	新、鑑、冊
	武徳四年（621）閏月、戊辰	清水谷	新、鑑、冊
	武徳四年（621）十二月、丙辰	杜陵原	冊
	武徳五年（622）十一月、癸卯	北原	新、鑑、冊
	武徳五年（622）十二月、丙辰	万寿原（華池）	旧、新、鑑、冊、会
	武徳六年（623）二月、辛亥	驪山	旧、新、鑑、冊、会
	武徳六年（623）十月、庚申	白鹿原	新、冊
	武徳六年（623）十一月、辛卯	沙苑（華陰）	旧、新、鑑、冊
	武徳六年（623）十一月、丁酉	伏龍原	新
	武徳七年（624）七月	城南	鑑
	武徳七年（624）十月、辛未	南山（鄠南）	新、鑑
	武徳七年（624）十月、庚寅	圍川	新
	武徳七年（624）十二月、戊辰	高陵	旧、新、冊
	武徳八年（625）四月、甲申	甘谷	新、鑑、冊
	武徳八年（625）十月、辛巳	北原（周氏陂）	旧、新、冊、会
	武徳八年（625）十一月、辛卯	西原	新、冊
	武徳八年（625）十一月、癸丑	北原（華池）	新、冊
	武徳八年（625）十二月、庚辰	鳴犢泉	新、鑑、冊、会

北―『北史』、隋―『隋書』、旧―『旧唐書』、新―『新唐書』、鑑―『資治通鑑』
会―『唐会要』巻28、冊―『冊府元亀』巻115（貞観五年十月は巻101）

なお東魏・北斉期には狩猟の記事がほとんどみえず、仙都苑を含む鄴周辺では狩猟が行なわれなかったようである。これは五世紀後半の北魏の献文帝・孝文帝期以降、平城の北苑では狩猟が行われなくなったこと、洛陽遷都後には外苑が設置されなかったこととの関連が想定される。

3　長安城北の禁苑・隋唐洛陽城の西苑

隋の文帝（在位五八一～六〇四）の開皇二年（五八二）、大興城（長安城）の建設が開始され、翌年文帝が新都に入った。長安城の北には禁苑（隋の大興苑）が設けられ、東西二七里、南北三十里に及ぶ苑城（禁苑の城壁）が周囲に繞らされた(91)。

次の煬帝（在位六〇四～六一七）は大業元年（六〇五）五月に洛陽城を築き、洛陽城の西には会通苑が設置された。隋の初めに会通苑を上林苑と改め、唐の武徳年間初めには芳華苑、則天武后の時には神都苑と呼ばれた。墻壁で囲まれ、周囲は二二九里におよび、十四の門が設けられた(92)。のち唐の太宗は広大すぎるとして周一二六里に縮小し、除いた土地を居民に下賜している(93)。隋洛陽城の西苑が上林苑とも呼ばれたことは、やはり前漢長安城もしくは後漢洛陽城の上林苑が隋でも強く意識されていたことを示している。

長安城の西には牆壁に囲まれた外苑は設置されなかったが、やはり漢代の上林苑の地であることは強く意識された。例えば貞観十八年（六四四）には「上林苑」で宴会し、雍州（長安の所在する州）の父老に粟帛を賜っている(94)。またかつて上林苑の代表的苑池であった昆明池を唐代に修復したことが発掘調査で明らかとなっている(95)。

村上嘉実氏は「広大な苑中においては、漢の苑囿と同様、盛んに狩猟などが行われた」としているが(96)、実際に禁苑で盛んに狩猟が行われたのか、隋煬帝期と唐初めの高祖期の狩猟の記事を集めて確認した（表）。表を見れば明らかなように、該当期間では毎年狩猟が行われているものの、長安城の禁苑および洛陽城西苑で狩猟をしたとする記事はみえない。したがって、これらの外苑は狩猟を目的に設置されたものとは考えがたい。このような傾向は先述したように五世紀後半の北魏の献文帝・孝文帝期以降の都城外苑に共通するものである。また長安城禁苑内には九曲宮や魚藻宮などいくつかの離宮が置かれていたが、華清宮や昆明池など、禁苑外の施設もしばしば利用された。離宮の機能は禁苑内に限定されるものではなく、したがって離宮の設置も外苑設置の目的とはみなせない。長安城の宮城（太極宮）は都城北辺に面しており、西内苑を挟んで存在する広大な禁苑の周囲には城壁がめぐり、城壁の外側には東は灞水、北は渭水、西の漢長安城の西側には漢長安城の城壕があった。洛陽城の宮城は都城の西辺に面しており、その西の広大な西苑の周囲にはやはり城壁がめぐっていた。それらの外苑を設置した最大の目的は宮城と外界との間に緩衝地帯を設け、宮城を防御することにあったと考えられる。

おわりに

城内の内園の配置は、前漢長安城から曹魏鄴北城に至るまで東西軸上にあり、楊寛氏のいう礼制で西南を尊位とする「座西朝東」の伝統が残存していたといえよう。曹魏文帝が洛陽宮を再建した際に、初めて北に位置するようになった。渡辺信一郎氏によれば曹魏明帝期に太極宮型宮城が成立し、華林園がある北が陰とみなされるようになる。内園の配置が、礼制に基づいた配置から陰陽・天文思想に基づいた配置へ転換したことになる。以後内園は宮城の北に置かれるようになった。

城外の大規模な外苑については、太極宮型宮城の成立後も西に設けられることが多く、鄴北城や平城北苑のように北に外苑をもつ都城においても、西に外苑が存在した。都城の西に外苑が多いのはなぜであろうか。

一つには地形的要因が挙げられる。狩猟を目的とした外苑は内園と違い、広大な面積を要する。しかしながら、例えば洛陽の北には邙山があり、北に外苑を設けることはできなかった。また、前漢長安城跡は十六国時代にも利用されたが[97]、北は渭水と咸陽原の断崖で分断され、天然の城濠の役割を果たしており、同時に北に大規模な外苑を設置するのは非合理的であったと思われる（ただし桁違いの規模をもつ前漢上林苑は渭水の北にも及んでいた）。

次により重要と思われるのは、上林苑や桑梓苑が後の都城に与えた影響である。前漢長安城の西に置かれた広大な上林苑は、司馬相如の「上林賦」を始めとする文学に詠まれ、梁・昭明太子の『文選』にも採録されて後世に記憶を再生産させ、隋洛陽城にも上林苑が置かれることとなった。また西晋洛陽城西の桑梓苑を模して後趙の襄国や鄴城の西にも桑梓苑が置かれたが、石勒が洛陽への羨望が強かったことは史料にもみえることで、胡族政権であった後趙が漢族の文化に倣ったものといえよう。

外苑が初めて北に置かれたのは後趙鄴城の華林苑であり、北魏平城の鹿苑（北苑）に影響を与えた。この華林苑は魏晋洛陽城の都城内北にあった華林園に因んだもので、内園である華林園を外苑として、位置と名称に於いて継承したものである。ここでもやはり漢族の園林を模しており、胡族政権が都城の園林配置に大きな影響を及ぼしたとみるのは誤りである。

北魏平城の北苑は五世紀後半の献文帝・孝文帝期に転換期を迎え、皇帝の狩猟の場としての機能を失った。洛陽遷都後に外苑が消滅し、以後鄴城では仙都苑、隋唐では長安城大興苑（禁苑）や洛陽城西苑（上林苑）などの外苑が設けられたが、いずれも狩猟を目的に設置されたものではなく、宮城の防御を担ったものであった。北宋の東京城（開封）では、宮城が外郭を含む都城全体の中央に位置し、宮城を防御する役割は外郭が担った。唐代までの宮城と都城の一方を覆うような広大な外苑は、以後設けられなくなったのである。

なお本稿は漢代から隋唐にいたる園林配置とその系譜関係を通観することを意図したため、やや粗略になった部分や、考証が不十分な部分もあろうかと思うが、今後も検討を重ねていきたい。

註

（1）朴漢済「北魏洛陽社会と胡漢体制―都城区画と住民分布を中心に―」（『お茶の水史学』三四、一九九〇年）。
（2）外村中「中国古代の都市と園林についての初歩的考察」（『仏教芸術』二七二号、二〇〇四年）。
（3）『三輔黄圖』巻四が引く『漢舊儀』に「上林苑方三百里」、同『漢宮殿疏』に「方三百四十里」、『文選』巻八楊雄「羽獵賦」序に「周袤數百里。」
（4）『三輔黄圖』巻四「離宮七十所、皆容千乘萬騎。」
（5）『三輔黄圖』巻四が引く『漢舊儀』に「苑中養百獸、天子秋冬射獵取之。」
（6）『三輔黄圖』巻四御宿苑が引く『三秦記』に「御宿園出梨……此園梨也。」、同・梨園に「樹數百株。」
（7）『漢書』巻九九　王莽傳下「王莽死於蒼池中的漸臺。」
（8）『史記』巻十二　孝武本紀「（建章宮）北治大池。漸臺、高二十餘丈。名曰泰液池。中有瀛洲、蓬萊、方丈、壺梁。象海中神山亀魚之属。」
（9）楊寛「前漢長安の西南「城」区と東北「郭」区」（『中国都城の起源と発展』学生社、一九八七年）。
（10）楊寛「都城の配置構造の変遷と礼制との関係」（『中国都城の起源と発展』学生社、一九八七年）。
（11）『藝文類聚』巻六二　後漢・李尤・徳陽殿賦「徳陽之北。斯曰濯龍。」
（12）『續漢書』百官志「濯龍監……本注曰。濯龍亦園名。近北宮。」
（13）『元河南志』後漢城闕古蹟「濯龍園。司馬彪續漢書曰。在洛陽西北角」。また『洛陽伽藍記』巻一城内に「崇虚寺、在城西。即漢之濯龍園也。」
（14）『元河南志』後漢城闕古蹟「芳林園。〈在歩廣里。〉」、同「歩廣里。〈在上東門内。有翟泉。〉」
（15）銭国祥「由閶闔門談漢魏洛陽城宮城形成」（『考古』二〇〇三年第七期）。
（16）『續漢書』百官志「直里監各一人、四百石。……本注曰：直里亦園名也、在雒陽城西南角。」
（17）『續漢書』五行志「靈帝數遊戯於西園中、令後宮采女爲客舍主人、身爲商賈服。」

(18)『後漢書』巻八 孝靈帝紀 光和四年「是歳帝作列肆於後宮、使諸采女販賣。」
(19)楊寛『中国都城の起源と発展』(学生社、一九八七年)一六一～一七三頁。
(20)『文選』巻一 東都賦「至乎永平之際、……外則因原野以作苑、塡流泉而爲沼……」
(21)『後漢書』巻五四 楊賜傳「先帝之制、左開鴻池、右作上林。」
(22)『漢書』巻六 武帝紀 元封六年「夏、京師民觀角抵于上林平樂館。」
(23)『後漢書』巻七二 董卓傳「(李賢注)武帝置飛廉館。音義云:『飛廉、神禽、身似鹿、頭如爵、有角、蛇尾、文如豹文』。明帝永平五年、長安迎取飛廉及銅馬置上西門外、名平樂館。銅馬則東門京所作、致於金馬門外者也。」
(24)『後漢書』巻五四 楊震傳「(李賢注)洛陽宮殿名有平樂苑、上林苑。」
(25)鎌田重雄「散楽の源流」(『史論史話二』新生社、一九六七年)。
(26)楊寛『中国都城の起源と発展』(学生社、一九八七年)一九二頁。
(27)『文選』巻六 京都下 魏都賦「(文昌殿)右則疏圃曲池。(李善注)〈文昌殿西有銅爵園〉」。中国社会科学院考古研究所他「河北臨漳鄴北城遺址勘探発掘簡報」(『考古』一九九〇年第七期)。
(28)『水經注』巻十 濁漳水「城之西北、有三臺。……中曰銅雀臺……南則金虎臺……北曰冰井臺。」
(29)『文選』巻六 京都下 魏都賦 李善注「玄武苑、在鄴城西。」
(30)『文選』巻六 京都下 魏都賦「苑以玄武、陪以幽林。繚垣開囿、觀宇相臨。……蒲陶結陰。……樵蘇往而無忌、即鹿縱而匪禁。」
(31)『魏志』巻一 武帝紀「建安十三年春正月、作玄武池、以肄舟師。」
(32)『魏志』巻二 文帝紀 黄初二年「是年。築陵雲臺。」
(33)『魏志』巻二 文帝紀 黄初三年「是年。穿靈芝池。」
(34)『水經注』巻十六 穀水「又枝流入石逗伏流、注靈芝九龍池。魏太和中、皇都遷洛陽、經構宮極、修理街渠、務窮隱、發石視之、曾無毀壞。又石工細密、非今之所擬、亦奇爲精至也、遂因用之。」

（35）『藝文類聚』巻六二の引く楊龍驤（東晉）の『洛陽記』に「陵雲臺高二十三丈。登之見孟津」。なお次の史料には地上から棟木まで十三丈五尺七寸五分とある。『世説新語』巧藝第二一の注が引く『洛陽宮殿簿』に「陵雲臺、上壁方十三丈、高九尺。楼方四丈、高五丈。棟去地十三丈五尺七寸五分也。」

（36）『元河南志』魏城闕古蹟「桐園、靈芝池。〈黄初三年穿。〉」

（37）『元河南志』晉城闕古蹟「瓊圃園、靈芝園、石祠園。〈並見『晉宮閣名』。在洛陽宮。〉」

（38）馮承沢・楊鴻勛「洛陽漢魏故城円形建築遺址初探」（『考古』一九八一年第三期）。

（39）銭国祥「洛陽漢魏故城円形建築遺址殿名考辨」（『中原文物』一九九八年第一期）。

（40）太極殿は長らく南宮に造られたと考えられていたが、『文館詞林』巻六九五「魏曹植毀鄄城故殿令」に「平徳陽而建泰極」とみえ、徳陽殿跡に太極殿を建造したと思われることが渡辺信一郎氏によって指摘されている。渡辺信一郎「宮闕と園林―三～六世紀中国における皇帝権力の空間構成―」（『考古学研究』第四七巻第二号、二〇〇〇年。同『中国古代の王権と天下秩序―日中比較史の視点から』校倉書房、二〇〇三年に再録）。

（41）『魏志』巻二　文帝紀　黄初五年「是年。穿天淵池。」、同、黄初七年「三月。築九華臺。」

（42）『魏志』巻三　明帝紀　景初元年　南朝宋・裴松之注「魏略曰、是歳……起土山于芳林園西北陬。」

（43）『水經注』巻十六「（穀水、渠水）東歴大夏門下。……門内東側際城。有魏明帝所起景陽山。」

（44）銭国祥「由閶闔門談漢魏洛陽城宮城形成」（『考古』二〇〇三年第七期）。

（45）『魏志』巻二　文帝紀　黄初四年　南朝宋・裴松之注「臣松之按芳林園、即今華林園、齊王芳即位、改爲華林。」

（46）『魏志』巻三　明帝紀　青龍三年三月「是時、大治洛陽宮、起昭陽・太極殿、築總章觀。」

（47）渡辺氏註（40）前掲論文参照。

（48）吉田歓「漢魏宮城中枢部の展開」（『古代文化』第五二巻第四号、二〇〇〇年。同『日中宮城の比較研究』吉川弘文館、二〇〇二年に再録）。

（49）村上嘉実「六朝の庭園」（『古代学』第四巻第一号、一九五五年。同『六朝思想史研究』平楽寺書店、一九七四年に再録）。

(50)『元河南志』晋城闕古蹟「桑梓苑　城西」。

(51)『晉書』巻一百五　石勒載記下「趙王七年……立桑梓苑於襄國。」

(52)『晉書』巻一百五　石勒載記下「趙王二年……其擬洛陽之太極起建德殿。遣從事中郎任汪帥使工匠五千采木以供之。……趙王三年……勒徙洛陽銅馬、翁仲二於襄國、列之永豐門。」

(53)『晉書』巻一百五　石勒載記下「趙王七年……勒命徙洛陽晷影於襄國、列之単於庭。」

(54)『鄴中記』「鄴城西三里。桑梓苑。有宮、臨漳水。凡此諸宮、皆有夫人侍婢、又並有苑囿、養獐鹿雉兔。虎數游宴於其中。」

(55)『晉書』巻一百七　石季龍載記下「永和三年、季龍親耕籍田于桑梓苑、其妻杜氏祀先蚕于近郊。」

(56)『晉書』巻一百七　石季龍載記下「揚州送黄鵠雛五、頸長一丈、聲聞十餘里、泛之于玄武池。」

(57)『晉書』巻一百七　石季龍載記下「時沙門吳進言於季龍（石虎）曰：『胡運將衰、晉當復興、宜苦役晉人以厭其氣。』季龍於是使尚書張戡發近郡男女十六萬、車十萬乘、運土築華林苑及長牆於鄴北、廣長數十里。」

(58)『魏書』巻二　太祖紀　天興元年春正月「帝至鄴、巡登臺榭、遍覽宮城、將有定都之意。乃置行臺。」

(59)『魏書』巻二　太祖紀　天興元年「秋七月、遷都平城、始營宮室、建宗廟、立社稷。」

(60)『魏書』巻二　太祖紀　天興二年二月「庚戌、征虜將軍庾岳破張超於勃海。超走平原、爲其黨所殺。以所獲高車衆起鹿苑、南因臺陰、北距長城、東包白登、屬之西山、廣輪數十里、鑿渠引武川水注之苑中、疏爲三溝、分流宮城內外。又穿鴻雁池。」

(61)『魏書』巻三　太宗紀　泰常元年「十一月甲戌、車駕還宮、築蓬臺於北苑。」

(62)『魏書』巻三　太宗紀　泰常八年十月「癸卯、廣西宮、起外垣牆、周回二十里。」

(63)岡村秀典編『雲岡石窟　遺物篇』（朋友書店、二〇〇六年）一四九頁。

(64)佐川英治「遊牧と農耕の間―北魏平城の鹿苑の機能とその変遷―」（『岡山大学文学部紀要』第四七号、二〇〇七年）

(65)『魏書』巻七　高祖紀上　延興三年「十有二月庚戌、詔關外苑囿聽民樵採。」

(66)『宋書』巻五　文帝紀　元嘉二五年「二月庚寅、詔曰：『……今宣武場始成、便可剋日大習衆軍。當因校獵、肄武講事』。閏月己酉、大蒐于宣武場。三月庚辰、車駕校獵。」

(67)『宋書』巻十四 禮志「元嘉二十五年閏二月、大蒐於宣武場、主司奉詔列奏申攝、克日校獵、百官備辦、設行宮殿便坐武帳於幕府山南岡。」
(68)『洛陽伽藍記』巻五 城北「中朝（西晋）時、宣武場在大夏門東北。」
(69)『資治通鑑』巻一二五 元嘉二五年「閏月、己酉、帝蒐于宣武場。〈建康倣洛都之制、築宣武場於臺城北。〉」
(70)『宋書』巻六 孝武帝紀 大明三年九月「壬辰、於玄武湖北立上林苑。」
(71)『宋書』巻三九 百官志上 上林令「宋世祖大明三年復置、隸尚書殿中曹及少府。」
(72)『陳書』巻六 後主紀 禎明二年十月「己酉。輿駕幸莫府山。大校獵。」
(73)『魏書』巻七 孝文帝紀 太和十八年「甲辰、詔天下、喩以遷都之意。」
(74)『魏書』巻一一二下 靈徵志下「（正始元年）六月、京師西苑木、連理。」
(75)『魏書』巻十二孝静帝紀 天平四年六月己巳「幸華林園。理訟。」、元象元年六月壬申「（孝静）帝幸華林都堂。聽訟」。
(76)『資治通鑑』巻一五七・大同元年（天平二年）「八月甲午。東魏發民七萬六千人。作新宮於鄴。」
(77)『資治通鑑』巻一五九 大同十一年三月乙未「東魏丞相歓入朝于鄴、百姓迎於紫陌。（胡三省注）〈朝、宜遥翻。鄴都記：紫陌在鄴城西北五百。〉……東魏主宴於華林園。」
(78)『彰德府志』巻八鄴都宮室志の引く『鄴中記』に「齊武成帝增飾華林園。若神仙所居。遂改爲仙都苑。」
(79)『河朔訪古記』巻中「海中置龍舟六艘。其行舟處可廿五里」、『彰德府志』巻八鄴都宮室志「行處可達二十五里。」
(80)『河朔訪古記』巻中「至高齊武成間。增飾華林園。若神仙所居。改曰仙都苑。苑中封土爲岳。皆隔水相望。分流爲四瀆。因爲四海。匯爲大池」、『彰德府志』巻八 鄴都宮室志「華林園。玄洲苑、仙都苑。苑中封土爲五岳。五岳之間。分流四瀆、爲四海。匯爲大池。又曰大海。」
(81)『河朔訪古記』巻中「華林苑在臨漳県鄴城東二里。苑後即南鄴城之西也。」
(82)朱岩石「鄴城における皇家園林の機能と意義」（『國學院大學大学院紀要 文学研究科』二九号、一九九七年）。外村中「古代東アジアの「池と島の園林」と「池と築山の園林」」（『仏教芸術』二八六号、二〇〇六年）。

(83) 村田治郎「鄴都考略」(『中国の帝都』綜芸舎、一九八一年、初出一九三八年)。
(84) 『彰徳府志』巻八 鄴都宮室志「遊豫園。周回十二里……『鄴都故事』云。斉文宣天保七年、于銅雀臺西、漳水之南、築此園、以為射馬之所。」
(85) 『北齊書』巻四文宣帝紀 天保九年「大起宮室及遊豫園、至是、三臺成。改銅爵曰金鳳、金獸曰聖應、煉井曰崇光。」
(86) 『隋書』巻二四 食貨志「至天統中。……又於遊豫園穿池。周以列館。中起三山。構臺。以象滄海。」
(87) 『北史』巻五二「初、文襄於鄴東起山池游觀、時俗眩之、孝瑜遂於第作水堂龍舟。」
(88) 『彰德府志』巻八 鄴都宮室志「清風園。在鄴南。『鄴都故事』云。後主緯以北園賜穆提婆。於是官無蔬菜。賒買於民。負錢三百萬。蓋此園乃蔬圃也。」
(89) 拙稿「三国から初唐の苑池の系譜に関する基礎的考察」(『古代文化』第六〇巻第三号、二〇〇八年)。同「隋唐長安城太極宮後園とその系譜—北斉と隋の四海—」(奈良女子大学古代学学術研究センターほか編『古代学』第一号、二〇〇九年)。
(90) 『隋書』巻六八 劉龍傳「開皇時、有劉龍者、河間人也。性強明、有巧思。齊後主知之、令修三爵臺、甚稱旨、因而歴職通顯。及高祖踐阼、大見親委、拜右矽將軍、兼將作大匠。遷都之始、與高熲參掌制度、代號爲能。」『北史』巻九十藝術傳下にもほぼ同じ記述がある。
(91) 『雍録』巻九「禁苑也者、隋大興苑也。」、『舊唐書』地理志一「禁苑、在皇城之北。苑城東西二十七里、南北三十里。」なお『長安志』には南北三十三里とある。
(92) 『元河南志』隋城闕古蹟「上林苑〈初日會通苑。又改上林而曰西苑〉。周二百二十九里百三十八歩。東日嘉豫門……(以下略)」
(93) 『元河南志』唐城闕古蹟「周一二六里、当面十七里、南面三十九里、西面五十里、北面二十四里〈……。太宗嫌其廣、毀之賜居人。〉」
(94) 『新唐書』巻二太宗紀 貞觀十八年十月「癸卯、宴雍州父老于上林苑、賜粟帛。」
(95) 中国社会科学院考古研究所漢長安城工作隊「西安市漢唐昆明池遺址的鉆探与試掘簡報」(『考古』二〇〇六年第十期)。

(96)　村上嘉実「唐都長安の王室庭園」（関西学院大学史学会『関西学院史学』Ⅲ、一九五五年）。

(97)　劉振東「西漢長安城的沿革与形制布局的変化」（中国社会科学院考古研究所漢長安城工作隊・西安市漢長安城遺址保管所編『漢長安城遺址研究』科学出版社、二〇〇六年）。

執筆者一覧（編者をのぞく。五十音順）

北田裕行（きただ　ひろゆき）
一九六八年生まれ
大阪市立大学都市文化研究センター研究員、元奈良女子大学ＣＯＥ研究員・修士（人間・環境学）、博士後期課程単位取得
〔主要著作論文〕
「古代都城における井戸祭祀」（『考古学研究』四七―一、二〇〇〇年）

齊東方（さい　とうほう　Qi Dongfang）
一九五六年生まれ
北京大学考古文博学院教授・博士
〔主要著作論文〕
『隋唐考古』文物出版社、二〇〇二年

佐原康夫（さはら　やすお）
一九五八年生まれ
奈良女子大学文学部教授・博士（文学）
〔主要著作論文〕
『漢代都市機構の研究』汲古書院、二〇〇二年

妹尾達彦（せお　たつひこ）
一九五二年生まれ
中央大学文学部教授・修士（文学）、博士後期課程単位取得
〔主要著作論文〕
『長安の都市計画』講談社、二〇〇一年

竹内　亮（たけうち　りょう）
一九七三年生まれ
奈良女子大学全学共通助教・修士（文学）、博士後期課程単位取得
〔主要著作論文〕
「五十戸と知識寺院―鳥坂寺跡出土篦書瓦の分析から」（『古代文化』六〇―四、二〇〇九年）

前川佳代（まえかわ　かよ）
一九六七年生まれ
奈良女子大学人間文化研究科博士研究員・博士（文学）
〔主要著作論文〕
「平泉の都市プラン―変遷と史的意義」（『寧楽史苑』四五、二〇〇〇年）

山田邦和（やまだ　くにかず）
一九五九年生まれ
同志社女子大学現代社会学部教授・博士（文化史学）
〔主要著作論文〕
『京都都市史の研究』吉川弘文館、二〇〇九年

吉野秋二（よしの　しゅうじ）
一九六七年生まれ
立命館大学文学部非常勤講師、元奈良女子大学ＣＯＥ研究員・博士（文学）
〔主要著作論文〕
「神泉苑の誕生」（『史林』八八―六、二〇〇五年）

古代都城《こだいとじょう》のかたち

■編者略歴■

舘野　和己（たての　かずみ）

1950年　東京都に生まれる。

1980年　京都大学大学院文学研究科博士後期課程単位取得退学。

のち奈良国立文化財研究所に勤務し、

現　在　奈良女子大学文学部教授・博士（文学）

主要著書

『日本古代の交通と社会』（塙書房、1998年）

『古代都市平城京の世界』（山川出版社、2001年）

2009年6月25日　発行

編　者　舘　野　和　己

発行者　山　脇　洋　亮

印　刷　藤　原　印　刷　㈱

製　本　協　栄　製　本　㈱

発行所　東京都千代田区飯田橋4-4-8
（〒102-0072）東京中央ビル内　㈱同 成 社

TEL　03-3239-1467　振替00140-0-20618

ISBN978-4-88621-480-5 C3321